樂施會 OXFAM Hong Kong | 無窮世界 World Without Poverty

感谢乐施会提供研究及出版支持

中国贫困片区精准脱贫研究丛书
丛书主编◎黄承伟　王晓毅

关爱春蕾

农村贫困儿童
救助政策评估及建议

LOVE FOR
THE CHILDREN

Assessment for
the Poor Children
in Countryside

唐丽霞　杨亮承◎著

社会科学文献出版社
SOCIAL SCIENCES ACADEMIC PRESS (CHINA)

序　言

（一）

中国政府高度重视扶贫开发。改革开放以来，经过 30 多年的经济持续高速稳定发展，先后制定实施《国家八七扶贫攻坚计划（1994—2000 年）》《中国农村扶贫开发纲要（2001—2010 年）》《中国农村扶贫开发纲要（2011—2020 年）》，中国农村贫困人口大幅度减少，贫困地区面貌发生显著变化，中国成为全球最早实现联合国千年发展目标中贫困人口减半的发展中国家，在世界上产生了广泛影响。但是，按照中国政府的扶贫标准，全国还有 7000 多万贫困人口。如果按照国际贫困标准，还有 2 亿贫困人口。这些人口主要分布在 14 个连片特殊困难地区 832 个贫困县。这些地区自然条件恶劣、基础设施落后、公共服务基础薄弱、生态十分脆弱，解决贫困问题成本高、难度大，是扶贫攻坚的"硬骨头"。

党的十八大明确提出了到 2020 年全面建成小康社会的奋斗目标。习近平总书记 2015 年 6 月发出了到 2020 年现有贫困人口全部如期脱贫的动员令。这意味着要在今后的 5 年中解决 7000 多万贫困人口脱贫的问题，时间紧、任务重。时间紧是因为距离全面建成小康社会只有 5 年多的时间，在这期间，每年都要解决 1000 万以上的贫困人口脱贫的问题，时间非常紧迫；任务重是指每年要实现脱贫的贫困人口是脱贫难度最大的扶贫对象。一般的经济增长带动、一般的扶持政策措施已难以奏效，必须采取非常举措，采取政策组合拳,实施新一轮的扶贫攻坚计划。

打好全面建成小康社会的扶贫攻坚战必须全面实施精准扶贫战略。习近平总书记指出,"扶贫开发推进到今天这样的程度,贵在精准,重在精准,成败之举在于精准。搞大水漫灌、走马观花、大而化之、'手榴弹炸跳蚤'不行",并明确要求做到"六个精准",即扶持对象精准、项目安排精准、资金使用精准、措施到户精准、因村派人(第一书记)精准、脱贫成效精准。中国政府在动员人力物力投入扶贫攻坚战方面具有优势,为了加快脱贫的步伐,大量的人力和物力被投放到扶贫工作中;改革贫困地区地方政府的考核机制使地方政府更加关注扶贫而不再仅仅是经济增长。尽管更多的扶贫资源被动员起来,但是要使这些资源发挥更好的作用,还需要更精准和更有效的扶贫策略。精准地识别贫困人口,发现其复杂的致贫原因,制定更有针对性的扶贫策略是彻底解决农村贫困的前提。

《中国农村扶贫开发纲要(2011—2020年)》提出了对扶贫重点人群在同等条件下优先安排、重点支持的意见。这些重点人群包括少数民族贫困人口、妇女、儿童、老年人及残疾人。这些重点人群是社会中的弱势群体,最容易陷入贫困,在国际上通常被作为扶贫的重点。尽管中国在大规模的扶贫行动中也关注了这些重点人群,但是对重点人群的分析研究和实际支持力度都存在不同程度的不足,特别是对这些特殊群体的特殊要求关注不够。如果说现有贫困人口全部如期脱贫是全面建成小康社会的短板,那么,重点人群的精准扶贫、精准脱贫正是如期实现消除农村贫困战略目标的最大问题。

(二)

精准扶贫的核心是精准识别扶贫对象,分析不同扶贫对象的致贫原因,分类施策。因此,加强弱势群体贫困问题研究,对于提高精准扶贫及精准脱贫的针对性和有效性具有重要的现实意义。

我们曾经对少数民族的贫困问题进行了专项研究①，提出专项扶贫政策需要根据少数民族贫困社区减贫发展需求的特殊性进行相应完善的建议，引起了政策制定者、扶贫和民族工作实践者的积极反响。目前的这项系列研究，其研究对象是妇女、儿童、老年人和残疾人四类群体。这些群体是社会的弱势群体，在发展中经常被边缘化，因而贫困的脆弱性更高。中国政府和国内国际发展机构对他们的脱贫问题一直给予高度关注。其中，妇女儿童的发展是联合国千年发展目标中最重要的内容之一，其8项承诺中有4项承诺直接关系到妇女儿童。作为联合国《儿童权利公约》《消除对妇女一切形式歧视公约》的签约国，中国政府制定了《妇女发展纲要》和《儿童发展纲要》，强调男女平等和儿童优先的发展原则并有针对性地采取了一系列措施支持妇女儿童发展，帮助贫困的妇女儿童脱贫。比如有针对性的技能培训、信贷支持使许多农村贫困妇女受益，在健康和教育上投入的大幅度增加较大地提高了妇女儿童的健康和教育水平。中国也是《残疾人权利公约》的签约国，针对农村残疾人制定了《农村残疾人扶贫开发纲要（2011—2020年）》，从康复、技能和资金支持等多个方面，支持农村残疾人的脱贫。农村老年贫困问题是一个普遍存在的问题，由于迅速的老龄化，以及年轻农民外流和较低的社会保障水平，老年农民的生活水平无法得到保障。国家通过提高包括医疗、养老等在内的社会保障水平对农村贫困老人提供了支持，农村老年人的社会保障水平在逐渐提高。

尽管采取了多项针对上述特殊群体的扶贫计划，但是这些特殊的群体仍然是农村脱贫中难度最大的群体，需要认真地对其进行研究，为采取更加精准、更加有效的措施提供依据。首先，作为社会中的弱势群体，这四类群体很难从一般意义的扶贫政策和项目中受益。中国的扶贫经验之一是坚持开发式扶贫与社会保障

---

① 黄承伟、王铁志主编《专项扶贫模式与少数民族社区发展研究丛书》，民族出版社，2013。

相结合。但是在开发式扶贫中，因为儿童和老人并不是就业人口，很难从中直接受益。而妇女和残疾人也因为自身条件和制度障碍，需要特殊的开发式扶贫政策的支持。要使对这些特殊群体的扶贫产生效果，一般性的扶贫措施是不足的，需要综合地考察特殊人群的特殊需求。而在现实中，特殊贫困群体经常处在两个范畴之间，对贫困人口的研究和对特殊群体的研究都不足以清楚地解释特殊贫困人群的状况，比如贫困妇女是贫困人群与妇女相互交叉的那一部分，尽管对于农村妇女和一般贫困人群的研究成果很多，但是在有关农村妇女的研究中针对贫困的研究不足，而一般研究贫困的往往对妇女的研究不足，本项研究则聚焦于对特殊的贫困群体状况的研究。其次，反贫困不仅仅是增加收入，而且意味着教育、健康等多方面的改善。这对于特殊贫困群体尤其重要，比如卫生和医疗对于残疾人和老年人具有特别重要的意义，而教育对儿童的意义尤其重要。在多维贫困的视角下，特殊人群的贫困状况如何，致贫的原因是什么，政策的成功和不足之处主要在哪，等等，都需要深入研究。对于这些特殊群体来说，脱贫的需求是多方面的，需要多个部门，特别是卫生、教育、扶贫、社会保障等部门的政策协同。因此对特殊贫困人群的研究需要更综合的视角。

考虑到现有贫困人口主要分布在14个集中连片特殊困难地区，而这些地区贫困群体中贫困妇女、儿童、老年人、残疾人的现状如何，致贫原因主要是什么，如何进行分类施策，等等，在大量调查研究的基础上，对上述问题的正确回答，无疑可以为针对这些群体的精准扶贫政策措施的制定及实施提供参考，从而提高针对这些人群的精准脱贫效果。

（三）

本系列研究的目标主要基于两个方面的考虑。

一是总结中国特殊人群的反贫困经验。中国的反贫困经验已经构成了人类反贫困知识宝库中的重要内容。在过去30多年中，中国在争取男女平等、消除妇女贫困、打破贫困的代际循环、改善贫困家庭儿童状况、支持残疾人的康复和实现再就业，以及完善贫困人群的社会保障等方面都做出了积极的探索，并取得了良好的效果，积累了丰富的经验，对这些经验的总结是对人类反贫困的贡献。本系列研究通过大量的调查、经验材料和政策分析，阐述了中国特殊贫困群体的反贫困经验，在一定程度上丰富了这方面的研究。

研究表明，增加特殊贫困人群的人力资本，提供多层次的社会保障和社会服务，改善贫困人群的就业是实现特殊贫困人群摆脱贫困的重要途径。中国对特殊贫困人群提供了正规教育以及多种培训，使贫困人群掌握必要的技能，大大增加了贫困人群的人力资本。同时，建立多层次的社会保障和社会支持系统，以满足他们的不同需求。如对残疾人的康复、对儿童的教育，以及对妇女的健康和老年人生存与健康的社会保障和支持都在不断完善。而帮助特殊贫困人群劳动力实现就业是开发式扶贫的核心。通过特殊的支持，使那些有劳动能力的贫困人口实现就业，从而增加收入。这是中国特殊人群反贫困的重要经验。

二是为针对特殊贫困人群的精准扶贫战略实施提供政策建议。尽管在已有扶贫政策中强调了对特殊贫困群体要给予更多的支持，但是特殊贫困群体的现状如何，他们都有哪些政策需求，现有的研究并不能清晰回答以满足决策的需求。因此，本系列研究的着力点在于关注特殊贫困群体扶贫政策供给与需求之间还有哪些不足，应该如何改进。

研究表明，中国农村处于一个急剧变化的时期，各项社会政策和扶贫措施也要相应发生变化，特别是针对特殊贫困人群的多样性需求的政策。尽管社会保障和社会支持在很大程度上满足了特殊贫困人群的需求，但是总体上来说，保障和支持的水平还比较低，对于那些特别贫困，或缺少劳动能力且贫困较严重的家庭，社会保障和社会支持还不足以使他们摆脱贫困，而且医疗、康复和教育仍然对他们构成了很大的压力。同时，社会还缺少多层次的机制响应特殊人群的特殊需求。仅仅依靠政府的力量无法满足其多样性的需求，需要更多的专业机构和社会组织介入特殊人群的反贫困中，但是现在在这方面还存在较大问题。此外，如何将一般的扶贫规划与特殊贫困群体的扶贫规划相结合，仍然是一个需要研究的问题。特殊贫困人群反贫困的工作多是由一些相关部门在关注，如妇联、残联等，儿童扶贫的问题也只是最近才被纳入扶贫规划，在许多扶贫规划中缺少对特殊人群脱贫需求的考虑，有些规划即使考虑到特殊贫困人群，但是由于扶贫规划部门对这些特殊贫困人群的需求了解得不够，规划也会缺乏可操作性。因此，在精准扶贫战略实施进程中，各项政策措施必须考虑特殊人群的特殊需求，大幅度提高社会保障和社会支持力度，实施更有针对性的组合扶持政策。

（四）

中国贫困片区精准脱贫研究丛书一套四册，分别是：《巾帼脱贫：农村贫困妇女扶持政策评估及建议》《暮年有养：农村贫困老人扶持政策评估及建议》《关爱春蕾：农村贫困儿童救助政策评估及建议》《残者有助：农村贫困残疾人群帮扶政策评估及建议》，是"连片特困地区贫困妇女扶持政策评估及政策建议——以武陵山区为例""连片特困地区贫困儿童生存现状、救助政策评估及政策建议""连片特困地区贫困老人现状研究及政策建议""连片特困地区残疾人贫困现状与扶贫政策建议"等系列研究的成果。该系列研究由华中师范大学社会学院、中国农业大学人文与发展学院和中国人民大学劳动人事学院的相关研究团队分别完成，乐施会为系列研究及丛书出版提供了资助。我们期待这一研究成果对未来五年中国开展更精准、更有效的扶贫行动具有积极的参考意义。

黄承伟　王晓毅
2015 年 8 月

目 录

第一章 研究背景 ……………………………………… 1
  一 研究缘起 ………………………………………… 1
  二 儿童贫困问题研究综述 ………………………… 5
  三 相关概念的界定与说明 ………………………… 17
  四 资料来源与研究对象基本信息 ………………… 19
  五 本书主要内容 …………………………………… 22

第二章 连片特困地区农村儿童基本生活状况与生活救助 …… 29
  一 连片特困地区农村儿童基本生活状况 ………… 29
  二 贫困儿童基本生活救助政策：国际做法与
     国内实践 …………………………………………… 95
  三 结语 ……………………………………………… 129

第三章 连片特困地区农村儿童教育状况与教育救助 ……… 132
  一 连片特困地区农村儿童教育状况 ……………… 132
  二 贫困儿童教育救助政策：国际做法与国内实践 …… 185
  三 结语 ……………………………………………… 209

第四章 连片特困地区农村儿童医疗状况与医疗救助 ……… 213
  一 连片特困地区农村儿童医疗状况 ……………… 213
  二 贫困儿童健康与医疗救助政策：国际做法与
     国内实践 …………………………………………… 230

三　结语 …………………………………………………… 252

第五章　连片特困地区农村儿童安全、娱乐与社会交往和参与 …………………………………………… 255
一　连片特困地区农村儿童安全与保护制度 ………… 255
二　连片特困地区农村儿童娱乐和社会交往与参与情况 …………………………………………… 272
三　结语 …………………………………………………… 289

第六章　中国农村儿童发展和政策促进 ……………………… 292
一　中国儿童关怀政策概况 ……………………………… 293
二　中国农村儿童发展成效 ……………………………… 295
三　中国农村儿童发展需要特别关注的问题 …………… 305
四　中国促进儿童发展的经验和挑战 …………………… 313

参考文献 …………………………………………………………… 316

附录　中国农村贫困儿童社会救助政策汇总表 ………………… 318

第一章
研究背景

一 研究缘起

随着经济社会的发展，我国的扶贫工作也进入了一个新的阶段。2010年10月18日，党的十七届五中全会通过的《中共中央关于制定国民经济和社会发展第十二个五年规划的建议》明确指出："深入推进开发式扶贫，逐步提高扶贫标准，加大扶贫投入，加快解决集中连片特殊困难地区的贫困问题。"2011年11月29—30日，中央扶贫开发工作会议召开，会议提出："未来10年，我国将把基本消除绝对贫困现象作为扶贫开发工作首要任务，把集中连片特殊困难地区作为主战场，更加注重解决连片特困地区贫困问题，努力实现更好更快发展。"《中华人民共和国国民经济和社会发展第十二个五年规划纲要》指出："在南疆地区、青藏高原东缘地区、武陵山区等集中连片特殊困难地区，实施扶贫开发攻坚工程。"在这新阶段的扶贫历程中，对诸如妇女、儿童、老年人、少数民族等弱势群体实行更有针对性的扶持政策，使其拥有脱贫和进一步发展的平台，对于实现整个减贫目标至关重要。因此在《中国农村扶贫开发纲要（2011—2020年）》中明确指出："把对少数民族、妇女儿童和残疾人的扶贫开发纳入规划，统一组织，同步实施，同等条件下优先安排，加大支持力度，关注留守妇女和儿童的贫困问题。"

儿童是人类的未来，是社会可持续发展的重要资源。促进儿童发展，对于全面提高中华民族素质，建设人力资源强国具有重要战略意义。对贫困儿童的救助一直以来是国际扶贫工作中的重要组成部分，也是我国扶贫攻坚的重要内容。1989年联合国《儿童权利公约》提出，要保障每个孩子都能有一个健康的、受保护的童年。在公约的倡导下，儿童贫困问题也逐渐成为广受各界关注的社会性问题。各国也出台相应的政策，以减少儿童贫困。1992年，我国政府根据基本国情，发布了《九十年代中国儿童发展规划纲要》，第一次将儿童作为主体纳入国家行动计划。2001年，国务院颁布了《中国儿童发展纲要（2001—2010年）》（以下简称《纲要》），从儿童健康、教育、法律保护和环境四个领域提出了儿童发展的主要目标和策略措施。十年来，国家加快完善保护儿童权利的法律体系，强化政府责任，不断提高儿童工作的法制化和科学化水平，我国儿童生存、保护、发展的环境和条件得到明显改善，儿童权利得到进一步保护，儿童发展取得了巨大成就。截至2010年，《纲要》确定的主要目标基本实现。儿童健康、营养状况持续改善，婴儿、5岁以下儿童死亡率分别从2000年的32.2‰、39.7‰下降到13.1‰、16.4‰，孕产妇死亡率从2000年的53.0/10万下降到30.0/10万，纳入国家免疫规划的疫苗接种率达到了90%以上。儿童教育普及程度持续提高，学前教育毛入园（班）率从2000年的35.0%上升到56.6%，小学学龄儿童净入学率达到99.7%，初中阶段和高中阶段毛入学率分别达到100%和82.5%。2011年，国务院发布的《中国儿童发展纲要（2011—2020年）》指出儿童福利事业虽然已经取得一定的成绩，但贫困地区儿童整体发展水平较低，尤其是孤儿、贫困家庭儿童、残疾儿童、流浪儿童、受艾滋病影响儿童等弱势儿童群体需要更多的关怀和救助。我国儿童事业发展不平衡，特别是集中连片特殊困难地区的4000万儿童，在健康和教育等方面的发展水平明显低于全国平均水平。2014年12月,国务院针对贫困地区儿童专门制定《国家贫困地区儿童发展规划(2014—2020年)》,对贫困地区儿童营养健康、医疗服务、教育等方面进行了总体规划,同时对孤儿、受艾滋病影响儿童、留守儿童等特殊儿童群体的权利保障提出了指导意见,对贫困地区儿童事业的发展具有重要的指导意义。

随着儿童贫困问题的凸显,与此相关的各类学术研究也不断增多。高校及研究机构的学者们对于孤儿、贫困家庭儿童等各类弱势儿童的贫困问题研究较多,在儿童贫困的界定、贫困儿童生存状况、贫困儿童救助等方面取得了大量的研究成果。这些研究主要针对各个类型的贫困儿童在生活、教育、医疗等方面所面临的问题进行分析,并就贫困儿童救助政策所存在的问题提出进一步完善的建议。

但是就目前关于农村儿童贫困问题的研究来看,还存在较大的研究空间。在现有的研究中,贫困儿童往往被界定为贫困家庭的儿童,也就是家庭的经济状况决定儿童属不属于贫困儿童。同时,学者们也指出,这种简单的通过家庭经济状况来界定贫困儿童的做法很不严谨,很多处于困境中的儿童被排除在政策研究及政策救助之外。诸多研究认为,大多数贫困儿童虽已摆脱绝对贫困,不至于食不果腹、衣不蔽体,但其生存状态仍然令人担忧。贫困儿童绝大多数缺乏营养物质的摄入,致使身体发育较同龄人为晚。贫困儿童的膳食习惯也往往不合理,很多孩子由于缺乏正确引导和管教,养成了以劣质零食代替主食的习惯,导致了身体素质的下降;在衣着上也很少有新衣服,常穿着别人赠送的旧衣服,因此容易受到其他同龄儿童的排斥;居住环境较差,没有独立的生活、学习和娱乐空间。在医疗卫生方面,因经济困难,他们往往小病不看,大病小看,得不到必要的医疗服务,他们的医疗保障体系非常脆弱。有些地方政府针对儿童开展了专门的儿童医疗保险,如北京、杭州等,但很多地方的儿童依然依赖于父母享受的医保政策，如若父母被排斥在体系之外，他们也将不能得到适宜的医疗保障。教育方面，因缺乏经济支持及父母的教导，贫困儿童失学率、辍学率较高。整体来说，其受教育程度、受教育期望以及所在学校的教育质量都低于平均水平。虽然目前我国的各类救助政策能够在一定程度上完善对贫困儿童的保障，但仍然无法满足所有贫困儿童的需要，如存在救助标准普遍偏低、救助范围呈现为地域间和城乡间的不平衡等。总体上来看，目前关于农村贫困儿童的研究往往只关注贫困儿童生活的某一方面，其研究结论和政策建议往往具有一定的片面性和局部性，缺乏对农村贫困儿童日常生活全面与系统的关注和研究。

在农村贫困儿童的救助方面，我国政府也在相应的政策安排中做了规定。目前，我国关于农村贫困儿童的社会救助政策主要分散在各类社会保障、社会福利及社会救助等政策中。农村贫困儿童救助政策主要有农村居民最低生活保障制度、农村医疗救助制度、城乡特殊困难未成年人教育救助制度、义务教育阶段儿童"两免一补"政策、农村五保供养制度、孤残儿童养护制度、孤儿救助政策、"四免一关怀"政策、生活困难艾滋病患者遗孤救助政策等。这些政策在贫困儿童的基本生活保障、医疗救助、教育救助以及合法权益保障等方面发挥重要作用。

除了政府为贫困儿童提供的政策性救助之外，社会各界也在贫困儿童救助方面做出了重要贡献。这种民间救助也是贫困儿童救助体系中的一股重要力量。如联合国儿童基金会、中国青少年发展基金会、妇联、中国儿童基金会、红十字会、李嘉诚基金会等社团组织，在政府部门支持下发起的针对贫困地区儿童的一系列救助项目，如"希望工程""春蕾计划""红十字天使计划""重生行动""明天计划"等，都在贫困地区儿童救助方面发挥重要作用。

但是，总体来看，我国贫困儿童救助方面缺乏专门的政策体系，而且关于贫困儿童救助的研究较少，现有的研究主要是从我国贫困儿童救助整体情况进行思辨性的分析，缺乏较为深入的实证研究。我国城乡、地区间的经济社会发展差异较大，不同地区的儿童贫困问题以及社会救助情况的差异较大。尤其是目前我国扶贫攻坚的主战场——集中连片特困地区的儿童贫困问题更为突出。因此，要有效地缓解儿童贫困问题，必须要注意地区间的经济社会差异，尤其是连片特困地区，要制定适合当地实际情况的儿童社会救助政策，有效地减少儿童贫困，增进儿童福利，促进儿童健康成长。

六盘山区、秦巴山区、武陵山区、大别山区、滇桂黔石漠化区等特困地区均属于扶贫攻坚新阶段的主战场。这些贫困地区具有"贫困面大、贫困人口多、贫困程度深"的特征，通过对不同贫困连片特困地区的调研，我们可以进一步明确目前扶贫攻坚主战场的共同特性，从总体上把握目前扶贫开发所面临的形势。因此，本研究选取这些区域为调研地点，深入了解这些地区农村儿童的生存现状及其面临的困境，呈现儿童救助政策在这些地区的实施情况，发掘政策实施过程中所面临的问题，为儿童救助政策体系的进一步完善提供现实依据和相应的政策建议。

二 儿童贫困问题研究综述

儿童贫困问题不仅关乎儿童自身发展，而且与其家庭的未来、国家的发展息息相关。国外对于儿童贫困问题的研究由来已久，已取得了丰富的研究成果。而国内关于儿童贫困的研究起步较晚，但是随着我国儿童贫困问题的日益凸显，国内学者对于儿童贫困问题的研究也越来越多。从总体来讲，国内外学者对于儿童贫困问题的研究主要集中在贫困儿童的生存现状、产生原因、应对措施等方面。本节从上述几方面对国内外儿童贫困问题研究的相关文献进行了回顾，并结合目前我国的反贫困战略对现有贫困儿童研究进行了评述，发掘研究问题与不足，为贫困儿童问题的解决提供思路及相关政策建议。

（一）儿童贫困的界定与测量

国际上对儿童贫困的定义由来已久，也存在一定差异。联合国儿童基金会（UNICEF）将儿童贫困界定为最基本的社会服务的剥夺，这些最基本的社会服务指食品、安全饮用水、卫生设施、卫生保健服务、住所和教育等。贫困儿童就是指"经历过生存、发展和成长所需的物质、精神和情感资源的剥夺，而不能享受其权利，不能发挥其潜能或作为完整、平等的成员参与到社会中的儿童"。[1] 英国儿童贫困研究和政策中心（CHIP）认为儿童贫困是指儿童以及青少年在生长过程中无法得到和使用各种类型的资源，而这些资源对于他们的福祉和潜能的发挥至关重要。贫困儿童在生长过程中主要有以下特点：缺乏充足的生活资料；缺乏人类发展所必需的机遇；没有得到家庭和社区组织的养育和保护；缺乏话语权等。基督教儿童福利基金会（CCF）也进一步提出了儿童贫困与成人贫困的差异，主要有：排斥，即其经历了不公正的过程，生存受到威胁，话语、权利和尊严都被否定；剥夺，即缺乏其发挥潜能所需的物质条件和服务；脆弱性，即其没有社会能力去应对其所处生活环境中的生存威胁。[2] 加拿大国际发展署（CIDA）则以人权为基础定义儿童贫困，并采用货币分析法测量儿童贫困，制定儿童减贫战略。CIDA认为儿童贫困是对人权的侵犯，贫困阻碍了儿童健康权、受教育权、发展权、受保护权等权利的实现。这些国际机构对儿童贫困的界定都是从多维贫困的视角进行的，认为儿童贫困涉及儿童健康、医疗、教育、参与、发展以及受保护等各个相互关联的领域。

---

[1] UNICEF, *The State of the World's Children*: *Childhood Under Threat*, New York: UNICEF, 2005, P. 15.
[2] CCF, Understanding How Children Experience and Respond to Poverty, Christian Children Fund Presentation at UNICEF, NewYork. 2004, P. 9.

关于儿童贫困的测量，比较常见的主要有四种方法：货币分析法、剥夺法、社会排斥法以及福利分析法。[①] 货币分析法是比较传统的贫困测量方法，主要通过家庭的收入和消费情况对贫困进行测量。这一方法对儿童贫困的测量主要从家庭收入/消费情况进行，也就是我们通常所说的贫困线，如联合国划定的"1 天 1 美元"国际贫困线。各个国家也根据国内实际情况划定贫困线，并以此为依据识别贫困儿童群体。如我国学者唐钧等人把贫困儿童界定为其家庭收入低于当地最低生活保障标准的所有儿童，主要包括城乡低保家庭中的儿童、孤儿和受艾滋病影响的儿童，并提出家庭月人均收入在当地最低生活保障标准的 110%—150% 的低收入家庭的儿童也应在贫困儿童范围内。[②] 剥夺法使用七个被剥夺权利的指标——食物剥夺、饮用水剥夺、生活的基础设施剥夺、居所剥夺、教育剥夺、健康剥夺、信息来源剥夺测量贫困，此法被广泛应用到发展中国家的贫困测量中。社会排斥法的衡量指标主要与住房、就业、收入、公民权以及社会关系有关，儿童社会排斥既包括限制儿童参加社会活动，也包括父母、家庭以及邻居可能对儿童产生的影响。福利分析法采用八个指标对贫困儿童进行测量，包括物质生活资料、住房、医疗、主观福利、教育、儿童的社会关系、公民参与性、风险和安全性。其最大的优点是将那些影响儿童生存、发展的一系列指标综合成一个便于对比的指数。[③] 货币分析法可以将儿童贫困进行量化，具有较强的可操作性和可解释性。但是该方法仅仅关注儿童贫困的一个维度，即收入/消费维度，而忽视了教育、住房、医疗等其他维度，忽略了

[①] 尚晓援、王小林等：《中国儿童福利前沿（2012）》，北京：社会科学文献出版社，2012，第 13 页。

[②] 张时飞、唐钧：《中国的贫困儿童：概念与规模》，《河海大学学报》（哲学社会科学版）2009 年第 12 期，第 42—46 页。

[③] 尚晓援、王小林等：《中国儿童福利前沿（2012）》，北京：社会科学文献出版社，2012，第 15—17 页。

儿童与其他家庭成员的差异性以及不同类型儿童的差异性需求。而剥夺法、社会排斥法和福利分析法等儿童贫困测量方法，则是从不同的视角，采取多维指标体系对儿童贫困进行测量和识别。我国学者王小林基于阿玛蒂亚·森的多维贫困理论，建构了一个测量贫困的多维指标体系，[①] 并结合《儿童权利公约》中规定的儿童基本权利体系和我国的实际情况，建构出基于儿童权利的儿童多维贫困分析框架。其儿童多维贫困分析框架包括五个维度的指标——生存、健康、保护、发展和参与,[②] 为我国儿童贫困问题的深入研究指出了一条可行的路径。

（二）儿童贫困的原因与影响因素

虽然各个国家和地区儿童贫困的具体原因存在差异，但是目前的研究基本达成共识，即贫困状态的产生是各种因素共同作用的结果，包括家庭和社会文化、社会排斥、劳动力市场状况等经济因素、自然生态环境、政府干预政策等。

家庭贫困是儿童贫困的直接原因。儿童是人生的初级阶段，各方面的生活都在不同程度上依赖家庭。家庭的经济状况、家庭结构、家庭规模、父母受教育程度、父母就业情况、父母健康状况、儿童自身的健康状况等家庭内部因素都可以导致儿童处于贫困状态。有部分研究表明，父母的受教育程度会直接影响父母抚养孩子的能力，包括早期教育能力及早期喂养能力、自信能力和情绪控制能力等，尤其是女性的受教育程度与孩子的教育存在显著的直接关系。[③] 家庭规模与结构也是导致儿童贫困产生的影响因素之一，家庭规模过大，抚养的儿童过多，都会增加儿童陷入贫

---

① 王小林、Alkire:《中国多维贫困测量：估计和政策含义》,《中国农村经济》2010 年第 12 期。
② 王小林:《贫困测量：理论与方法》, 北京：社会科学文献出版社, 2012。
③ 王爱君、肖晓荣:《家庭贫困与增长：基于代际传递的视角》,《中南财经政法大学学报》2009 年第 4 期, 第 25 页。

困状态的风险。父母的就业与收入状况是影响儿童贫困的关键因素。① 父母没有稳定的工作,家庭经济收入就极易陷入贫困状态。家庭成员的健康状况也是影响儿童贫困的重要因素,尤其是在农村地区,一些家庭极易"因病致贫""因病返贫",进而导致家庭子女也陷入贫困状态。此外,女性的资源控制能力及其受教育程度对儿童(尤其是女童)福利的影响通常会比男性更加突出。而同时,不发达地区对儿童投资的性别歧视造成了消极的代际影响,即造成社会或家庭对女性、女童低投资的恶性循环。因此,性别观念越来越多地被引入儿童贫困问题研究,研究中的一个备受关注的焦点就是女性户主。②

家庭因素对儿童贫困产生直接的影响,但是该研究角度并没有对儿童贫困产生的根源做出具有说服力的解释。贫困代际传递的理论视角,对儿童贫困产生原因做了更为深入的解释。"贫困代际传递就是指贫困以及导致贫困的相关条件和因素,在家庭内部由父母传递给子女,使子女在成年后重复父母的境遇——继承父母的贫困和不利因素并将贫困和不利因素传递给后代这样一种恶性遗传链;也指在一定的社区或阶层范围内贫困以及导致贫困的相关条件和因素在代际之间延续,使后代重复前代的贫困境遇。"③而为什么会出现贫困代际传递?学者们给出了不同的解释,比较有代表性的主要有以下五种:①贫困文化论。根据奥斯卡·刘易斯以及爱德华·班菲尔德等人的观点,贫困文化论者认为穷人已经形成了一种贫困文化,产生了一系列的惯习、行为方式抑或信仰,其中包括对教育的忽视,屈从、冷漠和宿命论的态度,对权

---

① Daniel T. Lichter, "Poverty and Inequality Among Children," *Annual Review of Sociology* 23, 1997.
② T. Castaneda, E. Aldaz Carroll, The Intergenerational Transmission of Poverty: Some Causes and Policy Inplications, Inter American Development Bank Discussion paper, 1999. P. 10.
③ 李晓明:《贫困代际传递理论述评》,《广西青年干部学院学报》2006 年第 2 期,第 75—78 页。

威的不信任，非主流的生活方式以及不稳定的家庭生活。① 而他们对生活和工作的消极倾向将伴随孩子的成长产生潜移默化的影响，使儿童难以进入社会的主流。贫困文化既是贫困代际传递的原因，又是贫困代际传递的结果。②要素短缺论。贫困的原因在于要素的短缺。要素主要是指脱贫致富必不可少的基本条件，如资本、资源、科学技术等。③环境成因论。其认为恶劣的自然环境与交通条件是贫困的根源，将持续性贫困归因于贫困者与其所生活的自然环境关系的失败。④社会排斥论。社会排斥主要是指一个社会成员被排斥在一般社会大众所应享受的各种社会经济待遇之外。⑤能力贫困论。阿玛蒂亚·森认为，贫困的实质是能力的缺乏。一个人避免饥饿的能力依赖于他的所有权（所有权是权利关系之一），以及他所面临的交换权利映射，而饥饿的直接原因是个人交换权利的下降。他主张，应该改变传统的以个人收入或资源的占有量为参照来衡量贫富，引入关于能力的参数来测度人们的生活质量，因为能力不足才是导致贫困的根源。②

影响儿童贫困的另一个重要因素是政府的政策干预。政府是否为减缓儿童贫困采取政策进行干预，政策的救助力度如何，覆盖范围如何，都会在一定程度上影响儿童的贫困程度。如在奥地利、德国、芬兰和塞浦路斯，儿童家庭津贴能够将儿童贫困率降低 1/3 多。③

（三）中国贫困儿童生存现状

由于贫困儿童的界定标准不统一，且国家层面上也未明确这

---

① 郑杭生主编《社会学概论新修》（第三版），北京：中国人民大学出版社，2003，第 386 页。

② 〔印〕阿玛蒂亚·森：《贫困与饥荒》，王宇、王文玉译，北京：商务印书馆，2009。

③ EU, Thematic Study on Policy Measures Concerning Child Poverty, The EU Social Protection and Social Inclusion Process, 2008, P. 2.

一概念，因而对于贫困儿童数量的统计只能是大概数字。我国关于贫困人口的相关统计数据中也没有区别出贫困儿童的数量。2005年4月至7月，在民政部的邀请下，北京师范大学社会发展与公共政策研究所儿童保护中心的调查组参与组织了中国首次全国性孤儿登记排查，发现我国孤儿总数为57.3万，主要居住在农村。①学者唐钧根据民政部2007年公布的低保、五保数据以及2005年的孤儿、流浪儿童等数据，对我国贫困儿童的规模进行了估算。根据各分类儿童的数量总计，他指出我国贫困儿童群体的总体规模在710万左右。国务院妇儿工委办公室副主任宋文珍称，我国目前还没有完全的贫困儿童的统计数字。根据此前研究，如果按照城乡低保标准划分，目前生活在最低保障线以下的儿童是700多万。如果按照2010年亚行对安徽、福建、江西等15省18岁以下的贫困儿童所做的调查，同时按照1%人口抽样调查推测，我国3.09亿18岁以下儿童中，贫困儿童达900多万。而贫困儿童中有大部分是生活在农村地区的，农村贫困儿童数量依然十分庞大。②

贫困儿童的生存状况备受人们的关注。由于成长的家庭、社会环境不同，他们的衣、食、住、行、医疗、教育等各方面与同辈处在不同的状态。我国学者对贫困儿童生存状况进行了一定的研究。总体来看，目前的研究主要关注孤儿、残疾儿童、留守儿童、受艾滋病影响儿童等贫困儿童的基本生活、营养健康、医疗、教育、情感等方面。

由于家庭条件有限，贫困儿童的基本生活不能达到同龄人的水平。贫困儿童绝大多数缺乏营养物质的摄入，致使身体发育较同龄人为晚，膳食习惯也相对不正确，如以低品质零食代替正餐；

---

① 尚晓援、程建鹏：《中国孤儿状况分析》，《青年研究》2006年第10期，第8页。
② 人民网：《中国贫困儿童或超900万？福利制度应向普惠型转变》，http://society.people.com.cn/GB/1062/18056077.html，2012年6月1日。

在衣着上也很少有新衣服，常穿别人赠送的旧衣服，因此容易受到其他同龄儿童的排斥；居住环境较差，没有独立的生活、学习和娱乐空间。同时，一些地区的贫困儿童处于无安全饮用水、基础卫生设施差、能源获取贫困等状态。① 由于基本生活条件差，贫困儿童的营养健康状况令人担忧。由叶敬忠等人组成的研究团队对农村留守儿童的生存状况进行了系统研究，发现留守儿童在生活、学习以及情感等方面与非留守儿童存在差异，父母外出务工对留守儿童的劳动负担、心理与性格的健康发展、社会交往等方面都产生了较大的影响。②

（四）中国贫困儿童救助

1989年联合国《儿童权利公约》提出，要保障每个孩子都能有一个健康的、受保护的童年。在公约的倡导下，儿童贫困问题也逐渐成为广受各界关注的社会性问题。各国也出台相应的政策，以期为儿童的健康发展提供一个良好的环境。从国际上来看，对贫困儿童进行救助的措施主要包括以下几个方面内容：一是有条件的现金转移支付，如低保等；二是基本公共服务费用的减免或者补贴，如教育费用减免、寄养服务等；三是针对贫困儿童家庭的就业政策和家庭政策，如促进母亲就业政策、产假政策等；四是针对儿童自身成长的保护与支持政策，如儿童营养改善计划等。③

我国对贫困儿童的关注越来越多，不管是政府还是学术界都开始对这一特殊的贫困群体给予更多的关注。目前，学界对贫困儿童救助的研究也取得了一定的成果，主要包括：对贫困儿童救

---

① 王小林、尚晓援：《论中国儿童生存、健康和发展权的保障》，《人民论坛》2011年第5期（中），第120—123页。
② 叶敬忠等：《父母外出务工对留守儿童生活的影响》，《中国农村经济》2006年第1期，第57—65页。
③ 尚晓援、王小林等：《中国儿童福利前沿（2012）》，北京：社会科学文献出版社，2012，第17—20页。

助政策的梳理与回顾；贫困儿童救助政策的实施效果与存在的问题；关于贫困儿童救助理论与原则的探讨；建立完善儿童救助体系的建议；等等。

学者们研究认为，目前我国还没有形成专门针对贫困儿童的救助政策，现有的救助政策主要分散在各种政策中。我国针对贫困儿童的救助政策基本架构主要包括的内容有：一是基本生活救助，如城乡低保制度、农村五保制度、孤儿基本生活保障制度等；二是教育救助，如城乡特殊困难未成年人教育救助制度、"两免一补"政策、"希望工程"、"春蕾计划"等；三是医疗救助，如妇幼保健、儿童大病救助、受艾滋病影响儿童救助政策等。① 这些政策采取不同的方式，满足不同类型贫困儿童的基本需求。在贫困儿童基本生活保障方面，学者们没有做专门的研究，而只是将关注点放在政策整体的瞄准对象上。在儿童医疗救助方面，栾文敬等人通过对我国儿童医疗救助政策的梳理，认为我国儿童医疗救助政策共经历了四个阶段：①隶属于公费医疗、劳保医疗以及农村合作医疗；②完全的家庭保障；③城镇居民医疗保险、新型农村合作医疗的政策对象；④儿童大病医疗救助制度。这种政策趋势体现了儿童优先理念、儿童利益最大化原则正成为我国政策制定及落实的重要取向，以家庭为主的残补型儿童救助发展到以政府为主导、社会参与的制度性救助，体现了"广覆盖、低水平、有重点"的儿童大病医疗救助特点。② 在儿童教育救助方面，自改革开放以来，我国弱势儿童教育发展经历了弱关注发展、关注觉醒发展和综合发展三个阶段，③ 并取得了巨大成就。2011年《中

---

① 张时飞、唐钧：《中国贫困儿童的社会救助项目与效果》，《公共管理高层论坛》（第8辑）2008年第2期，第254—269页。
② 栾文敬、童玉林、胡宏伟：《我国儿童医疗救助政策回顾与评析》，《中国卫生经济》2012年第9期，第16—18页。
③ 陈家斌：《我国弱势儿童教育发展三十年的回顾与思考》，《教育探索》2009年第3期，第3—5页。

国农村贫困监测报告》数据显示，我国扶贫重点县的学龄儿童在校率达到 97.7%。①

虽然我国在贫困儿童救助方面已经取得了较大的成绩，但是目前我国的贫困儿童救助仍然存在诸多问题。这些问题既包括政策实施过程中出现的问题，也包括救助政策本身所存在的设计缺陷。第一，很多贫困儿童被排斥在救助范围以外，而且部分贫困儿童的生活比较困难。第二，贫困儿童救助政策在城乡和区域之间不平衡。第三，儿童医疗救助政策中所设计的起付线、封顶线、救助病种范围等，都使得贫困儿童受益甚微。同时，申请程序烦琐、定点医疗机构可获得性低等问题也导致很多贫困儿童无法得到应有的救助。第四，贫困儿童非义务教育阶段的费用亟待解决。第五，贫困儿童难以获取可持续的救助。第六，贫困儿童家庭养护仍没有得到足够的重视。② 另外，尚晓援等学者对农村孤儿的研究发现，国家正式制度在农村孤儿保护中往往出现错位和缺位现象，这使得一些农村孤儿不能够得到正式制度的保护。③ 这也从一个侧面反映了我国贫困儿童救助制度在贫困救助过程中存在错位与缺位现象，主要表现为海量需求与有限资源的偏差、目标瞄准的偏差、信息不均衡带来的偏差。

学者在分析我国贫困儿童救助体系及其存在问题的同时，也对贫困儿童救助的相关理论与基本原则进行了一些探讨。李迎生从社会政策视角出发，分析了社会政策在弱势儿童的社会保护中发挥的不可替代的作用，并在分析弱势儿童社会保护政策存在问题的基础上，提出了完善弱势儿童社会保护政策的原则：保障基

---

① 国家统计局住户调查办公室：《2011 中国农村贫困检测报告》，北京：中国统计出版社，2012，第 32 页。
② 张时飞、唐钧：《中国贫困儿童救助：问题与对策》，《新视野》2009 年第 6 期，第 59—61 页。
③ 尚晓援、伍晓明：《中国农村孤儿保护体制的个案研究》，《中国青年研究》2006 年第 12 期，第 29 页。

本权利原则；无歧视原则；特殊保护原则；社会责任原则。[①] 也有学者从社会保护内涵出发，在理论层面上探讨了社会保护政策在缓解儿童贫困方面的作用，并指出社会保护是缓解儿童贫困的主要手段。[②] 尚晓援从社会权利的视角考察了农村孤儿保护体制，指出农村孤儿的家庭养护是基于亲属权而不是公民权，从基于亲属权保护原则的制度向基于公民社会权利的制度转变是当前我国儿童保护制度最为迫切的任务，也是最大的困难，也只有基于公民权才能对儿童提供更为有效的支持和保护。[③] 而易红认为心理学的弹性理论可以为促进贫困儿童走出逆境提供一条可行的思路，儿童的弹性发展不仅取决于个人素质，而且来自儿童与环境的积极互动中。[④]

对贫困儿童救助进行研究的目的在于发现问题和解决问题。学者们在发现我国贫困儿童救助存在问题的同时，也根据相关理论与原则，提出了建立和完善我国贫困儿童救助体系的政策建议。总体上来看，学者们提出的政策建议主要包括以下几方面：一是根据不同的贫困儿童的现实需求完善相应的救助政策，扩大贫困儿童救助政策的覆盖面，保障儿童的基本生存权、健康权和发展权；二是将儿童作为独立的主体看待，注重儿童的全面发展；三是健全家庭支持政策，形成家庭—社区—学校三位一体的支持体系，为贫困儿童提供良好的成长环境；四是动员社会力量，整合各种资源，缓解儿童贫困；五是建立贫困儿童救助政策的统一协调机制。

[①] 李迎生：《弱势儿童的社会保护：社会政策的视角》，《西北师大学报》（社会科学版）2006年第3期，第16页。
[②] 史威琳：《社会保护政策及其对缓解儿童贫困的作用》，《新视野》2010年第2期，第30—32页。
[③] 尚晓援、陶传进：《中国儿童福利制度的权利基础及其限度》，《清华大学学报》（哲学社会科学版）2009年第2期，第143页。
[④] 易红：《贫困儿童弹性发展研究及其启示》，《社会心理科学》2007年第Z3期，第90—93页。

（五）文献评述

近年来，我国对儿童贫困问题的关注越来越多，政府加大了应对儿童贫困的力度，而学术界也对儿童贫困问题进行了较多的研究。总体来看，贫困儿童群体开始作为一个特殊的贫困群体出现在政府和学者们的视野中。政府和学界在贫困对儿童成长所产生的影响方面已经达成共识。虽然目前我国贫困人口的测量中并没有专门关于贫困儿童的数据，但是学者们对儿童贫困的界定和测量逐渐从简单的经济贫困向涵盖生存、健康、保护、发展和参与等维度的多维贫困转变。学术界在描述贫困儿童生存现状的同时，将更多的注意力放在了儿童贫困产生的原因及其影响因素上，并深入分析贫困儿童救助与保护方面的成就与问题，试图探索如何通过整合政府、社会、家庭等各方力量共同应对儿童贫困，为健全贫困儿童救助和保护政策提供参考依据。

我国对儿童贫困问题的关注才刚刚起步，还有诸多的问题有待进一步探讨。第一，儿童贫困的界定与测量还没有一个较为统一的标准。目前学者们关于儿童贫困的内涵和测量指标都是根据自己的研究目的和需要进行界定，缺乏一个统一的标准。也有学者在研究中非常模糊地界定贫困儿童，没有一个明确的指向对象。第二，现有的研究主要集中在贫困儿童的营养、医疗、教育等方面，以及贫困儿童的救助与保护，而关于儿童个体自身日常生活和自我感受的研究较少，忽视了儿童的主体性。第三，现有研究主要关注贫困儿童群体的整体状况，而对于城乡、地区之间贫困儿童的差异性研究较少，尤其是专门针对农村贫困儿童群体的研究更少。我国的贫困人口主要集中在农村地区，尤其是中西部的山区。目前我国扶贫重点区域是14个连片特困山区，因此从整个扶贫形势来看，对连片特困山区农村儿童进行深入研究对我国新时期扶贫目标的实现具有重要意义。第四，现有研究中关于贫困儿童救助与保护的研究相对较多，但是这些研究更多的是单纯地关注贫困儿童救助或保护政策的发展阶段、实施效果和所存在的问题，而贫困儿童救助仅仅是我国反贫困战略中的一个部分。贫困儿童救助与我国反贫困战略之间存在怎样的逻辑关系，如何在我国反贫困的大背景下做好贫困儿童救助，如何将贫困儿童救助研究成果转为政策影响等问题都需要进一步探讨。第五，虽然关于贫困儿童救助政策的研究相对较多，但是现有的研究主要关注政策的实施现状，是一种静态的描述，缺乏对政策实施过程的动态研究。救助政策的实施需要一定的环境和执行主体，贫困儿童救助存在的问题往往是在政策的执行过程中出现的。因此，深入探究贫困儿童救助政策运行逻辑，分析政策执行过程中各个行为主体之间的互动关系，发掘救助政策与目标群体之间的逻辑关系，能够帮助我们找到贫困儿童救助所面临问题的根源。

三 相关概念的界定与说明

本研究对相关概念进行如下界定。

（1）儿童：根据联合国《儿童权利公约》，儿童是指18岁以下的未成年人。

（2）儿童贫困：根据联合国儿童基金会（UNICEF）关于儿童贫困的界定，儿童贫困是指儿童最基本的社会服务的剥夺，这些最基本的社会服务是指食品、安全饮用水、卫生设施、卫生保健服务、住所和教育等。

（3）贫困儿童：根据联合国儿童基金会的界定，贫困儿童是指"经历过生存、发展和成长所需的物质、精神和情感资源的剥夺，而不能享受其权利，不能发挥其潜能或作为完整、平等的成员参与到社会中的儿童"。[①] 而本研究中的农村贫困儿童是指经历

[①] UNICEF, The State of the World's Children: Childhood Under Threat, New York: UNICEF, 2005, P.15.

过生存、发展和成长所需的物质、精神和情感资源的剥夺，而不能享受其权利，不能发挥其潜能或作为完整、平等的成员参与到社会中的农村儿童。具体来讲，本研究所说的农村贫困儿童主要包含：农村贫困家庭儿童、农村孤儿①、农村五保儿童②、农村受艾滋病影响儿童③、单亲家庭儿童以及留守儿童等农村弱势儿童群体。

（4）儿童监护人：监护人是指对无行为能力或限制行为能力的人的人身、财产和其他一切合法权益负有监督和保护责任的人。一般来说，未成年人、精神病患者及其他有严重精神障碍的人，都应设置监护人。未成年人的法定监护人首先应当由其父母担任，如父母死亡或者无监护能力的，按下列顺序由以下人员担任：①祖父母、外祖父母；②成年的兄、姐；③未成年人父母所在单位或未成年人住所地的居民委员会、村民委员或者民政部门。本研究中的儿童监护人是指实际承担儿童生活照料、教养等监护责任的人。

（5）救助：救助指帮助需要被给予帮助的人，使其获得一定的物质上的支援或精神上的解脱。

（6）儿童救助：儿童救助是指政府、社会团体、志愿者组织、社区等，针对处于困境中的弱势儿童，通过现金转移支付、公共服务费用的减免、儿童家庭就业扶持、儿童成长保护和精神关爱等手段和方式，使其获得物质上的帮助和精神上的解脱，保障儿

---

① 孤儿是指失去父母和事实上无人抚养的未成年人。
② 五保儿童是指农村五保供养制度所供养的未成年人。中国政府出台《农村五保供养工作条例》，对农村"老年、残疾或者未满16周岁的，无劳动能力、无生活来源又无法定赡养、抚养、扶养义务人，或者其法定赡养、抚养、扶养义务人无赡养、抚养、扶养能力的"村民，提供"保吃、保穿、保住、保医、保葬（孤儿保教）"等保障。
③ 受艾滋病影响儿童主要包括三种不同的群体：一是艾滋病致孤儿童；二是父母一方感染艾滋病或因艾滋病死亡的儿童；三是携带艾滋病病毒或感染艾滋病的儿童。

童能有一个健康的、受保护的童年。

（7）儿童救助政策：儿童救助政策是指国家通过立法和行政干预，缓解儿童贫困，增进儿童福利，改善儿童生活环境等一系列的政策、行动和规定。具体来讲，本研究所涉及的农村贫困儿童救助政策主要包括：农村最低生活保障制度、孤儿基本生活保障制度、农村义务教育阶段学生营养改善计划、城乡特殊未成年人教育救助制度、"两免一补"政策、农村医疗救助制度、农村大病儿童医疗救助制度、农村五保供养制度、孤儿救助制度、受艾滋病影响儿童救助制度，以及社会力量推动、政府支持的各种救助关爱行动，如"明天计划""重生行动"等。

本研究中采取的一些方法和技术也需要进行说明。

第一，儿童年龄段的划分。本研究中对儿童年龄段的划分主要是根据儿童生长发育阶段和学龄，将儿童年龄划分为0—3岁、4—6岁、7—9岁、10—16岁。虽然本研究将儿童界定为18岁以下，但是在问卷调查过程中主要关注16岁以下的儿童，同时也对17—18岁的儿童进行个案访谈作为补充。

第二，本研究中问卷调查所针对的儿童不仅仅是指贫困儿童，而是指集中连片特困地区农村儿童。但是在实地调研中，研究团队在选取访谈对象时主要选取贫困儿童，试图通过典型案例全面呈现连片特困地区农村儿童的日常生活。另外，本研究关注的儿童指户籍在农村，且在农村社区生活的儿童，不包括流动儿童和流浪儿童等。

四 资料来源与研究对象基本信息

（一）资料来源

本研究所用数据资料主要包括两个方面：文献资料和实地调研资料。文献资料主要包括相关研究文献、相关部门出台的政策以及相关统计数据。实地调研资料主要来源于两个方面：问卷调查和实地访谈。本研究问卷调查通过大学生返乡调查方式开展。根据不同年龄段儿童的差异性，研究团队分年龄段设计问卷，包括0—3岁儿童和监护人问卷、4—6岁儿童和监护人问卷、7—9岁儿童和监护人问卷、10—16岁儿童和监护人问卷等。问卷调查对象为4岁及以上年龄段，具有一定理解和表达能力的农村儿童和0—16岁年龄段农村儿童的监护人。受访农村儿童既包含贫困儿童也包含非贫困儿童。共回收有效问卷957份，所覆盖的范围为集中连片特困地区中的18个省份（其中涉及中部地区省份6个，西部地区省份12个）的62个县，共计123个村。

研究团队所选的实地调研地点为贫困县。具体实地调研地点如下表1-1。

表1-1 实地调研地点

省	县	村	所属连片特困地区
宁夏回族自治区	西吉县	羊路村、大滩村、南台村	六盘山区
甘肃省	华池县	铁角城村、徐背台村、虎洼村	六盘山区
陕西省	柞水县	秦丰村	秦巴山区
广西壮族自治区	龙州县	埂宜村、武联村、合平村	滇桂黔石漠化区
云南省	临翔县	南美村	滇西边境地区
江西省	鄱阳县	何彭村、梅岭村、角里村	国家扶贫重点县

实地调研的访谈对象主要为县相关部门的负责人、相关机构工作人员、村干部、村民、农村儿童监护人和农村贫困儿童典型案例。对县级相关部门，包括县及所属连片特困地区扶贫和妇女儿童工作的分管领导进行深度访谈；对相关机构工作人员，包括当地扶贫部门、妇联、民宗、发改、教育、卫生等部门进行深度访谈；对村干部，包括村妇女主任、计生专干等进行深度访谈；对普通村民（主要是贫困儿童父母或者监护人）以及有填写或回答问卷能力的贫困儿童进行问卷调查，并选取典型案例进行深度

访谈，每个调研点选取典型儿童案例 10—30 人。访谈的农村贫困儿童典型案例主要包括：贫困家庭儿童、低保家庭儿童、孤儿、单亲家庭儿童、寄养儿童、领养儿童、留守儿童以及普通家庭儿童等。每个调研地点儿童案例的年龄和性别分布保持均衡。

（二）研究对象基本信息

1. 性别与年龄分布

男童和女童在生理和心理等方面都存在较大的差异，在基本生活、教育、医疗等各方面的行为和需求也会有所不同。本研究中男童占 57.1%，女童占 42.9%，虽然性别比例有一定的差距，但是研究结果能够体现出不同性别儿童在基本生活和需求方面的差异，同时也能够反映连片特困地区农村儿童的整体状况。

本研究中儿童主要是指 16 周岁以下（含 16 周岁）的未成年人，但在实地调研案例访谈中也将一些特殊的 16—18 岁儿童作为研究对象。在实际调研中，考虑到儿童对一些家庭基本情况和政策实施状况的了解程度不高，无法反映家庭和政策实施的实际情况，研究中也将儿童监护人纳入访谈范围，以便了解儿童的抚养与照料情况、家庭基本情况和政府政策实施状况。结合儿童年龄和学龄，将儿童分为不同的年龄段：0—3 岁，4—6 岁，7—9 岁，10—16 岁。本研究针对不同年龄段的儿童从基本生活、教育、医疗、安全等方面分别开展问卷调查和实地调查。

表 1-2 儿童年龄分布情况

年龄段	0—3 岁	4—6 岁	7—9 岁	10—16 岁	合计
数量	157	249	210	341	957
百分比（%）	16.4	26.0	21.9	35.6	100

2. 受教育情况

本次调查的 249 名 4—6 岁儿童，入园率为 66.7%，其中男孩入园率为63.8%,而女孩入园率为69.9%,比男孩高6.1%。

学龄儿童(7岁及以上)有524名,入学率为96.7%,其中男孩入学率为96.6%,女孩入学率为96.9%。此次调查的学龄儿童入学率比2010年我国扶贫重点县农村7—15岁儿童入学率(97.7%)[①]低1%。小学阶段的儿童居多,占学龄儿童的67.2%,初中阶段儿童占学龄儿童总数的27.5%,还有5.3%的儿童在读高中。

表1-3 学龄儿童就学阶段

教育阶段	小学	初中	高中
数量	352	144	28
百分比(%)	67.2	27.5	5.3

五 本书主要内容

(一) 连片特困地区农村儿童基本生活状况与生活救助

对于连片特困地区农村儿童来说,衣着这一基本的物质需求有时候也很难得到满足。因为父母外出、家庭结构的变化导致贫困地区农村儿童生活照料方式也发生变化,连片特困地区农村儿童照料模式呈现多样化,单亲照料、隔代照料、儿童自我照料和逆向照料等都面临诸多困境,对儿童的健康与安全造成威胁。

因为家庭经济困难、家庭特殊的生活方式、恶劣生活环境、监护人儿童抚养知识的匮乏等原因,连片特困地区农村儿童逐渐形成不良饮食习惯。父母不关注儿童饮食的营养搭配、儿童营养摄入不合理等都会威胁儿童的营养健康状况,不利于儿童的生长发育,同时儿童生长发育不足也会影响到连片特困地区劳动力的

---

① 国家统计局住户调查办公室:《2011年中国农村贫困监测报告》,北京:中国统计出版社,2011,第32页。

再生产，也不利于贫困地区经济社会的持续发展。连片特困地区农村儿童生长发育状况令人担忧，急需进行干预。男童的营养不良要引起政府和社会各界的关注，贫困地区农村0—3岁婴幼儿的营养和生长发育状况急需进行干预。连片特困地区农村特殊的自然条件使得他们很难形成良好的卫生习惯。监护人养成的"不卫生"的生活方式也影响了儿童良好卫生习惯的养成。

在农村家庭中，"儿童"不是一个单纯被照顾、被保护的对象，他们在家庭生活中也需要承担一些劳动，帮助家庭减少一定的生活压力。男孩在干农活方面的负担大于女孩，而女孩则承担更多的家务劳动。但是由于贫困、劳动力不足等原因，家庭生计压力较大的家庭（孤儿家庭、单亲家庭等）中的儿童则可能会过早地承担起家庭的生计压力。他们除了帮助家庭干一些家务和农活之外，还提前进入劳动力市场成为"童工"，为改善家庭生活而过早地结束自己的儿童时期，承担起成人的生计压力。

世界上很多国家对贫困儿童的基本生活救助做出了诸多的制度安排，从总体来看，主要有以下几个特点：一是生活救助的多层次性和多样性，即对不同年龄段的儿童和不同家庭结构的儿童采取不同的救助措施；二是对贫困儿童家庭进行扶持，保证儿童有一个良好的家庭生活环境；三是救助制度及立法完善，各国都十分注重社会救助相应的法规建设，使得贫困儿童救助的发展有章可循。

中国在贫困儿童基本生活救助方面也做了诸多的制度安排，针对低保家庭儿童、孤儿、受艾滋病影响儿童等贫困儿童群体都有相应的生活救助措施，并在贫困儿童基本生活救助方面投入大量资源。对于连片特困地区农村贫困儿童家庭来说，低保金、孤儿基本生活费等基本生活救助金是家庭的主要收入来源之一。但这些资金对贫困儿童基本生活的改善具有不可持续性。营养餐计划的实施也减轻了贫困地区学生家庭的经济负担，但是营养餐"不营养"问题及贫困儿童如何形成良好的营养习惯问题需要得到解决。儿童贫困产生的一个重要原因在于家庭贫困，家庭生活环境改善对于贫困儿童基本生活保障具有重要意义。同时，关于儿童救助的法律法规和专门针对儿童的相关救助机构的缺失，使得贫困儿童救助政策在执行过程中产生目标偏离与异化现象，从而影响政策效率。儿童监护人对相关政策认知程度较低，也在一定程度上导致他们没有获取政策资源的主动性。

（二）连片特困地区农村儿童教育状况与教育救助

学前教育是幼儿入小学前的准备，为九年义务教育的实施奠定基础。学前教育关系到儿童健康、社会性、情感和认知等领域的长期发展。调查数据显示，连片特困地区农村儿童的入园率比较低，村中普遍缺少幼儿园，即便有也是条件很差的民办幼儿园，在幼儿早教、饮食健康、路途安全方面都没有很好的保证。我国已经在农村全面实施免费义务教育，但是学前教育并没有纳入义务教育的范畴，儿童接受学前教育所需要的支出由儿童家庭承担。对于贫困地区的农村家庭来说学前教育费用是一个非常大的负担。

连片特困地区农村学龄儿童入学率偏低，辍学现象仍较为严重。儿童辍学原因多样化，除了直接的经济困难，学生厌学、家庭原因、打工挣钱以及社会因素也导致了学生的辍学。但那些已经辍学的学生，大部分有继续上学的愿望。由于撤点并校的影响，农村学生开始向乡镇、县城集中，这造成了他们上学路途遥远，增加了他们家庭的负担。学生住宿、学校设施、学校餐饮方面，近年来由于国家对于农村基础教育的投入逐渐增加，已逐步得到改善，但是现实中还是存在不少不利于学生成长的因素，很多学校只有教学楼，缺乏其他配套设施，如厕所、开水房、厨房等。寄宿制学校的住宿，往往是十几人，甚至几十人挤在一个宿舍，无生活老师看管，贫困地区中小学基础硬件设施亟须改善。

良好的家庭教育是优化孩子心灵的催化剂。但是连片特困地区农村儿童监护人对于儿童的早教并没有太多的关注。因为农村中匮乏的生活环境和条件与电视中纷繁不同的世界形成了鲜明的对比，儿童更倾向于对电视中那些从未见过的场景和有意思的人物与故事感兴趣。监护人也将电视作为"让儿童安定下来"的一种手段与工具，或者是另一种让孩子开心的方式。在孩子犯错误或者任性时，监护人的教育方式对孩子的心理成长会产生较大影响。然而"打骂"等恶性教育方式则受到了贫困地区农村监护人的"青睐"，有将近一半的监护人认为"好孩子是打出来的"。

教育救助政策、"两免一补"政策的实施极大地提升了我国贫困地区农村儿童的受教育状况。但是由于教育资源不均衡、家庭贫困以及农村经济社会的转型等原因，连片特困地区农村儿童接受教育仍然面临诸多困难。未成年人的学前教育和高中教育都属于非义务教育，农村贫困家庭儿童在学前教育阶段得不到救助，高中阶段的社会救助范围和资助力度很低，对于高中贫困生的救助目前只停留在临时救助的阶段。非义务教育阶段的儿童教育成本对贫困家庭来讲是一个较大的负担。由于贫困儿童父母或者监护人教育水平相对较低，监护人在儿童早期教育方面缺乏必要的知识和能力。贫困儿童教育问题不是单纯的教育救助政策所能解决的问题，而需要从儿童教育事业的发展规划层面给予更多的关注。要加大针对连片特困地区农村教育的投入力度，让连片特困地区农村儿童享受更多的教育资源，打破城乡二元教育格局，实现城乡教育一体化。

（三）连片特困地区农村儿童医疗卫生状况与医疗救助

受地理、经济条件的影响，连片特困地区农村儿童保健工作的开展面临一定的困难。除了学校、医疗站等组织免费接种的疫苗外，连片特困地区农村儿童监护人很少，而且也不知道该给孩子接种哪些疫苗。因为家庭经济贫困、监护人关于儿童医疗知识的匮乏，绝大多数贫困地区监护人不会主动带孩子去体检。部分农村儿童在生病时不能得到及时救治，主要原因：一是监护人未能及时发现;二是家住在偏远山区,交通不便,不能及时获得专业的医疗救治;三是因为家庭贫困,无法迅速地筹集到看病所需要的钱,因而耽误儿童治疗。虽然儿童可以参加新型农村合作医疗,但因为所看病种不在新农合保障范围内、距离指定医疗机构较远、报销条件较多、程序较为烦琐、报销内容有限等原因,儿童监护人往往放弃报销,或者就近在非指定医疗机构就医。

国际上对儿童医疗健康问题给予了诸多的关注,尤其是在贫困儿童医疗救助方面。我国政府也将贫困儿童医疗救助纳入社会政策覆盖范围,并通过不断加大政策与资源投入,以改善贫困地区农村儿童的健康状况,缓解"因病致贫、因病返贫"问题。但是社会政策的出台并不意味着政策目标群体就一定能够享受到相应的政策福利。医疗救助报销程序的复杂性、儿童监护人对政策的认知程度低等都影响了儿童医疗救助政策的执行效率。针对不同病种的特殊医疗救助体系也不完善。很多贫困儿童并不能获得相应的医疗救助。连片特困地区农村缺乏高质量的儿童医疗资源,也导致一些儿童在患病时无法获得及时、有效的治疗,从而对儿童健康成长造成威胁,更谈不上对贫困儿童进行健康教育,提高疾病预防知识。

(四)连片特困地区农村儿童安全、娱乐与社会交往和参与

在农村空心村、老龄化背景下,连片特困地区农村儿童的安全面临很多威胁。由于撤点并校政策的实行,很多贫困儿童不得不步行几个小时去较远的中心校上学,因而面临更多安全隐患。监护人对儿童的看护不足,可能给孩子带来危险。同时,当前学校的教育也不容乐观,虽然大部分学校都开展了安全教育,但仍然有很多学校没有进行过相关教育。另外,在农村复杂的环境下,儿童是否真的能够灵活应用所学知识还是一个值得进一步考察的事情。在学校、村庄及孩子上学路上充满了危险因素,也威胁着儿童的安全。

连片特困地区农村儿童不能经常带朋友到家里玩,而和朋友玩耍又是儿童在假期和周末最期待的事情,这也就造成了一定的冲突,也在一定程度上迫使儿童只能在家里看电视或者玩电脑,带来了一些潜在的不良后果。造成这些儿童不能带朋友回家玩的原因是多方面的,如农村交通不便、农村家庭住房面积小、父母工作忙、父母观念的约束等。儿童在外玩耍的安全问题需要引起重视。在农村地区,没有安全防护设施的池塘、道路,无人看管的动物等都可能成为危害儿童安全的因素,存在极大的安全风险。

大部分监护人有过带孩子外出游玩的经历。除了部分地区没有动物园、游乐园等娱乐场所的原因,父母不具备带孩子外出游玩的经济基础的客观原因和部分父母不重视儿童精神文化的主观原因起了较大的作用。

连片特困地区农村学校培养儿童精神文化成长方面也略显不足。从儿童参加体育活动和参观博物馆、少年宫等场所的情形来看,大部分儿童都没有过参加体育活动的经历,也没有到过博物馆、少年宫等场所参观学习。这自然可以归咎于农村道路不便、经济落后、教学方法落后等客观原因,但这也与农村学校不重视儿童的综合素质培养,仍然采用传统填鸭式书本教学方式有关。

(五) 中国农村儿童发展与政策促进

中国政府高度重视儿童的生存与发展,20世纪80年代以来,中国政府先后出台了一系列的法规政策,逐步建立了中国儿童保护和发展的政策、法律保障体系,并针对不同类型的儿童群体,出台具有针对性的政策,从不同的角度共同促进儿童的生存权、发展权、受保护权和参与权。在中国政府和社会各界的努力下,中国农村儿童在基本生活、教育、医疗等各方面的发展均取得了显著成效。受到保护的农村弱势儿童数量不断增加,保障范围不断扩大,保障水平持续提高。但是,中国农村地区仍然生活着众多的弱势儿童群体,孤儿、残疾儿童、留守儿童、贫困家庭儿童等儿童群体数量依然庞大。连片特困地区农村儿童的基本生活、教育、医疗、安全和社会参与等方面依然面临不少问题。同时也应看到,受城乡二元结构、东西部发展不平衡、城乡居民收入差距不断扩大以及社会阶层固化等多重因素的影响,儿童公平发展仍然面临重大挑战。

第二章
连片特困地区农村儿童基本生活状况与生活救助

一 连片特困地区农村儿童基本生活状况

儿童时期是人生的初始阶段，儿童各方面的生活都在不同程度上依赖家庭，儿童贫困的直接原因就是家庭贫困。家庭的经济状况、家庭结构与规模、父母受教育程度、父母就业情况、父母健康状况、儿童自身的健康状况等家庭内部因素都可以导致儿童处于贫困状态。了解连片特困地区农村儿童的家庭情况，能够为缓解贫困地区儿童贫困问题提供现实依据。儿童贫困体现较为明显的方面在于其基本生活状况，了解儿童的基本生活状况可以发现儿童最基本的生活需求。因此，在对连片特困地区农村儿童的生活状况和政策需求进行评价与判断时，需要对该地区农村儿童群体的自身情况、家庭基本情况的人口学特征进行深入的了解。同时，全面了解连片特困地区农村儿童的基本生活状况，可以更好地把握连片特困地区农村儿童基本生活需求，从而有针对性地为贫困儿童提供基本生活救助。本部分主要从儿童衣着与生活照料、饮食与营养健康状况、日常生活中的卫生习惯以及儿童参与家务和农活情况等方面，就连片特困地区农村儿童的基本生活状况进行分析，在全面呈现儿童基本生活的同时，发掘连片特困地区贫困儿童的基本生活需求。

(一) 儿童家庭基本情况

1. 家庭人口

(1) 家庭儿童数量

虽然我国实施计划生育政策已经多年,但是在调研中我们发现很多农村家庭仍然生育多个孩子,而且农村家庭多子女现象比较普遍。一些贫困家庭出现越穷越生的现象,家庭在养育儿童方面的负担增加,进而导致家庭长期陷入贫困状态。本研究的受访家庭中儿童数量平均为1.80个。有51.5%的家庭有2个孩子,36.4%的家庭只有1个孩子,而育有3个孩子及以上的家庭占受访家庭总数的12.1%。家庭子女数最多的是8个。受访家庭中男孩数量最多为3个,女孩数量最多为6个。

(2) 家庭人口数量

受访家庭中,家庭平均人口数为4.55人,人口数最多的为12人,最少的2人;16—65周岁具有一般性劳动能力的人口平均为2.57人,其中男性劳动力人口平均为1.31人,女性劳动力人口平均为1.28人。劳动力数量最多的家庭有12人,也有少部分家庭没有劳动力。在调研中发现,家庭劳动力缺失会导致一些家庭的儿童承担过多的家务和农活,甚至一些儿童为了缓解家庭生计压力而辍学务工。

表 2-1 家庭人口与劳动力统计表 (人)

	家庭人口数	劳动力人口数	男性劳动力	女性劳动力
均值	4.55	2.57	1.31	1.28
极小值	2	0	0	0
极大值	12	12	7	6

2. 家庭收入与支出

在受访家庭中,2012年家庭平均年收入为28443.19元,平均年支出为 21028.47 元，其中在孩子抚养方面的花费平均为 6889.60 元。家庭在抚养孩子方面的平均花费约占家庭平均总支出的 1/3。

家庭在儿童抚养方面的支出在不同年龄段的儿童之间存在一定的差异性。通过表 2-2 和表 2-3，我们可以发现家庭在 10—16 岁儿童的抚养方面支出最多，其次是 0—3 岁年龄段儿童，再次分别是 4—6 岁和 7—9 岁年龄段儿童。家庭在不同年龄段儿童抚养方面支出的差异性，与儿童的成长阶段和国家的教育政策具有一定的关系。0—3 岁儿童在营养、医疗健康等方面具有特殊性，所需要的投入较大。4—6 岁年龄段儿童在基本的营养、健康等方面具有较少的特殊性要求，但是正值接受幼儿园教育阶段，因此家庭在幼儿教育方面的投入会增大。而 7—9 岁儿童正在接受义务教育，享受"两免一补"政策，家庭在他们身上的投入主要在衣食等日常生活方面。10—16 岁年龄段的部分儿童已经进入接受高中教育阶段，家庭除了承担儿童日常的生活开支以外，还要负担相应的教育费用，因此在儿童抚养方面的支出也会相应地增加。

表 2-2 家庭在不同年龄段儿童抚养方面的支出（元）

年龄	均值	极小值	极大值
0—3 岁	7683.33	200	70000
4—6 岁	6446.16	300	50000
7—9 岁	5456.78	200	50000
10—16 岁	7734.80	200	100000

表 2-3 不同年龄段儿童家庭的教育支出（元）

年龄	均值	极小值	极大值
4—6 岁	3214.82	50	16000
7—9 岁	2355.49	50	10000
10—16 岁	4146.33	80	30000

从家庭收入与支出结构来看（见表 2-4），连片特困地区农村

家庭最主要的收入来源为打工,其次是经营、种植、养殖等方面的收入,财产性收入和政策性收入较少;家庭主要支出为日常生活的衣食支出,儿童教育支出也是家庭支出的重要组成部分,再就是人情往来的礼金支出和医疗支出,而农业生产支出在家庭总支出中占了相对较少的比例,这一方面是因为国家对农业生产的政策性补贴,另一方面也是因为目前农村劳动力大量外出务工,在农业生产方面的投入较少。

表2-4 家庭收支结构(元)

各类收入	种植业收入	养殖业收入	打工收入	经营性收入(经商、手工、运输等收入)	财产性收入	政策性收入
均值	5733.73	2252.96	15131.97	5802.17	760.87	735.29
各类支出	教育支出	衣食支出	农业生产支出	医疗支出	礼金支出	其他支出
均值	3012.96	5721.91	1917.26	2140.15	2422.89	3537.18

对于家庭经济状况在村里的水平,有近一半(49.8%)受访监护人认为自己家的经济水平在本村中处于中等水平,认为自家属于富裕户的有2.2%,属于中等偏上、中等偏下水平的家庭分别占18.7%和21.9%,属于贫困户的只有7.4%(见表2-5)。

表2-5 家庭经济状况在村里的水平

	富裕户	中等偏上	中等	中等偏下	贫困户
频数	21	177	473	208	70
百分比(%)	2.2	18.7	49.8	21.9	7.4

连片特困地区一些没有劳动力的家庭只能依靠低保救助金、养老金等政策性收入维持家庭生活,但是在连片特困地区低保补助标准和养老金都处于较低的水平,无法满足家庭基本生活需求。这也导致一些贫困家庭中的儿童提早承担起家里的生活重担。调查结果

显示,受访家庭被选为低保户的有 115 户,占总数的 12.4%,2012 年低保补贴收入平均为每户 1208.78 元,但是家庭之间获得的补贴差异较大,最多的为 7680 元,最少的只有 80 元。

3. 儿童与父母在一起生活的时间

调查结果显示(见表 2-6),在过去的一年(2012 年)中,母亲在家里陪孩子的时间平均为 256.01 天;父亲在家里陪孩子的时间平均为 184.30 天,比母亲约少 72 天;父母和孩子在一起共同生活的时间平均为 213.22 天。其中,父亲和母亲在家里陪孩子的时间不超过 1 个月的分别占 27.2%、18.9%;超过 1 个月,但少于 4 个月的分别占 22.7%、9.2%;超过 4 个月,但少于 8 个月的分别占 7.1%、5.0%;超过 8 个月的分别占 43.0%、66.8%。2012 年,父母和孩子在一起生活的时间不超过 1 个月的占 23.0%;超过 1 个月,但少于 4 个月的占 18.1%;超过 4 个月,但少于 8 个月的占 6.2%;超过 8 个月的占 52.7%。

表 2-6 儿童与父母在一起生活的天数

天数		0—30 天	31—120 天	121—240 天	241 天以上	均值(天)
父亲在家陪孩子的时间	频数	254	212	66	401	184.30
	百分比(%)	27.2	22.7	7.1	43.0	
母亲在家陪孩子的时间	频数	174	85	46	614	256.01
	百分比(%)	18.9	9.2	5.0	66.8	
父母和孩子在一起生活的时间	频数	185	146	50	424	213.22
	百分比(%)	23.0	18.1	6.2	52.7	

不同年龄段儿童父母与孩子在一起的时间具有一定的差异性(见表 2-7)。与总体的情况一样,各年龄段儿童的母亲是和孩子在一起时间最多的,其中 0—3 岁的儿童母亲和孩子在一起的时间最长,平均为 284.16 天,同时,0—3 岁儿童与父母双方在一起生活的时间也明显比其他年龄段的儿童多。这主要是因为 0—3 岁儿

童需要父母更多的呵护与照料。父亲和孩子在一起的时间,在不同年龄段的儿童之间并没有太大的差异,均为6个月左右。

表2-7 不同年龄段儿童与父母在一起生活时间(天)

年龄	父亲在家陪孩子的时间	母亲在家陪孩子的时间	孩子和父母在一起生活的时间
0—3岁	185.53	284.16	240.70
4—6岁	189.05	248.32	209.61
7—9岁	180.64	247.39	201.59
10—16岁	183.15	254.37	222.89

调查发现,连片特困地区农村大量的劳动力外出务工,且家庭的收入来源主要是打工收入。在一些贫困山区,如果家庭没有外出务工的劳动力,那么该家庭的经济状况往往会非常差。调查结果显示,因为城乡之间住房、教育、医疗等制度性因素,在父母都外出打工时,大部分父母还是会选择将孩子留在家中。对"如果父母都在外打工,孩子是否跟父母在一起生活?"这一问题,回答"是"的占35.3%,回答"否"的占64.7%。

4. 儿童监护情况

本研究根据儿童生活的主要照料者与儿童的关系来判断儿童的监护类型。研究发现连片特困地区农村儿童的监护类型主要有以下几种情况。一是父母监护,即儿童与父母生活在一起,由父母双方共同对儿童的基本生活进行照料。二是单亲监护,即儿童与父母单方在一起生活,由单方父母对儿童基本生活进行照料,其中包括父亲监护和母亲监护两种情况。这种照料模式所涉及的儿童包括单亲家庭儿童和父母一方外出务工的儿童。三是亲属监护,即儿童与亲属生活在一起,由亲属对儿童的基本生活进行照料,其中包括隔代亲属监护(儿童与爷爷、奶奶或者姥姥、姥爷在一起生活)和父辈亲属监护(儿童与父辈亲属在一起生活)。此照料模式下的儿童主要包括父母双方外出务工的留守儿童、孤儿等。四是自我监护,即儿童在日常生活中能够自己照顾自己。年龄较大的儿童能够在没有监护人帮助的情况下自己解决生活中的事情。

调查结果显示,有 52.8% 的受访家庭的儿童与父母生活在一起,由父母共同照料,这其中既包括父母共同在家照料孩子,也包括父母在打工地共同照料孩子的情况;23.6% 受访家庭中儿童由父母一方进行照料,在家照料孩子者绝大多数是母亲。在调查对象中,有 22.1% 的儿童没有和父母在一起生活,他们主要由爷爷奶奶照顾,也有少部分寄宿在其他亲属家中。另外,还有少部分年龄较大的儿童自己独立生活(见表 2-8)。

表 2-8 儿童照料情况

	父母照料	父亲照料	母亲照料	祖辈或其他亲属照料	自己照料
频数	502	24	201	210	14
百分比(%)	52.8	2.5	21.1	22.1	1.5

(二)儿童家庭生活环境

1. 家庭住房情况

调查发现受访家庭的住房类型有超过一半(51.9%)的住房为砖/石/木料房,其次是钢筋混凝土房(32.3%),还有少部分(14.1%)家庭住房为土坯房、窑洞以及其他类型的房屋。因为地理条件和生活方式的不同,各地农村家庭住房类型存在差异。如在甘肃山区农村家庭窑洞较多,而在江西农村家庭砖瓦房居多。

从住房的安全程度来看,有 33.3% 的家庭住房是最近几年才建造的新房,较为安全;而有超过一半(52.1%)的家庭住房为可以住人的旧房,但是对于孩子来说,这类住房可能存在安全隐患;还有 12.3% 的住房为不安全的危房,在这种类型的房屋里生活,儿童的安全可能随时会受到威胁。调查发现,贫困地区农村一些家庭的住房条件令人震惊。因为缺乏建新房的资金和条件,一些贫困家庭仍然在房顶漏水、墙壁裂缝的房屋中居住，在刮风下雨的季节，只能用塑料布对房屋进行遮盖，用木棍顶住房墙，随时都有坍塌的可能。

案例 2-1：贫困儿童家庭的住房条件

甘肃省华池县某山村，3 岁被领养女童，其监护人为张大娘。张大娘很热情地邀请我们到窑里面坐坐，走到门口时，大娘说赶快进去，门梁上的砖随时可能掉下来。因为最近一个星期总下雨，窑洞前墙的墙面都裂开了，门梁上的土一直往下掉。窑内的墙壁有好几处裂痕，屋内黑黢黢的，除了炕上的几床被子、一张桌子、一台电视机，也没有其他的家具，屋子的深处摆放着几袋粮食，大娘说这是他们家一年的口粮，还有一些在隔壁的窑内，本来是大儿子住在那间窑里的，但是因为那个窑已经快塌了，所以大儿子和小孙女还有他们老两口就都挤到暂时可住人的窑洞内的一张炕上，隔壁的窑就用来放粮食和农具。家里只有两间窑洞，张大娘有两个儿子，小儿子跟媳妇都在西峰打工，常年不回来，小儿子的孩子也都跟着出去了，所以家里暂时还能住下。但是隔壁的那间窑是答应给小儿子结婚时用，所以现在大儿子没有属于自己的房子，大儿子为了盖一间自己的房子，到乡里和县里跑了半年了才把窑洞上面的一块建房用地手续办好，打算盖一间砖瓦房，盖房子差不多要七八万，但是到目前为止也才筹集到 2 万元钱，主要就是跟亲戚朋友借，还有向信用社贷款，所以房子目前只砌好了地基就停工了，等再筹集到一点钱的时候继续盖，这样一边盖一边筹钱虽然进度慢了些，但是总会有把房子盖起来的一天。

2. 家庭饮水情况

在饮水方面，连片特困地区农村家庭饮水的主要来源为地下井水（浅井水、深井水）、净化饮用水，两者分别占全部受访农户的48.8%（其中浅井水30.5%、深井水18.3%）和25.6%。其他饮水来源还包括江河湖水、池塘水、山泉水、村庄自来水、溪水、溶洞水、雨水等（见表2-9）。未经过处理的江河湖水、溪水、雨水等，如果直接饮用会对人的身体健康产生威胁，尤其是对于儿童来讲，直接饮用非健康水源，不利于其健康成长。调查发现，家庭饮水来源主要受到当地的气候、自然地理环境等因素的影响。有些干旱地区，农村居民饮水需要用驴车到很远的山沟驮运，或者直接饮用经过简单沉淀的雨水。

表2-9 家庭饮水来源

	经过净化处理的饮用水	江河湖水	池塘水	雨水	浅井水	深井水	泉水	自来水	其他
频数	244	71	57	17	290	174	42	25	32
百分比（%）	25.6	7.5	6.0	1.8	30.5	18.3	4.4	2.6	3.3

3. 家庭厕所类型

受访家庭中的厕所类型主要是旱厕（41.7%），其次是室内冲水厕所（18.4%）、干式卫生厕所（17.1%）、室外冲水厕所（5.8%），有小部分家庭用粪桶、简易茅房、粪坑、沼气池等。有9.7%的家庭没有专门的卫生设施，土地、山沟等都是他们的"天然厕所"，或者使用村内的公共厕所。

表2-10 家庭厕所类型

	室内水冲式	室外冲水厕所	干式卫生厕所	用粪桶	旱厕	无设施	其他
频数	175	55	163	60	397	92	10
百分比（%）	18.4	5.8	17.1	6.3	41.7	9.7	1.1

4. 家庭做饭与取暖所用的燃料

柴火是受访家庭中所使用最多的做饭燃料，占全部受访家庭的54.2%，其次是天然气/煤气、煤、电等；秸秆也是少部分家庭做饭时所主要使用的燃料；只有个别家庭做饭使用沼气做燃料（见表2-11）。

表2-11 家庭做饭所主要使用的燃料

	煤	柴火	天然气/煤气	电	秸秆	沼气
频数	137	517	151	107	37	4
百分比（%）	14.4	54.2	15.8	11.2	3.9	0.4

农村家庭冬天取暖所主要使用的燃料仍然是柴火，占47.2%；其次是煤、电，分别占27.3%、13.3%；少部分家庭使用煤气/天然气、秸秆、木炭等作为取暖燃料；有个别家庭冬天取暖使用的是村庄集体提供的暖气；而有少部分家庭在寒冷的冬天没有取暖（见表2-12）。

表2-12 家庭取暖所主要使用的燃料

	煤	柴火	天然气/煤气	电	秸秆	其他	不取暖
频数	259	447	46	126	20	35	14
百分比（%）	27.3	47.2	4.9	13.3	2.1	3.7	1.5

调查结果显示，柴火是连片特困地区农村家庭生活中使用最多的燃料，煤是农村家庭取暖时主要的燃料之一，这些都会造成家中空气的短暂性污染。因为柴火、煤、秸秆等的燃烧而造成的家中空气短暂性污染，可能会对儿童的健康成长产生一定的影响，尤其是对抵抗力较差的幼儿。但是，从调查结果来看，沼气、太阳能等清洁能源在农村的使用率非常低。

（三）儿童的衣着与生活照料

衣着是儿童基本的生活资料，也是其最基本的物质需求。但是对于农村贫困儿童来说，衣服这一基本的物质需求有时候也很难得到满足。生活照料是家庭对儿童的基本功能，家庭贫困以及家庭结构的变化与调整都会使儿童的生活照料发生变化。

1. 衣着

对于连片特困地区的农村儿童来说，衣服是一种耐用品，更新的速度较慢。总体来看，绝大部分农村贫困儿童每年都会有新衣服穿，在受访儿童中，一年内经常有新衣服穿的儿童占17.3%，偶尔有新衣服穿的儿童占81.0%，没有新衣服穿的儿童占1.7%。那些每年都会有新衣服穿的儿童一般是在逢年过节时穿新衣服，因为很多贫困留守儿童父母长时间在外务工，只有在逢年过节时才回家看自己的孩子，他们在回家时都会给自己的孩子买新衣服作为礼物。即使和父母在一起生活，一些贫困家庭的儿童也只有在一些特殊的节日时才能够有新衣服穿。

案例2-2：六一节表演节目时才给孩子买新衣服。

宁夏西吉县某村小学生。孩子妈妈说六一儿童节的时候孩子要表演节目，所以要给孩子买新衣服。其余的时候是不会给孩子买新衣服穿的，过年也没有新衣服，弟弟一般是穿哥哥穿过的衣服。有时孩子的衣服实在破得不像样子了，才会给孩子买一套新衣服。用这位妈妈的话说就是："该买一套的时候买，不该买的时候就不买了。"

总体来看，连片特困地区农村儿童目前所拥有的衣服基本上能够满足其穿衣需要。调查发现，78.4%的监护人认为自己孩子所拥有的衣服基本上能够满足儿童的穿衣需要；18.0%的监护人认为自己孩子所拥有的衣服完全够穿。也就是说96.4%监护人认为自己孩子的衣服基本能够满足需求。但是少部分贫困儿童所拥有的衣服不能满足其基本的穿衣需要（见表2-13）。这需要引起政府和社会的关注。

表 2-13　儿童现有的衣服是否够穿

	完全满足	基本满足	无法满足
百分比（%）	18.0	78.4	3.6

对衣服不够穿的儿童来说，冬天寒冷的天气会对其健康和安全造成极大的威胁。在儿童拥有的棉衣数量方面，总体上，连片特困地区农村儿童平均拥有的棉衣数量为 2.85 件，最多的有 15 件，最少的为 0 件。只有 1 件棉衣的儿童数量占 12.4%；拥有 2—4 件棉衣的儿童占 75.8%；拥有 5 件以上棉衣的儿童约占 11%；个别儿童拥有 10 件甚至更多的棉衣。约 1% 的儿童没有棉衣，虽然只占很小的比例，但从全国范围内看，这是一个数量庞大的群体。因此，如何保障这一群体安全过冬，应该是政府和社会所关注的问题之一。

连片特困地区农村儿童的衣服来源主要有四个：自家购买、亲朋好友赠送、哥哥姐姐穿过后留下的、社会捐助。调查发现，大部分（84.6%）农村儿童的衣服主要是由监护人购买，有小部分儿童的衣服是由亲戚朋友赠送（5.5%）或者是自己的哥哥姐姐们穿过的旧衣服（9.6%），还有很少一部分儿童的衣服是社会好心人士捐赠的（见表 2-14）。

表 2-14　儿童衣服来源

	自家购买	亲戚或邻里赠送	哥哥姐姐穿过的旧衣服	社会捐助
百分比（%）	84.6	5.5	9.6	0.3

对家庭来说，孩子是家庭的希望，监护人都希望孩子将来能够远离贫困，他们会为孩子尽量创造好的生活条件，给孩子买衣服，也不会吝啬。在给孩子购买衣服的投入方面，受访家庭中，一年内为孩子买衣服所需要的花费平均为 583 元。67.8% 的受访家庭在给孩子买衣服方面的支出低于 500 元，其中支出在 300 元以下的家庭占 37.6%，支出在 301—500 元的家庭占 30.2%，在给孩子买

衣服方面支出在501—800元的家庭占10.2%，800元以上的家庭占22.0%。

连片特困地区农村儿童对于自己的穿衣打扮不太在意，也没有特别多的要求，家里有什么衣服就穿什么衣服。年龄较小儿童的穿衣打扮都是由监护人做决定。大部分监护人会让自己孩子穿的衣服保持整洁，但是也有一些孩子的衣服会穿很长时间而不换洗。这部分儿童主要有几个特点：一是家庭贫困，没有其他合适的衣服可以换洗；二是监护人是孩子的爷爷或者奶奶，他们对孩子的穿衣打扮不在意；三是监护人因为每天忙于农活和家务，对孩子穿衣的关注不多，不能及时给孩子换洗衣服。正如调研中一位奶奶说："我们这里本身就到处是土，走到哪儿都会将衣服上沾上土，我们就是'土人'。再加上孩子们顽皮，到处跑，到处爬，换上新衣服也会很快脏了。那还不如直接不换，脏就脏着吧。农村孩子不像城里孩子有那么多的讲究。再说了，家里活多，也没时间一直给孩子换洗衣服。"

2. 生活照料

儿童成长过程中一个显著的特点就是儿童在衣食住行等方面都需要他人的照料。不同的家庭结构以及家庭结构的变化与调整都会使儿童的生活照料方式发生变化。调查发现，连片特困地区农村儿童的家庭生活照料主要有以下几种情况。一是父母照料，即儿童与父母生活在一起，由父母共同对儿童的基本生活进行照料。二是单亲照料，即儿童与父母单方在一起生活，由单方父母对儿童基本生活进行照料，其中包括父亲照料和母亲照料两种情况。这种照料模式所涉及的儿童包括单亲家庭儿童和父母一方外出务工的儿童。三是亲属照料，亲属照料是指儿童与亲属生活在一起，由亲属对儿童的基本生活进行照料，其中包括隔代亲属照料（儿童与爷爷、奶奶或者姥姥、姥爷在一起生活）和父辈亲属照料（儿童与父辈亲属在一起生活）。此照料模式下的儿童主要包括父母双方外出务工的留守儿童、孤儿等。四是自我照料，即儿童在日常生活中能够自己照顾自己。年龄较大的儿童能够在没有监护人帮助的情况下自己解决生活中的事情,在学校寄宿的儿童也具备一定的自我照料能力。

调查发现,有52.5%的受访家庭的儿童与父母生活在一起,由父母共同照料孩子,这其中既包括父母在家共同照料孩子,也包括父母在打工地共同照料孩子的情况;23.5%受访家庭中儿童由单亲照料,其中由母亲在家照料的占21.0%,父亲在家照料的占2.5%。在受访儿童中,有22.1%的儿童没有和父母在一起生活,他们主要由爷爷奶奶照顾,也有少部分寄宿在其他亲属家中。儿童自我照料在年龄较大的儿童以及在学校寄宿儿童中体现得较为明显。

对于连片特困地区农村儿童而言,虽然家庭基本状况较差,但是父母共同和儿童在一起生活可以保证家庭结构的完整与稳定,为儿童的成长提供一个稳定的家庭环境,同时在日常生活、上学、看病、情感等各方面都能够给予其较为全面的照料。研究表明,家庭结构的变化和调整对儿童的日常生活状况会产生较大的影响。[1] 家庭结构的变化会引起儿童的日常生活照料方式的变化,进而对其日常生活产生影响。因家庭结构发生变化而使生活照料方式产生变化的贫困儿童在日常生活中则会面临诸多的困难。

单亲照料儿童所面临的困难。单亲照料包括两种情况:一是母亲照料;二是父亲照料,所涉及的儿童包括单亲家庭儿童和父母一方外出务工的儿童。一般情况下,监护人对孩子都会给予较多的关注,但是在单亲照料的情况下,监护人往往因为家中缺乏人力而对儿童照料不足,从而会对儿童的健康与安全构成威胁。调查中我们发现在母亲照料的情况下儿童在饮食方面能够得到较好的照看。但是母亲的生活担子较重,在农忙时对孩子的照看减

---

[1] 叶敬忠、潘璐:《别样童年——中国农村留守儿童》,北京:社会科学文献出版社,2008,第85页。

少。在农忙时，监护人为了赶农时经常不按时吃饭，虽然他们也会为孩子准备食物，但是这时候孩子吃的往往是粗茶淡饭。对于年龄比较小的孩子，监护人往往在干农活时也会随时将他们带在自己身边，但是在农忙时监护人忙于农事往往会忽视对孩子的看护，年幼的孩子自己在地里玩耍可能会发生不可预知的危险。在一些山区，因为交通、通信、医疗等条件的限制，生病儿童往往得不到及时有效的救治，从而对儿童的健康造成威胁。父亲照料的情况一般出现在单亲家庭中。父亲对孩子的照料往往是粗放式的，缺乏母亲照看孩子的细心和耐心。面对较为淘气的孩子，父亲往往会采取粗暴的方式。在女孩的生理卫生方面，父亲也不太可能给予指导。

案例 2-3

扎多，男，6岁，尚未上学。2012年8月，扎多的母亲得病去世了。因为要照顾扎多，父亲没法外出务工，只能在家种地。因为要干活，父亲平时也不会给扎多专门做饭，一般是父亲做啥扎多就吃啥。平时扎多一直跟在父亲身边，父亲在家他就在家。父亲下地干活，扎多就跟着父亲下地玩。虽然山里的路不好走，但是在父亲身边，扎多也并不害怕，父亲也经常提醒扎多要在安全的地方玩，不能到处乱跑。

案例 2-4

丽丽，女，15岁，初中在读。前几年母亲因为家中贫困而离家出走。丽丽现在与爷爷、奶奶、爸爸、弟弟在一起生活。奶奶身体不好，父亲和爷爷经常在外面干活，丽丽从学校里回来也很少和爷爷奶奶以及爸爸交流。现在她脸上长痘痘，也不知道是什么原因，爸爸没时间带她去医院看，只是根据奶奶从别人那里打听到的偏方熬中药喝。

案例 2-5

煜明，男，8岁，小学二年级。爸爸外出务工，煜明和妈妈在家里一起生活。因为煜明体质较弱,妈妈会有意地给他做一些好吃的,给他补充营养。妈妈知道学校周围的小商店所卖的东西质量不好,所以平时也不给煜明零花钱买零食。煜明平时经常感冒,妈妈会带他到村庄医务室打针、吃药,虽然村庄医务室的医疗水平差而且不能报销药费,但是因为爸爸不在,妈妈一个人带煜明去镇上不方便,所以只能在村里给煜明看病。

隔代亲属照料主要涉及父母全部外出务工的留守儿童和孤儿,儿童的监护人为爷爷奶奶或者姥姥姥爷。老人们给自己照看的孩子们很多关爱,儿童和老人们在一起生活能够得到更多的自由。但是因为身体条件、家庭条件以及思想认识的原因,老人很难给予孩子全方位的关爱。在饮食方面,他们很少考虑孩子的营养搭配,往往是家里有什么就给孩子吃什么,孩子没有饮食方面的"特权"。虽然隔代亲属经常给孩子零花钱,但是农村学校周围商店中小食品的质量难以得到保证,儿童吃了对其健康不利。在上学方面,由隔代亲属照料的儿童普遍要靠自己走路上学,即使生活在山区的孩子也要自己去上学,走很远的山路,这不仅考验儿童的体力,而且威胁他们的安全。隔代监护人对儿童过多的溺爱而缺乏监管,往往会导致儿童产生一些不良的行为,如任性、打骂监护人、独自外出等。在隔代亲属监护之下,儿童的安全难以得到保障。因为监护人年老体弱行动不便,而儿童活泼好动且安全意识较差,儿童经常脱离监护人的监管而处于不安全的环境中,如进入村庄没有围栏的河塘边、车辆通行的公路、有狗的邻居家等,这样会对儿童的安全造成威胁。

案例 2-6

徐奶奶(62岁)家在路边,自己和老伴在家里照看孙子(4岁)和孙女(5岁)。因为正值夏天,孩子们只穿了一件小短袖,光着屁股。不管是他们身上还是衣服上,到处都是泥巴,显然是很长时间没有洗过澡、换过衣服。因为当地缺水,所以当地人很少洗澡。我们在和徐奶奶聊天的时候,他们在院子里追逐打闹。徐奶奶看着他们说:"他们的父母都去打工了,留下他们在家里。他们很想妈妈,每天都打电话。""因为家里经济条件差,没有条件为两个孩子专门做饭,孩子就和我们吃一样的饭菜。平时也很少吃零食,不过我们也会偶尔给他们买点。给他们买的零食都是便宜的。"在我们说话期间,两个孩子从屋里拿着一包奶粉边吃边向我们走来。看他们吃得那么起劲,我们知道他们显然是饿坏了。一会儿工夫,他们脸上、衣服上就到处是奶粉。奶奶说:"我们看孩子,只要不出意外就行,我们也没时间一直看着他们,我们也要干农活、干家务,每天都很累,在他们身上也花不了多少时间,就让他们自己玩吧,想吃东西了,他们自己去拿,家里也没什么好吃的,就怕他们往马路上跑,虽然路上没多少车,但一旦出现意外就不得了。"

案例 2-7

章奶奶今年 65 岁,老伴已经去世多年,有两个儿子、两个女儿。儿女们都已经成家且都养育了两个孩子。现在章奶奶住在小儿子家中。两个儿子都在本村住,两个女儿都嫁到邻村。章奶奶的四个儿女全部在外面打工,每年回来一两次。留下八个孙子孙女,全部由章奶奶照看。八个孙子孙女中,最大的 13 岁,最小的 4 岁。奶奶说现在最大的困难就是照看这些孩子。因为现在是暑假,孩子们都在家里。奶奶一个人根本照看不过来。大一点的孩子经常去附近村的网吧上网,小一点的在村子里到处乱跑。因为现在有很多骗子到村里拐卖小孩,所以章奶奶非常担心孩子的安全。再加上村子里有河道,现在河道水很深且河边没有护栏,小孩子不小心就会掉到里面。所以孩子们在外面玩的时候,章奶奶在家里也坐不住。章奶奶虽然身体比较健康，但是毕竟年龄已经较大，行动不方便，根本追不上在村里疯跑的孩子，只能在心里祈祷孩子们不出什么意外。章奶奶平时给孩子们做饭，也不会考虑营养搭配，家里有什么就给孩子们做什么吃。

案例 2-8

治军，14 岁，初中辍学。父亲出意外去世，母亲改嫁，现在与哥哥和爷爷奶奶在一起生活。妈妈改嫁后经常打电话询问孩子的情况，但是治军不想理她。因为家中贫困，治军觉得自己不能再依赖家里，所以瞒着爷爷奶奶逃学到外地打工。奶奶把治军接回来，但是管不住他，没多久他又跑到外面打工。老两口没办法只能希望孙子在外面能够平安。

案例 2-9

雨晨，男孩，3 岁，父母外出务工，现在由外公照料。外公对雨晨疼爱有加，不舍得让雨晨受一点点委屈，尽量满足雨晨的各种要求。雨晨经常发脾气，很任性，有时候不高兴就会摔东西。因为他现在还小，又是家里唯一的男孩，外公从来不舍得打他。

案例 2-10

张大妈，62 岁，有两个儿子。二儿子已经结婚并搬到县城住。大儿子已结婚，但没孩子，媳妇因为家中贫困而离家出走。大儿子抱养了一个女孩，现已 3 岁，目前由张大妈照看。张大妈和大儿子对女孩都很疼爱，虽然家中贫困，但是他们尽量满足女孩的要求。大儿子外出打工期间，女孩想爸爸，经常对着张大妈发脾气，有时候还咬人，张大妈胳膊上还有女孩咬的带有血迹的伤疤。虽然这样，张大妈还是笑嘻嘻地说孩子小不懂事，也从来不会打骂甚至大声呵斥她。因为张大妈经历了两次车祸，双腿行动不便，前几天女孩跑到坡路上，张大妈没有跟上，女孩自己摔倒，不但把额头磕破，而且还被吓到了。所以张大妈不得不时刻注意孩子的行踪。

案例 2-11

陶娟，10岁，在离家5公里以外的中心小学读一年级。5公里的路对于现在的小陶娟来说走起来非常吃力，但她还要背着一个七八斤重的大书包，她每天必须要走着上学和放学，因为爷爷奶奶要干活，没有时间接送她。在一个人上学或放学途中，小陶娟经常累到走不动，有时甚至回到家后看到奶奶就哭出来。实在累坏了，她会在路上休息一下，有时会不知不觉睡着，从家里到学校最多时要花2个多小时，陶娟经常会迟到。

儿童的自我照料与逆向照料。儿童本应该是享受父母照料的，但是由于家庭经济贫困、家庭结构变化与功能缺失等原因，连片特困地区农村儿童不能得到相应的照料与监护。但是在这种环境下成长的儿童独立性较强，年龄较大的寄宿儿童在监护人不在身边的情况下能够在洗衣、做饭、看病等方面对自己进行照料，具备一定的自我照料能力。同时由于监护人年龄偏大、身体状况差、生活不能自理等原因，他们不但不能给儿童生活照料，相反，年龄较大的贫困儿童还在日常生活中照顾他们，从而出现儿童对监护人的逆向照料。不管是儿童自我照料还是儿童的逆向照料都是对家庭功能缺失的一种弥补，但这也是压在儿童肩上的一种负担。

案例 2-12

丽丽，15岁，刚刚初中毕业。爸爸离家出走，妈妈无力抚养她，将其寄养在姑姑家中。姑姑也是单亲母亲，靠在村里开小卖部支撑家庭生活。丽丽知道自家的处境，所以她认为自己能做的事情，尽量自己去做。姑姑经常外出干活，丽丽自己在家里时会洗衣服、热饭等，生病了就自己去村诊所或者学校周围的诊所拿药或者挂吊瓶。虽然头几次去诊所时她很想有人陪，但是因为姑姑太忙，她也慢慢习惯了自己去看病。

案例 2-13

铭峰,16 岁,刚刚初中毕业。父母在广东打工,每年只有过年时才回来一次。前几年,父母曾把铭峰带到打工地生活,但是铭峰水土不服,父母不得不将其留在家里与外公外婆一起生活。因为父母在铭锋很小的时候就不在他身边,所以他已经习惯了没有父母在身边的生活,养成了独立生活的习惯,平时也不太会去想他们。外婆因为食道癌做过手术,手术结束后基本上什么事情都没法做,也无法正常吃东西,只能吃流食。外公身体也不好,只能做一些简单的家务。铭峰从学校回来就在家里照顾外公外婆,给外公外婆洗衣服、做饭等,平时也是寸步不离地跟在外婆身边,以免外婆出现什么意外。

3.3 岁以下儿童的照料与抚养

连片特困地区农村 3 岁以下儿童的日常生活照料和抚养主要是由母亲承担,其次是奶奶/姥姥,再次是爷爷/姥爷,最后是孩子的父亲(见表 2-15)。女性监护人是 3 岁以下幼儿的主要照料者,但是在家中无女性监护人时,男性监护人在 3 岁以下儿童的生活照料中扮演女性的角色。

表 2-15 平时孩子主要由谁来照料

	父亲	母亲	爷爷/姥爷	奶奶/姥姥
频数	3	104	17	33
百分比(%)	1.9	66.2	10.8	21.0

在决定儿童的抚养方式方面,3 岁以下儿童的母亲是最主要的决策者,第二是孩子的父亲,第三是孩子的奶奶/姥姥,第四是孩子的爷爷/姥爷,最后是其他亲属和其他人(见表 2-16)。一般情

况下，0—3岁儿童的抚养方式是由儿童日常生活的主要照料者来决定的，但是对于一些年轻的父母来说，因为缺乏必要的育儿知识，他们不得不向自己的长辈和亲戚朋友询问，或者直接由与自己在一起居住的父母决定孩子的抚养方式。

表 2-16 孩子的抚养方式由谁来决定

	孩子父亲	孩子母亲	孩子爷爷/姥爷	孩子奶奶/姥姥	其他亲属	其他
频数	32	88	12	21	1	3
百分比（%）	20.4	56.1	7.6	13.4	0.6	1.9

0—3岁儿童监护人关于抚养孩子知识的最主要来源是亲戚朋友传授，其次是根据自己的经验，再次是通过电视、广播获知，其他获取途径依次是网络、书刊杂志，个别监护人通过专家培训获取儿童抚养知识，还有个别监护人不了解如何获得儿童抚养知识（见表 2-17）。

表 2-17 监护人关于抚养孩子的知识来源

		频数	百分比（%）
关于孩子抚养方面的知识来源	电视、广播	53	21.7
	网络	21	8.6
	书刊杂志	12	4.9
	专家培训	1	0.4
	亲戚朋友传授	92	37.7
	根据自身经验	60	24.6
	不了解	5	2.0

心理学强调，在孩子2岁之前，最重要的是培养安全感，这时母亲如果能恰到好处地满足幼儿需要，孩子不必担心母亲会离开自己，就能形成基本的信任感。而很多单亲养育、隔代养育的家庭往往因为母亲缺位及缺乏良好的亲子关系而造成儿童成人后性

格缺陷。在连片特困地区，因为家庭条件的限制、监护人思想认识和育儿知识的匮乏等原因，农村家庭对幼儿的抚养一般采取"粗放式"的抚养方式，很难做到"精细化"，监护人抚养幼儿的标准也只是简单的"吃饱""穿暖""不哭不闹"，不能对幼儿的成长发育状况、心理需求有很明确的把握，监护人缺乏与儿童良好的沟通，亲子互动少，亲子关系疏离。

案例 2-14：抚养外孙的年轻外婆

徐大妈，43 岁，3 岁男孩的外婆。徐大妈女儿身体不好，无法生育，领养了一个女孩和一个男孩。女儿身体虚弱，无法同时照看两个孩子，把 3 岁的男孩放到徐大妈家里抚养。由于女儿家经济条件不好，两个孩子从出生一直到周岁吃的都是十几元的奶粉，幸好两个孩子现在的身体状况都比较好，不经常生病，每个月村里都会要求家长给小孩子打疫苗。家长也不知道具体打的什么，就知道肯定是对孩子有好处的，所以会去打。徐大妈没上过学，对儿童抚养知识也没有多少了解，只是根据自己的经验抚养自己的外孙。外孙平时跟他们大人吃一样的饭菜，一点都不偏食，给什么就吃什么，而且每次都能吃上 2—3 碗饭，身体比较结实。徐大妈一般隔上两三天去乔川乡里给孩子买些零食吃，一般就是鸡爪子、方便面等。对于两个孩子，徐大妈只要求他们不哭不闹就行，但是，小男孩经常发脾气，动不动就打人，外婆的手臂上还有男孩咬伤的痕迹，对此，外婆并不在意，觉得小孩子发脾气是正常的。

（四）儿童饮食与营养健康状况

2009 年，联合国儿童基金会发布的《关于儿童和母亲营养状况的进展跟踪报告》指出，中国农村有大约 40% 的儿童发育迟缓。

中国农村婴幼儿营养不良问题普遍存在，而各个地区的情况又因环境、物产、观念、交通等因素不同而有所不同。[1] 儿童正值快速发育时期，需要充足的营养，以维持生命活动、生活与劳动，更重要的是还要满足其生长发育的需要。这个时期的膳食营养状况对个体的一生和群体的整体素质都有重要的影响。[2] 本部分主要就连片特困地区农村儿童的日常饮食和营养状况进行分析，把握连片特困地区农村儿童在这些方面的基本情况，从而为儿童营养干预提供依据。

因为各年龄段儿童发育状况和营养需求不同，各年龄段儿童的饮食和营养摄入情况也会存在差异，因此，本部分将分别就0—3岁和4岁以上儿童的相关调查情况进行分析。

1.0—3岁儿童饮食与营养健康状况

儿童早期特别是从胎儿期至出生后3岁（生命早期1000天），是决定其一生营养与健康状况的最关键时期。婴幼儿期的营养不良可能导致儿童不可逆转的生长和认知发育迟缓，影响其智力潜能的发挥，降低学习能力和成年后的劳动生产能力，导致成年后患诸多慢性疾病的风险加大。[3] 因此，幼儿需要得到充足的营养供应。但是，连片特困地区农村0—3岁儿童的膳食营养状况并不乐观，母乳喂养、辅食添加、营养搭配等方面都存在问题，家庭贫困与监护人儿童营养知识的缺乏等原因都对儿童的膳食营养造成不利影响。

（1）0—3岁儿童食用母乳与乳制品情况

绝大多数受访家庭中的0—3岁儿童每天吃饭的次数在3次以上，其中34.5%的儿童每天吃饭的次数在4次及以上；此年龄段

---

[1] 新京报：《营养之困》，http://epaper.bjnews.com.cn/html/2012-04/16/content_331492.htm?div=3，2012年4月16日。
[2] 葛可佑：《中国营养科学全书》，北京：人民卫生出版社，2004，第1080页。
[3] 《中国0—6岁儿童营养发展报告（2012）》，http://www.moh.gov.cn/cmsresources/mohjcg/cmsrsdocument/doc15032.doc。

儿童每天需要摄入充足的营养物质，以保证其健康成长发育，但是调查发现，有7.6%的儿童每天只吃2次饭，这很难保证儿童获得充足的营养，不利于儿童的健康成长（见表2-18）。

表2-18 儿童每天吃饭次数

	1次	2次	3次	4次	5次以上
百分比（%）	0.6	7.6	57.3	16.3	18.2

幼儿早期膳食以母乳和乳制品为主。连片特困地区农村0—3岁儿童食用的乳类食品主要是母乳、奶粉以及牛奶等。统计发现，连片特困地区农村0—3岁儿童平均每天吃奶次数为3次，年龄越小的儿童吃奶的次数越多。儿童食用母乳或者乳制品可以补充钙等儿童生长发育所需要的营养物质。尤其是对已经断母乳的儿童，喝牛奶和配方奶是摄取钙等营养物质的重要途径。连片特困地区农村儿童喝得最多的是奶粉，其次是母乳，再次是牛奶（见表2-19）。

表2-19 儿童喝母乳、奶粉和牛奶的情况

		频数	百分比（%）
	1. 母乳	50	31.2
孩子每天喝什么奶	2. 奶粉	67	41.9
	3. 牛奶	43	26.9
总计		160	100.0

母乳是婴儿的最佳天然食品，母乳含有婴儿生长需要的各种营养。母乳喂养不仅能保证儿童的营养摄入，而且能有效培养孩子的安全感。世界卫生组织（World Health Organization，WHO）和联合国儿童基金会（United Nations International Children's Emergency Fund，UNICEF）于2002年联合制定了《婴幼儿喂养全球策略》，建

议在婴儿最初的 6 个月进行纯母乳喂养。① 《中国儿童发展纲要(2011—2020 年)》中对纯母乳喂养提出了目标：0—6 个月婴儿纯母乳喂养率达到 50% 以上。有研究发现，我国 6 个月以内的幼儿母乳喂养率仅为 79.5%，其中纯母乳喂养率仅为 19.9%；1 岁以内的儿童母乳喂养率为 55.5%，其中纯母乳喂养率仅为 0.2%。在 6 个月以内婴儿纯母乳喂养率方面，农村地区（22.8%）高于城市地区（12.7%）。② 本研究发现，连片特困地区农村 6 个月以内的幼儿母乳喂养率为 60.0%（N = 10），纯母乳喂养率为 50.0%；1 岁以内幼儿母乳喂养率为 60.4%（N = 53），纯母乳喂养率为 40.7%。本研究中 6 个月以内和 1 岁以内幼儿纯母乳喂养率均高于其他学者的研究结果。

母亲个人身体状况、母乳量、母亲干农活或者外出务工等因素都会影响农村婴幼儿的母乳喂养情况。在贫困地区一些农村家庭婴儿因为母亲身体条件较差、家庭变故、抱养等原因无法获得母乳养育，出生不久就以奶粉等喂养。

案例 2 - 15：喝奶粉长大的小男孩

　　徐大妈的小外孙，3 岁，目前由徐大妈照料。因为女儿体质较差，在生产时难产并大出血，最后保住性命，但是子宫被切除无法再生育。小外孙是从医院里抱养的，抱回家时刚刚出生几天。因为女儿没法生育，没有奶水。小外孙从抱回家就一直喝奶粉。女儿家条件比较差，外孙喝的奶粉都是比较便宜的，一般是几十元一罐。之前女儿家还抱养了一个女孩，现在已经 5 岁，也是喝奶粉长大的。

---

① http://whqlibdoc.who.int/publications/2003/9241 562218_chi.pdf? ua = 1。
② 李彩云：《婴幼儿家庭养育状况研究》，博士学位论文，北京协和医院研究生院，2012。

（2）家庭购买奶粉的经济成本

奶粉是幼儿获取成长所需营养的主要食物。我们可以发现有将近一半（48.6%）的0—3岁年龄段儿童家庭在给孩子买奶粉喝。监护人在给孩子买奶粉时都会选择适合自己孩子的品牌。受访家庭中0—3岁儿童所喝的奶粉主要是国内知名的奶粉品牌，也有部分监护人选择当地的奶粉品牌。因为对国内奶粉质量缺乏信任，一些监护人为孩子选择国外的奶粉品牌。

表2-20 儿童所喝奶粉的品牌

	国外品牌	国内知名品牌	当地品牌	不清楚
百分比（%）	16.4	59.7	19.4	4.5

虽然连片特困地区农村家庭收入较低，但是家庭在给孩子购买奶粉时的投入比较大。受访家庭给孩子购买奶粉的单价平均为120元/500克，最高为680元/500克。每月在给孩子买奶粉方面的支出平均为438元，最高为1500元。

表2-21 家庭购买奶粉的单价

	50元以内	51—100元	101—200元	201元以上
百分比（%）	17.7	41.9	35.5	4.8

表2-22 家庭每月在购买奶粉方面的支出

	200元以内	201—400元	401—600元	601元以上
百分比（%）	31.3	26.9	17.9	23.9

购买奶粉是幼儿家庭的主要支出之一。对于农村普通家庭来讲，每月上千元的奶粉支出占家庭收入的比重较高；而对于农村贫困家庭来讲，每月的奶粉支出几乎花掉全部的家庭收入甚至要借债给孩子买奶粉。儿童是家庭的希望，对于农村贫困家庭来说更是如此，所以即使家庭经济困难，监护人也会想办法为幼儿提

供尽量好的营养。

案例2-16：奶粉支出占家庭收入的一半

雨晨，3岁，寄养男孩。老金是雨晨的监护人，48岁，以开"面的"为生，每月收入大约3000元。雨晨小时候喝奶粉，每月要花费大约1500元，基本上是老金每月收入的一半，再加上其他家庭开支，家里每月基本上收支平衡。

案例2-17：每月幼儿奶粉的支出靠亲朋好友的捐助

张奶奶，62岁，儿子肝癌去世，留下8个月大的小孙女。目前，家里的收入主要是老两口的养老金，每年1320元。张奶奶家还种了1亩多水稻，也就刚够自己家吃。儿媳由于要照顾8个月的小女儿，没法外出打工。目前家里花费最多的是孙女的奶粉钱，一个月需要1000元左右，另外就是平时的生活支出。儿子病危时，教会的教友都来看他，并为他捐了1万元现金。儿子去世后，村里人都给了份子钱。现在买奶粉花的钱是儿子去世时教会捐助的钱和村里村民给的钱，目前，家里还有2万多元外债。老人告诉我们很多债主看到家里的情况都说不再要了。老人说，虽然家庭贫困，但是不能让孩子吃不上饭，每次给孩子买奶粉都会在可承受价格范围内找好的买。

案例2-18：备受关爱的领养女孩

张大妈的大儿子今年42岁，曾经结过婚。因为家庭贫困，大儿媳在外打工时与大儿子离婚。为了有个孩子，大儿子抱养了一个女孩，今年刚刚2岁半。女孩在家里备受宠爱。尽管家里经济困难，而且欠有外债，但是张大妈一家在女孩抚养方面毫不吝啬。孩子吃的奶粉是240元一罐的，吃了一年多。现在孩子每个月的零食都要五六百元，大儿子在孩子身上特别舍得花钱，宁可自己不吃不喝，也不愿意亏待孩子。小女孩虽然比较瘦弱，但是长得很高，而且孩子看上去也比较水灵。但是，小女孩经常发脾气，甚至咬奶奶。

(3) 儿童的辅食添加与营养搭配

幼儿期的儿童膳食从以乳类为主食过渡到以谷类为主食,再辅以鱼、肉、蛋、菜等混合而成的成人膳食。[1] 适时、合理添加辅食可以补充乳类营养素的不足,顺利从乳类食物过渡到成人食物,促进婴幼儿健康发育。添加辅食应该遵循的原则为及时、充分、安全和适量,[2] 过早或者过晚添加辅食,辅食营养不均衡、不卫生,饮食过多等都会对幼儿的健康造成影响。

辅食添加的时间应根据婴儿的营养需求、生理发育特点,过早、过晚添加辅食均会影响婴儿的体格和智力发育。一般情况下,6个月大的幼儿即可开始添加辅食。常素英等对1990—2005年15年间5岁以下儿童生长发育调查数据的分析表明,儿童生长迟缓主要发生在儿童出生后6个月至2岁,[3] 这说明6个月后的营养状况极大地影响孩子生长发育。本研究发现,连片特困地区农村0—3岁儿童在6个月大之后的辅食添加率为58.0%（见表2-23）。同时,因为母亲母乳不足、外出务工以及监护人对幼儿辅食添加的认识不足等原因,6个月以内的幼儿添加辅食的情况在贫困地区农村也比较常见。

表2-23 儿童6个月后是否添加辅食

	是	否
频数	91	66
百分比（%）	58.0	42.0

---

[1] 杨杰、姜国荣:《0—3岁儿童生长发育状况与家庭饮食结构》,《中国实用医药》2012年第7卷第33期。
[2] 李彩云:《婴幼儿家庭养育状况研究》,博士学位论文,北京协和医院研究生院,2012。
[3] 常素英、何武、陈春明:《中国儿童营养状况15年变化分析——5岁以下儿童生长发育变化特点》,《卫生研究》2006年第6期。

案例 2 – 19：云南省拉祜族 3 个月的幼儿即开始吃成人膳食

金盖，8 个月，云南拉祜族。金盖父亲大六介绍说，在他们村里小孩子 3 个月的时候就开始吃家里的饭菜。他们的孩子金盖也不例外，现在孩子已经 8 个月大，每天吃两顿饭，吃米饭和肉，没有其他青菜蛋类。孩子每天都喝母乳，一天大约喂奶 6 次，不喝奶粉。

蛋类是监护人给儿童添加辅食的常见食物。研究发现，连片特困地区农村 0—3 岁儿童监护人给 0—3 岁儿童喂鸡蛋的比例为 66.9%，0—3 岁儿童平均每天吃 0.78 个鸡蛋，最多的每天吃 3 个鸡蛋，还有 33.1% 的儿童不吃鸡蛋（见表 2 – 24）。其中，有个别 6 个月以内儿童食用鸡蛋，6 个月以上 3 岁以内儿童食用鸡蛋的比例为 65.0%。

表 2 – 24　儿童每天吃鸡蛋的个数

	0 个	1 个	2 个	3 个
频数	52	85	17	3
百分比（%）	33.1	54.1	10.8	1.9

水果富含儿童成长所需要的矿物质和维生素等，每天食用适量的水果可以保证儿童获得均衡的营养。研究发现，连片特困地区农村 0—3 岁儿童每天食用水果的比例为 45.2%，其中，6 个月以上 3 岁以内儿童食用水果的比例为 44.8%。

表 2 – 25　孩子每天是否能够吃到水果

	是	否
频数	71	86
百分比（%）	45.2	54.8

牛奶等乳制品也是连片特困地区农村 0—3 岁儿童监护人为儿童添加的辅食之一。研究发现,连片特困地区农村 6 个月以上 3 岁以内儿童每天饮用牛奶等乳制品的比例为 37.0%。

由于儿童缺乏膳食营养生活技能,因此,在很大程度上,儿童的饮食行为取决于其看护人的营养知识、态度和行为。有研究表明,监护人对儿童饮食和营养知识的了解程度影响儿童的饮食行为和营养健康状况。[①] 本研究发现,连片特困地区农村 0—3 岁儿童监护人对儿童的饮食和营养搭配等健康知识的了解程度较低,如表 2-26 所示,表示非常了解的只有个别人,比较了解的比例为 16.6%,了解一点的为 37.6%,而不太清楚和完全不了解的分别为 41.4% 和 3.8%。

表 2-26 监护人对 0—3 岁儿童饮食与营养搭配知识的了解情况

	非常了解	比较了解	了解一点	不太清楚	完全不了解
频数	1	26	59	65	6
百分比(%)	0.6	16.6	37.6	41.4	3.8

因为家庭条件和思想认识等方面的原因,大部分(52.2%)监护人在给儿童选择食物时没有特别的标准,家中有什么食物就给孩子吃什么,并不给孩子特别准备食物,这种情况在连片特困地区农村较为普遍。部分(28.7%)监护人按照一定的营养搭配给儿童准备食物,在日常生活中注重孩子的营养健康。个别监护人则是根据自己的生活经验为孩子选择食物。另外有 17.2% 的监护人按照孩子自己的喜好为孩子准备食物,这会造成儿童养成挑食、偏食、不吃主食只吃零食等不良的饮食习惯,进而导致孩子出现营养不良等情况,影响儿童生长发育。

---

① 罗家有、谭彩:《看护人营养知识对儿童饮食行为的影响研究》,载《中华预防医学会少儿卫生分会第九届学术交流会论文集》,福建厦门,2011。

表2-27 给孩子选择食物的标准

	按照孩子喜好	按照营养比例搭配	家里人吃啥就给孩子吃啥	根据监护人经验
频数	27	45	82	3
百分比（%）	17.2	28.7	52.2	1.9

研究发现，连片特困地区农村0—3岁儿童挑食现象较为严重，如表2-28所示，有超过一半（52.6%）的受访0—3岁儿童有挑食的不良饮食行为，其中"经常挑食"的为11.0%，"偶尔挑食"的为41.6%，"很少挑食"的占27.3%，"从不挑食"的占20.1%。

表2-28 孩子是否挑食

	经常挑食	偶尔挑食	很少挑食	从不挑食
频数	17	64	42	31
百分比（%）	11.0	41.6	27.3	20.1

案例2-20：不喜欢吃饭的3岁拉祜族女孩

云南省拉祜族，永先的小女儿，3岁，身高0.5米，体重16斤。女孩身体不太好，比较瘦弱，营养跟不上，容易生病。她喜欢吃糖和水果，很挑食，不吃肉，从小就不吃。她也不吃鸡蛋，只吃青菜，各种菜她都吃，吃点鸡肉，但也吃得比较少。她喜欢喝营养快线、吃巧克力。她小时候，妈妈母乳喂了两个月，后来就用其他家里成人吃的东西喂养。现在每天吃三顿饭，早中晚都是一样的，都是米饭和青菜，没有什么营养品。

案例2-21：喜欢吃零食、经常生病的2岁男孩

子涵，2岁，身体一直都不是特别好，长得很瘦，看起来就不是很健康。子涵很好动，可是却不怎么爱吃饭，总是想吃零食。每天妈妈都要给孩子购买10元左右的零食，由于孩子根本不吃主食，身体也越来越差。子涵经常生病，目前已经花了不少医药费。

虽然家庭条件有限，但是连片特困地区农村儿童监护人对孩子的营养健康比较关注，在感觉孩子出现营养问题时，监护人会为孩子准备一些营养品，以保证孩子的健康成长。调查发现，监护人在为孩子买营养品时所依据的标准主要有以下几种：一是价格；二是注重营养搭配；三是看营养品的品牌；四是根据自己经验或者朋友介绍等；还有个别监护人并不专门为孩子买营养品（见表2-29）。

表2-29 监护人给孩子买营养品的标准

	主要是看牌子	主要考虑价格	注重营养搭配	其他	没买过
频数	24	65	51	8	9
百分比（%）	15.3	41.4	32.5	5.1	5.8

2.4 岁及以上年龄段儿童饮食与营养状况

儿童饮食行为对儿童的生长发育有重大影响。研究表明，不按时吃饭、挑食、不吃早餐、不喝牛奶、常吃零食等各种不良饮食行为均可增加儿童患营养不良或营养过剩的危险。[1] 因此，儿童时期良好的饮食行为有利于儿童的健康成长与发育。总体来讲，因为家庭贫困、饮食习惯等原因，连片特困地区农村儿童饮食与营养方面存在不能按时按量饮食、饮食营养不均衡、饮食不安全、监护人对儿童饮食营养关注度不高等问题。

（1）儿童每天吃饭（正餐）的次数

研究发现，绝大多数（85.5%）4岁以上儿童每天至少都能吃三次饭。但是还有一小部分（14.5%）4岁以上儿童每天只吃两次

---

[1] 张欢、罗家有等：《中国7省农村地区1~7岁儿童饮食行为及其与生长发育的关系》，《卫生研究》2013年第3期。

饭,甚至只吃一次饭,这对于儿童来说,很难满足他们生长发育的需要。这也说明部分连片特困地区农村儿童不能按时吃饭。研究发现连片特困地区农村儿童不能按时吃饭的原因主要包括以下两个方面:一是儿童平时吃较多的零食,在正餐时间没有食欲;二是因家中贫困而形成的特殊生活方式,每天只吃一次或者两次饭,很难做到每餐必吃。

表2-30 儿童每天吃饭次数

	一次	两次	三次	四次以上
频数	4	112	655	27
百分比	0.5	14.0	82.1	3.4

案例2-22:一天只吃两顿饭的儿童

甘肃省华池县白马乡山村中的姐弟俩。姐弟俩的家在山头上,因为一场雨,老家的土窑洞崩塌了,不得不举家搬迁来到这儿,并盖起了3间简单的砖房。姐姐12岁,弟弟11岁,但是两人身体很瘦弱,从两人的身高和体型来看,最多也就6岁左右。两人在山下的同一所学校读书,从家到学校要走7公里的山路,所以在上学期间他们两个人都是在学校吃饭。学校有"免费营养餐",一般在10点多吃(按照当地的生活节奏早餐一般是在9点半之后才吃)。"免费营养餐"一般是米饭和馍馍汤。午饭不吃,下午5点左右回家吃晚饭。也就是说他们两个人每天只吃两顿饭。在农闲的时候,妈妈会在学校附近租房子照顾两个孩子上学,农忙的时候则是每天去接送。因为家里较为贫困,孩子平时也没有零花钱。这样孩子在学校里除了吃早餐之外,不再吃其他东西。他们学校总共有25名学生,"不吃午饭"在他们学校的学生中比较普遍,也符合当地的生活习惯。两个孩子的母亲说,下午孩子放学回来早,中饭不吃就早点吃晚饭,也没有条件特意为孩子准备一些更好的伙食或者是水果。

(2) 儿童吃早餐情况

根据《中国居民膳食指南》建议,吃好早餐对于儿童青少年的生长发育、学习非常重要。[①] 有研究发现,吃早餐的儿童营养状况普遍比不吃早餐的儿童好。[②] 本研究发现,连片特困地区农村儿童中每天都吃早餐的只占58.2%,经常吃早餐的占27.2%,偶尔吃早餐的有9.0%,很少吃和从不吃早餐的分别占3.1%和2.4%(见表2-31)。早餐对于满足人一天的营养和能量需要尤为重要,对儿童来说更是如此。不吃早餐不仅影响儿童健康地成长发育,而且还会影响到儿童正常的学习。在实地调研中,我们发现连片特困地区农村儿童不吃早餐的情况主要有两种:一是家中无吃早餐的习惯;二是上学路途遥远,在家里来不及吃早饭,到学校之后也没时间吃。

表2-31 儿童吃早餐的情况

	每天都吃	经常吃	偶尔吃	很少吃	从不吃
百分比(%)	58.2	27.2	9.0	3.1	2.4

种类丰富、营养全面的早餐对儿童健康成长发育具有积极作用。研究发现,连片特困地区农村儿童早餐的种类相对较多(如表2-32)。粥、馒头、面条、鸡蛋、牛奶、米饭、面包等都是儿童早餐中所包含的食物,这些食物作为儿童早餐的比例分别为39.6%、35.2%、34.0%、27.9%、23.7%、20.9%、11.6%。粥、馒头、面条、米饭等主食,在儿童早餐中所占比例较大,而牛奶、鸡蛋、面包等富含蛋白质和维生素的食物在儿童早餐中所

[①]《中国居民膳食指南(2007)(续)》,《营养学报》2008年第2期。
[②] 林志萍:《城市儿童的饮食行为及其影响因素和对健康影响的研究》,硕士学位论文,福建医科大学,2004。

占比例相对较小。

表 2-32　早餐内容

你早饭吃什么？		频数	百分比（%）	个案百分比（%）
	1. 鸡蛋	200	13.9	27.9
	2. 牛奶	170	11.8	23.7
	3. 馒头	253	17.5	35.2
	4. 面条	244	16.9	34.0
	5. 面包	83	5.8	11.6
	6. 粥类	284	19.7	39.6
	7. 米饭	150	10.4	20.9
	8. 其他	59	4.1	8.2
总计		1443	100.0	201.0

案例 2-23：不在家吃早饭的单亲女孩

小玲在上小学四年级，从家里到学校，走山路大约要花半个多小时的时间。因为自己没有手表，小玲怕上学迟到，所以不在家里吃早饭。爸爸因病去世后，妈妈对她更加关心。每天妈妈来不及给小玲做早饭时都把家里的早饭［没菜的馍馍（一种类似饼的东西）］放到小玲的书包里，但是小玲不爱吃没有菜的馍馍，爱吃有菜的馍馍和西红柿。但是妈妈做有菜的馍馍又会比较麻烦，所以小玲就偷偷地不带早餐，也没有跟妈妈说过自己不带早餐的原因。

案例 2-24：在学校按时吃饭，但是回家后不吃早餐的儿童

拉祜族儿童，罗林，13岁，初中在读。在学校的时候，学校提供免费食宿，每周周日晚上到学校上晚自习，开始一周的学习，周五11点放学回家。在学校时，学校提供营养早餐，包括一个鸡蛋和一瓶牛奶，午饭是米饭、菜炒肉、汤，晚饭也是一样，放晚自习后会有晚点——两个馒头。菜的种类很多，包括莴笋、番茄、青菜、白菜等。在学校的时候罗林每天都可以吃到鸡蛋、喝牛奶、吃肉，但是罗林他不太喜欢吃肉。一天三顿饭按时吃，吃饭时都是自己去食堂，想吃多少就吃多少。但是周末回家之后就不像在学校一样规律，早饭一般就不吃了，因为家里面活多忙不过来，一般是10点多钟将早饭和午饭一起吃了，有的时候也会吃午饭，一般来说在家的时候，每天吃两顿或三顿饭。水果学校没有提供，一般都是罗林在上学之前带上，有苹果、橘子、青枣等，从家里带到学校去，可以吃三四天。学校有一个小卖部，只卖学习用品，没有零食，所以在学校的时候罗林一般不吃零食，但是周末或放假的时候会经常吃。

（3）儿童食用各类食物的情况

儿童的生长发育过程中需要大量的蛋白质、膳食纤维、维生素、钙等物质，这些物质需要从食物或者专门的营养品中摄取。研究发现，贫困地区农村儿童对鸡蛋、牛奶、肉类、水果等食物的食用率不高，部分儿童很少吃到这些富含各种营养元素的食物。连片特困地区农村儿童食用具体情况如表2-33。

有11.5%的儿童每天都能够吃到鸡蛋；40.4%的儿童每周能吃2—4次鸡蛋；17.2%的儿童每周能吃到1次鸡蛋；另外，还有30.9%的儿童几周才吃一次鸡蛋、很少吃鸡蛋或者不吃鸡蛋。也就是说有将近1/3的儿童很少能吃到鸡蛋。

每天能喝到牛奶的儿童所占比例为18.4%，比每天吃到鸡蛋的儿童高将近7%，但是每周至少喝1次牛奶的儿童所占比例为59.6%，比每周至少吃1次鸡蛋的儿童少近10%，几周才喝一次牛奶、很少喝牛奶或者从不喝牛奶的儿童所占比例为40.4%，相对于鸡蛋，牛奶对农村儿童来说，还算是一种"奢侈品"。

表 2-33　儿童对鸡蛋、牛奶、肉、水果的食用情况

		每天	每周 2—4 次	每周 1 次	几周 1 次	很少	从不
鸡蛋	频数	92	322	137	77	136	34
	百分比（%）	11.5	40.4	17.2	9.6	17.0	4.3
牛奶	频数	147	228	100	67	187	68
	百分比（%）	18.4	28.6	12.5	8.4	23.5	8.5
肉类	频数	135	349	170	63	72	6
	百分比（%）	17.0	43.9	21.4	7.9	9.1	0.8
水果	频数	101	330	147	71	138	9
	百分比（%）	12.7	41.5	18.5	8.9	17.3	1.1

相对于鸡蛋和牛奶，肉类对连片特困地区农村儿童来说并非"奢侈品"。每周至少吃1次肉的儿童所占比例为82.3%，其中每天都能吃到肉的儿童占17.0%，每周吃2—4次肉的儿童占43.9%，但是还有将近10%的儿童很少吃肉或者从不吃肉。

每周至少吃1次水果的儿童占72.6%，很少或者从不吃水果的儿童占18.4%。水果可以为儿童提供大量的膳食纤维、钙等微量元素，每天食用一定量的水果，对于儿童的健康成长具有积极作用，但是贫困地区农村儿童每天都能吃水果的只有12.7%。

因为家庭贫困、监护人对儿童膳食结构不关注、儿童挑食等原因，连片特困地区农村儿童很难经常吃到鸡蛋、肉类、水果等富含蛋白质等营养物质的食物。一些贫困家庭儿童也只能是在逢年过节时才能够吃到这些食物。

案例 2-25

许大哥家的孩子，在读小学，由于家里没条件给孩子单独做饭，孩子平时都是吃米饭、青菜，逢年过节才会买一些肉、鸡蛋之类的。孩子从小就不吃营养品、牛奶等，小的时候大人就买一点糖回来用开水冲给他喝，哄他。因为家里实在是没钱。

蔬菜也是人体所需各种维生素、膳食纤维、矿物质等营养物质的重要来源。儿童经常吃蔬菜，可以获取成长发育所需要的各种维生素和钙、铁等微量元素，保证身体的健康发育。调查发现，连片特困地区农村儿童每天都会吃到蔬菜，其中，每天至少吃三种蔬菜的儿童占 55.1%，每天吃二种蔬菜的儿童占 35.6%。但是还有 9.4% 的儿童每天只吃一种蔬菜，单一的饮食容易造成儿童营养不足，影响儿童成长发育。

表 2-34 儿童每天食用蔬菜的情况

	一种	二种	三种	四种	五种以上
频数	75	285	315	83	42
百分比（%）	9.4	35.6	39.4	10.4	5.3

在一些山区因为种植结构单一，当地家庭饮食也比较单一。如在干旱的甘肃山区，农户散居在山里。虽然每家每户都种着几十亩土地，但是因为天气干旱，土壤贫瘠，每年地里的收成只能够勉强维持一家人的基本生活。每年农户除了种植荞麦、玉米等谷类作物之外，还会大量种植洋芋（马铃薯），所以家中吃得最多的蔬菜就是洋芋。因为对饮食结构的关注较少，而且山区交通不便，购买其他蔬菜的时间和经济成本都很高，所以山区家庭往往是早上吃洋芋，中午和晚上还是吃洋芋，即使有儿童的家庭也是如此。因为营养不足，所以在山区我们经常会遇到身高和体重与其实际年龄不相符的儿童。

案例 2-26：不喜欢吃鸡蛋的初中女孩

小珠，13 岁，初中在读。"早晨学校给每人发一个鸡蛋，我不喜欢吃，经常都是给其他同学吃。不吃鸡蛋的时候，也没别的吃的，就不吃了，也不觉得饿。中午和晚上就吃学校提供的免费饭菜。中午大多数的时候是烩菜，里面的牛肉挺多的,有时候是米饭和菜,或者是两个馒头一个菜。我不喜欢馒头就菜吃,就会把馒头留到第二天早晨吃。晚饭大多时候是洋芋面,虽然不好吃,但是能吃饱。"

案例 2-27:涛涛,10 岁,1.2 米,53 斤,挑食

涛涛在村里的小学上四年级,今年 10 岁。涛涛一家有五口人,奶奶、父亲、母亲、涛涛、不到 1 岁的妹妹。涛涛家里的经济收入主要是靠他的父亲在村子周围打工,比如修路、替人修房子,每个月收入在 3000 元左右。家里有 4 亩的退耕还林的土地,每年可以拿到 500 元的补贴。涛涛现在身高 1.2 米,体重才 53 斤,他妈妈说,涛涛比同龄的孩子都要轻,原因在于涛涛吃饭挑食,不听话,不按时吃饭。家里面不缺他吃的,但就是长不胖。涛涛虽然瘦,却不怎么生病,涛涛妈说这孩子爱动、爱玩、很皮实。

案例 2-28:不喜欢吃家里的简单饭菜,经常感到身体疼痛的女孩

陶娟,10 岁,父母均在外打工,现在和爷爷奶奶一起生活,非常瘦小。陶娟说自己很瘦是因为平时不怎么认真吃饭,并不是她不想吃,而是她吃不下。她每天要在学校吃一顿午餐,是早上奶奶做好后放在饭盒里让她带到学校的,中午学校的同学是统一在一起吃午餐的,学校负责把学生早上带来的午餐加热。陶娟说其他的孩子经常会吃鱼吃肉,而奶奶为她准备的却是万年不变的萝卜、辣椒或其他青菜,她本来就不喜欢吃这些,所以在吃午饭时经常把饭剩下,因为就着这些素菜吃饭她实在吃不下。有时她的同学看到她不吃饭会把自己的一些好吃的分给她一些,但她觉得很不好意思,后来老师说只能吃自己带的食物,陶娟就再也不吃其他同学的菜了。陶娟平时还喜欢吃一些零食,比如面包、辣条等,这让她吃饭时更加吃不下了,奶奶说陶娟的身体一直都不好,因为营养跟不上,她常常说自己在早上起床时头痛,严重时她甚至会痛哭,而前几天的头痛刚刚好一些。此外,陶娟还会经常腿痛、脖子痛,这些可能是缺钙的表现,在问她是否喝牛奶来补钙时,陶娟的回答是她从来没有喝过牛奶,爸爸妈妈和奶奶从来没有给她买过。因为经常会感到身体有些地方疼痛,陶娟也不经常出去和附近的同龄小伙伴一起玩,平时只和妹妹互相作伴,她感到身体不舒服时,大多数时候选择自己忍住,不告诉爷爷奶奶,因为她不想因为自己而增加爷爷奶奶的负担,虽然陶娟的性格有些内向,但是在某些方面,她表现出的是超于同龄人的懂事。

(4) 儿童吃零食情况

吃零食是较为普遍的儿童饮食行为。研究表明,吃零食会增加儿童肥胖、生长发育迟缓和低体重的风险。[1] 也有研究表明,从1991年到2004年,中国儿童青少年全天膳食中,零食能够提供不同比例的能量、蛋白质、脂肪、膳食纤维、维生素C、维生素E和钙等。[2] 也就是说,儿童适当吃零食会增加能量甚至蛋白质摄入,有助于促进儿童生长发育。有研究发现,48.1%的农村儿童几乎每天都吃零食。本研究发现,连片特区地区农村儿童每天都吃零食的占9.8%,远远低于上述研究结果。这可能与本研究所选的研究对象均为贫困地区农村儿童有关。另外,研究还发现,连片特困地区农村儿童"经常吃零食""偶尔吃零食""很少吃零食""从不吃零食"的分别占38.9%、32.7%、16.3%、2.4%(见表2-35)。也就是说,将近一半(48.7%)的受访儿童经常吃零食。

---

[1] 张欢、罗家有等:《中国七省农村地区1~7岁儿童饮食行为及其与生长发育的关系》,《卫生研究》2013年第3期。
[2] 李艳红:《中国儿童青少年零食消费行为及其变化趋势研究(1991—2004)》,硕士学位论文,郑州大学,2008。

表 2-35 儿童吃零食情况

	每天吃	经常吃	偶尔吃	很少吃	从不吃
频数	78	311	262	130	19
百分比（%）	9.8	38.9	32.7	16.3	2.4

连片特困地区农村儿童虽然不能天天吃零食，但是都有吃零食的习惯。即使是住在贫困山区，儿童监护人也会想办法为自己的孩子从山外带零食回来给孩子吃。另外监护人也会给上学的孩子一定的零花钱，而他们的零花钱主要用于买零食。贫困地区农村家庭在给儿童买零食等方面的投入很大。有监护人曾给我们算过一笔账，以前孩子每天吃零食的花费在2—3元，现在物价上涨，2—3元钱所买的零食已经无法满足孩子的需求，所以孩子每天的零花钱也相应地增加，每天要6—8元，这样每月只在吃零食上的花费就要200多元。这对于农村家庭来说，是一笔不小的开支。

研究发现，绝大多数连片特困地区农村儿童每天都会有一定数量的零花钱，农村儿童的零花钱主要用于买零食。[1] 这反映贫困地区农村家庭在儿童吃零食方面的支出。如表2-36所示，有90.7%的儿童每天都会有零花钱。其中，每天有不到1元零花钱的儿童占22.8%；有1—2元零花钱的儿童占43.8%；有2—5元零花钱的儿童占18.1%；有5元以上零花钱的儿童占6.1%。

表 2-36 儿童每天所拥有的零花钱

	少于1元	1—2元	2—5元	5—10元	10元以上	没零花钱
频数	182	350	145	33	16	74
百分比（%）	22.8	43.8	18.1	4.1	2.0	9.3

实地调研中我们发现监护人在给孩子买零食时不会关注所买儿

---

[1] 叶敬忠、潘璐：《别样童年——中国农村留守儿童》，北京：社会科学文献出版社，2008，第112页。

童食品的品牌，也不会注意食品的质量，只要价格合适就给孩子买。虽然家庭为了满足孩子的需求给孩子买零食吃，但是农村地区所销售儿童食品的质量难以得到保证。山区的商店所销售的小食品很多都是"三无"产品，正处于快速发育期的儿童过多地吃这些食品会影响其健康地成长发育。这不仅需要监护人增强儿童饮食安全意识，更需要政府在儿童食品生产销售等方面的管理与控制。

案例 2-29：三个孩子的妈妈从山外小卖部给孩子们带零食吃

甘肃山区当地人对当地地理状况的描述是"山大沟深"，从他们的描述中我们也能感受到山区居民出行的难度。所以每一次下山，他们都会尽量多地往家里带生活所需要的东西。对于有孩子的家庭来说，从山外给孩子们带零食吃是必不可少的。姐姐，章有霞，10岁，二年级；哥哥，章有民，8岁，一年级；弟弟7岁，幼儿园。在上学期间，他们住在山下的出租屋内，现在放假，就在山上的家中和奶奶、爸爸、妈妈住在一起。因为山里没有小卖部，放假期间，妈妈每次下山都会给他们带零食，如山楂片、鸡爪、绿豆饼、辣条等。但是这些食品有一部分是散装的，不知道生产厂家和生产日期，有包装的食品生产日期也比较模糊，很难辨认。孩子的妈说："每次下山都会给孩子买点吃的，但是一般不会看生产厂家、生产日期之类的，只要孩子们喜欢吃就行。反正没有吃坏过肚子。"

案例 2-30：因吃零食而造成胃损伤的女孩

丁婶的二女儿，10岁，三年级。孩子平时不怎么吃饭，喜欢吃零食，所以拿着钱一般去买糖和辣东西来吃，营养不良，身体也不好。上次丁婶的二女儿突然胃痛，丁婶带她去南宁的医院看病，说是胃窦炎，整天不吃饭只吃零食，导致胃损伤。当时检查费用花了1000多元，回来之后吃了一个多月的药，才不痛了。

(5) 监护人对儿童营养状况的关注与满意状况

儿童营养的状况在很大程度上与监护人的关注程度有关。有研究表明，儿童成长发育状况与监护人对儿童营养知识了解程度有关。[①] 研究发现，连片特困地区农村儿童监护人并不是按照一定的营养搭配知识为孩子准备食物，而是根据自己的生活经验和饮食习惯为儿童准备食物，不会考虑儿童饮食营养均衡问题。有46.9%的监护人会考虑孩子饮食的营养均衡，而多达53.1%的监护人不会考虑孩子饮食营养是否均衡，这对于儿童的健康和发育不利。

表 2-37　监护人是否会考虑儿童饮食的营养均衡

	会	不会
频数	375	425
百分比（%）	46.9	53.1

案例 2-31：云南拉祜族，罗老三，4 岁儿童监护人，注意儿童的饮食

罗老三4岁的儿子一天吃饭吃三四顿，不挑食，大人做的饭他都吃。他早上醒得早，比大人都早，大人都还没有起床，他就出去玩了，有时候玩到中午肚子饿了才回家吃饭。他吃饭不挑食，监护人一个星期给他吃两三次鸡蛋，他也喜欢吃鸡蛋，有鸡蛋的时候就吃。他喜欢吃零食，每天都吃，零食主要是糖果饼干之类的小零食，都是大人给他买的，一周买零食要花十几元钱。平时，罗老三会考虑儿子的饮食营养均衡问题，平时省点钱给孩子买肉吃。孩子自己会喝生水，罗老三担心喝生水不好，见到儿子喝生水就会管他，但儿子还

[①] 罗家有、谭彩：《看护人营养知识对儿童饮食行为的影响研究》，载《中华预防医学会儿少卫生分会第九届学术交流会论文集》，福建厦门，2011。

是会偷偷地喝。

维生素和钙等元素是人体所必需的营养物质，虽然所需数量较少，但是缺之不可。这些物质在正常情况下，是可以通过饮食获取的。如果饮食不均衡，则会造成人体内某些微量元素缺乏，进而对人体健康造成影响。对于儿童来说，营养均衡对其健康茁壮地成长更为重要。所以，一些时候，儿童需要增加维生素和钙等微量元素的摄入。调查发现，监护人专门为儿童增补维生素和钙等微量元素的情况较少。只有10.4%的儿童经常吃或者天天吃富含维生素和钙等微量元素的营养品，有25.9%的儿童偶尔吃补充维生素和钙等微量元素的营养品，有63.7%的儿童很少吃（33.4%）或者从来没有吃过（30.3%）补充维生素和钙等微量元素的营养品（见表2-38）。

表2-38 儿童食用补充维生素和钙等微量元素的营养品情况

	天天吃	经常吃	偶尔吃	很少吃	从不吃
频数	10	73	207	267	243
百分比（%）	1.3	9.1	25.9	33.4	30.3

对于目前孩子的营养健康状况，监护人的满意度比较高。如表2-39所示，监护人对孩子营养健康状况非常满意的占5.9%，满意的占38.9%，基本满意的占45.8%，不满意的占8.6%，非常不满意的只占0.9%。

表2-39 监护人对孩子营养健康状况的满意度

	非常满意	满意	基本满意	不满意	非常不满意
频数	47	311	366	69	7
百分比（%）	5.9	38.9	45.8	8.6	0.9

监护人对孩子健康状况表示不满意，从另一个角度看说明监

护人对自己孩子营养健康状况比较关注。这会促使监护人时刻注意孩子的生长发育状况,及时地发现儿童成长过程中的营养问题并予以解决。

案例 2-32:英杰,6 岁半,小学一年级,贫血,妈妈悉心照料

英杰生活在一个六口之家,由于父亲是上门女婿,家里的老人是英杰的外公和外婆,而英杰也是跟妈妈姓。由于是从山上搬迁下来的,英杰家的房子是跟很多搬迁户在同一块区域集中建造的。家里有 3 间普通的水泥房,一些简单的家具和儿童用品。每年家里的总收入在 2.5 万元左右,主要依靠爸爸外出打工和外公做木匠活挣钱。1 岁半的小妹妹是家里最小的孩子,妈妈宋奇燕负责在家里照料两个孩子。英杰今年 6 岁半,身高 1.2 米,体重有 48 斤。但是孩子的身体不好,据妈妈说,孩子不爱吃饭,有点挑食,有点贫血,平时在家里妈妈会注意给英杰做好吃的,也注意给英杰准备各种食物,时常会买些花生、红枣和海带给英杰补充营养。

由于家庭经济困难、家庭特殊的生活方式、自然环境恶劣、监护人儿童抚养知识匮乏等原因,连片特困地区农村儿童在饮食和营养健康方面存在诸多问题,如不吃早饭、不按时吃饭等不良饮食行为,父母不关注儿童饮食的营养搭配,儿童营养摄入不合理等问题都威胁儿童的健康。这不利于儿童的生长发育,同时儿童生长发育不足也会影响到贫困地区劳动力的再生产,也不利于贫困地区经济社会的持续发展。因此,政府、学校和社会力量需要对连片特困地区农村儿童的营养状况进行干预,将连片特困地区的儿童营养问题纳入贫困地区扶贫工作,同时加大儿童营养健康知识的宣传与教育,增加儿童监护人的儿童抚养知识,为连片特困地区农村儿童的营养健康提供保障。

(五) 儿童生长发育情况

身高和体重是反映儿童生长、营养及健康状况最重要的指标。由于儿童膳食结构不合理、不良的饮食习惯等原因，连片特困地区农村儿童的生长发育状况较差，连片特困地区农村儿童身高与体重测量值普遍偏低，生长迟缓、低体重等营养不良发病率较高。

通过各年龄段儿童身高体重测量值与标准值的比较可以了解连片特困地区农村各年龄段儿童的生长发育状况（如表2-40）。

表2-40 连片特困地区农村男、女童身高、体重测量均值与参考标准值比较

年龄	男孩 身高（CM） 测量值	男孩 身高（CM） 标准值	男孩 身高（CM） 比较值	男孩 体重（KG） 测量值	男孩 体重（KG） 标准值	男孩 体重（KG） 比较值	女孩 身高（CM） 测量值	女孩 身高（CM） 标准值	女孩 身高（CM） 比较值	女孩 体重（KG） 测量值	女孩 体重（KG） 标准值	女孩 体重（KG） 比较值
6个月	65.83	68.4	-2.57	10.17	8.41	1.76	70	66.8	3.2	13	7.77	5.23
1.5岁	66.11	82.7	-16.59	10.58	11.29	-0.71	60.13	81.5	-21.37	11.67	10.65	1.02
2.5岁	70.86	93.3	-22.44	13.09	13.64	-0.55	74.79	92.1	-17.31	13.04	13.05	-0.01
3.5岁	83.52	100.6	-17.08	16.02	15.63	0.39	78.31	99.4	-21.09	17.5	15.16	2.34
4.5岁	100	107.7	-7.7	19.2	17.75	1.45	100	106.7	-6.7	18.7	17.22	1.48
5.5岁	100	114.7	-14.7	19.82	20.18	-0.36	100	113.5	-13.5	21.68	19.33	2.35
6.5岁	100	120.7	-20.7	21.94	22.45	-0.51	100	119.4	-19.4	21.68	21.44	0.24
7.5岁	116.53	127.1	-10.57	23.71	25.72	-2.01	110.91	125.6	-14.69	24.28	23.93	0.35
8.5岁	118.49	132.7	-14.21	26.59	28.91	-2.32	124.17	131.3	-7.13	25.74	26.67	-0.93
9.5岁	128.98	137.9	-8.92	28.94	32.09	-3.15	129.07	137	-7.93	27.74	29.87	-2.13
10.5岁	135.79	142.6	-6.81	35.25	35.58	-0.33	122.82	143.3	-20.48	27.83	33.8	-5.97
11.5岁	139.53	148.4	-8.87	40.34	39.98	0.36	142.83	149.7	-6.87	35.17	38.4	-3.23
12.5岁	142.47	155.6	-13.13	39.46	45.13	-5.67	144.06	154.6	-10.54	33.6	42.89	-9.29
13.5岁	143.6	163	-19.4	37.05	50.85	-13.8	145.53	157.6	-12.07	37.68	46.42	-8.74
14.5岁	154.35	168.2	-13.85	43.98	55.43	-11.45	145.4	159.4	-14	39.3	48.97	-9.67
15.5岁	160.82	171	-10.18	45.65	58.39	-12.74	153	160.1	-7.1	46.31	50.45	-4.14

续表

年龄	男孩						女孩					
	身高（CM）			体重（KG）			身高（CM）			体重（KG）		
	测量值	标准值	比较值	测量值	标准值	比较值	测量值	标准值	比较值	测量值	标准值	比较值
16.5岁	164.3	172.1	-7.8	50.06	60.12	-10.06	153.64	160.2	-6.56	44.68	51.07	-6.39

注：表中"标准值"为半岁标准值，即该年龄儿童身高、体重的参考标准值。表中标准值参考《中国居民膳食指南》中儿童、青少年生长发育标准[1]和国内学者研究制定的适合中国儿童生长发育标准[2]。"测量值"为某年龄段的均值，即表中0.5岁的测量值为0—1岁受访儿童身高、体重的均值，1.5岁测量值为12个月零1天到2岁差1天的受访儿童身高、体重的均值。"比较值"为测量值与标准值之差。

通过表2-40、图2-1中的数据比较，我们可以发现，除了6个月的女童身高大于参考标准值以外，各年龄段男、女童身高测量值均低于标准值，而且大于1岁小于4岁年龄段的男、女童身高测量值与标准值之间的差距较大，平均差距约为20CM。学龄前（4—6岁）男、女童身高测量值与标准值之间均存在较大的差距，学龄（7岁以上）男、女童身高测量值与标准值之间也存在不同程度的差距。这说明连片特困地区农村各年龄段儿童生长发育普遍较为迟缓。

在体重方面，低龄儿童（0—3岁）和学龄前儿童（4—6岁）体重的测量值在标准值附近浮动，总体上属于正常波动范围。7.5岁女童除外，学龄男、女童的体重测量值均低于标准值，女童体重测量值从9.5岁开始明显低于标准值，男童的体重测量值从12.5岁开始明显低于标准值，其中，男童体重测量值与标准值的差距较大，最多能达到-13.8KG（见表2-40、图2-2）。这说明连片特困地区农村低体重儿童较多，尤其是义务教育阶段学龄儿童的体重严重偏低。

---

[1] 中国营养协会：《中国居民膳食指南》，拉萨：西藏人民出版社，2011，第73—76、171—174页。

[2] 李辉、季成叶等：《中国0—18岁儿童、青少年身高、体重的标准化生长曲线》，《中华儿科杂志》2009年7月第47卷第7期。

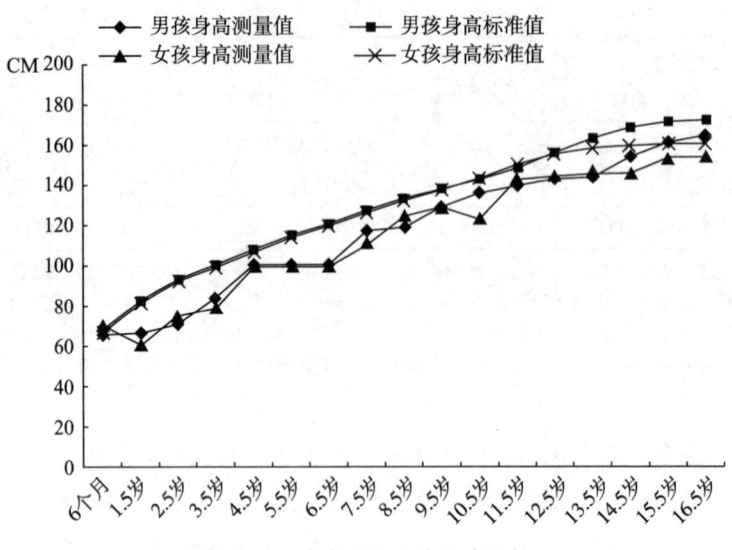

图 2-1 各年龄段儿童身高比较

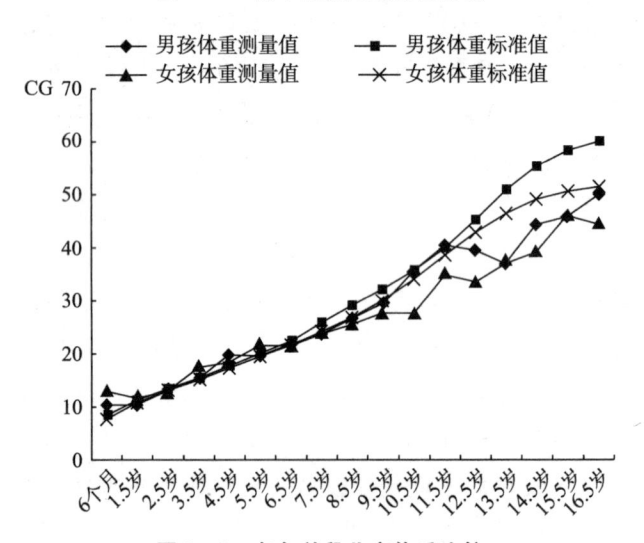

图 2-2 各年龄段儿童体重比较

儿童身高低于一定标准则为生长迟缓，体重过低则为低体重儿童。生长迟缓率和低体重率能反映儿童群体的生长发育和营养不良情况。按照中国营养协会和国内学者制定的标准，连片特困地区农村儿童低体重和生长迟缓等营养不良情况如表 2-41。

第二章 连片特困地区农村儿童基本生活状况与生活救助

表2-41 各年龄段男、女童营养不良情况

年龄		总人数	男童						女童						合计			
			人数	生长迟缓		低体重		人数	生长迟缓		低体重		生长迟缓		低体重			
				人数	比例	人数	比例		人数	比例	人数	比例	人数	比例	人数	比例		
0-3岁	6个月	9	6	3	0.5	1	0.167	3	2	0.667	1	0.333	5	0.556	2	0.222		
	1.5岁	38	20	14	0.7	8	0.4	18	12	0.667	4	0.222	26	0.684	12	0.316		
	2.5岁	55	28	24	0.857	5	0.179	27	15	0.556	7	0.259	39	0.709	12	0.218		
	3.5岁	39	26	21	0.808	5	0.192	13	7	0.539	2	0.154	28	0.718	7	0.179		
	小计	141	80	62	0.775	19	0.238	61	36	0.590	14	0.230	98	0.695	33	0.234		
4-6岁	4.5岁	82	43	0	0	6	0.140	39	0	0	2	0.051	0	0	8	0.098		
	5.5岁	81	48	47	0.979	7	0.146	33	33	1	4	0.121	80	0.987	11	0.136		
	6.5岁	74	35	35	1	6	0.171	39	38	0.974	6	0.154	73	0.987	12	0.162		
	小计	237	126	82	0.65	19	0.151	111	71	0.640	12	0.108	153	0.646	31	0.131		
7-9岁	7.5岁	52	30	11	0.367	5	0.167	22	12	0.546	2	0.091	23	0.442	7	0.135		
	8.5岁	81	45	29	0.644	7	0.156	36	14	0.389	3	0.083	43	0.531	10	0.123		
	9.5岁	75	47	20	0.426	4	0.085	28	9	0.321	4	0.143	29	0.387	8	0.107		
	小计	208	122	60	0.492	16	0.131	86	35	0.407	9	0.105	95	0.457	25	0.120		

续表

年龄		总人数	男童						女童						合计				
			生长迟缓		低体重		人数	生长迟缓		低体重			生长迟缓		低体重		
			人数	比例	人数	比例		人数	比例	人数	比例		人数	比例	人数	比例
10–16岁	10.5岁	41	24	7	0.292	1	0.042	17	13	0.765	7	0.412	20	0.488	8	0.195
	11.5岁	21	15	5	0.333	2	0.133	6	1	0.167	0	0	6	0.286	2	0.095
	12.5岁	64	33	18	0.546	3	0.091	31	14	0.452	9	0.290	32	0.5	12	0.188
	13.5岁	47	30	15	0.5	12	0.4	17	9	0.529	4	0.235	24	0.511	16	0.340
	14.5岁	41	26	13	0.5	5	0.192	15	6	0.4	6	0.4	19	0.463	11	0.268
	15.5岁	63	34	10	0.294	10	0.294	29	6	0.207	4	0.138	16	0.254	14	0.222
	16.5岁	58	33	6	0.182	10	0.303	25	3	0.12	2	0.08	9	0.155	12	0.207
	小计	335	195	74	0.380	43	0.221	140	52	0.371	32	0.229	126	0.376	75	0.224
合计		921	523	278	0.532	97	0.186	398	194	0.487	67	0.168	472	0.513	164	0.178

研究发现，连片特困地区农村儿童生长迟缓率和低体重率均较高，分别达到51.3%和17.8%，其中，男童生长迟缓率和低体重率（分别为53.2%、18.6%）均高于女童（分别为48.7%、16.8%）。本研究结果与学者们的研究结果存在一定的差异。林黎、曾果等以四川某贫困县农村3—10岁儿童为研究对象，研究发现贫困农村男女儿童生长迟缓率分别为15.1%和26.1%，低体重率分别为15.1%和20.1%，女童均高于男童。[①] 该结果与本研究中男童高于女童的研究结果正好相反，同时，该研究女童低体重率高于本研究中女童低体重率，其他结果则均低于本研究结果。本研究结果远高于徐增康、王林江等的研究结果，他们研究发现陕西农村6岁以下儿童的低体重率为3.30%，生长迟缓率为5.03%。[②] 程建鹏、郭岩等的研究发现，中国西部贫困地区农村3岁以下儿童低体重率为13.6%，生长迟缓率为16.9%，[③]低于本研究中该年龄段的研究结果。本研究结果与其他研究结果的差异加大，一方面是由不同研究收集资料的方法和选取样本的差异性造成的，另一方面则说明连片特困地区农村儿童的营养不良状况较为严重，需要引起政府和社会的关注。

本研究还发现，连片特困地区农村0—3岁年龄段儿童的生长迟缓率和低体重率在各年龄段儿童中均最高，分别为69.5%和23.4%，其中1岁、2岁以及3岁年龄段的儿童生长迟缓率均在68%以上，该年龄段男童生长迟缓率与低体重率均高于女童，这说明该年龄段男童营养不良的情况要比女童严重。4—6岁儿童营养不良情况比0—3岁年龄段儿童的情况好，但是该年龄段的生长

---

① 林黎、曾果等：《贫困农村儿童生长发育、贫血及维生素A营养评价》，《中国儿童保健杂志》2008年2月第16卷第1期，第9页。
② 徐增康、王林江等：《2009年陕西省农村6岁以下儿童生长发育与营养状况调查》，《预防医学情报杂志》2010年12月第26卷第12期，第954页。
③ 程建鹏、郭岩等：《中国部分贫困地区农村儿童生长发育现状研究》，《中国儿童保健杂志》2005年8月第13卷第4期，第319页。

迟缓、低体重等营养不良发病率也非常高，分别为 64.6% 和 13.1%，该年龄段女孩的生长迟缓和低体重的比例均低于男孩，5 岁和 6 岁年龄段儿童营养不良情况要比 4 岁儿童严重。7—9 岁年龄段儿童生长迟缓率为 45.7%、低体重率为 12.0%，是各年龄段中最低的，与 0—3 岁和 4—6 岁年龄段一样，该年龄段男童生长迟缓、低体重的发病率（分别为 49.2% 和 13.1%）均高于女童（分别为 40.7% 和 10.5%），但是 9 岁女童低体重率（14.3%）要高于男童（8.5%）。10—16 岁儿童的生长迟缓率为 37.6%，是各年龄阶段中的最低值，低体重率为 22.4%，仅低于 0—3 岁儿童，该年龄段女童的低体重率为 22.9%，高于男童的 22.1%，不同年龄组的男、女童生长迟缓率和低体重率的差异性较大。

综上所述，连片特困地区农村儿童的生长发育状况令人担忧，营养不良状况较为严重，男童的营养不良要引起政府和社会各界的关注，贫困地区农村 0—3 岁婴幼儿的营养和生长发育状况亟须干预。儿童生长发育状况既是儿童自身营养状况的一个反映，也是家庭经济状况、地区经济社会发展水平的一个重要指标。因此，改善连片特困地区农村儿童生长发育状况的相关政策需要纳入整个扶贫工作体系，从而有效地遏制贫困地区农村儿童营养不良的恶化和贫困的代际传递。

（六）儿童生活卫生习惯

环境卫生条件差、饮用水不清洁、不良的饮食和生活习惯等是引起肠道传染病和寄生虫病的主要原因。全世界每年仅因腹泻引起脱水就夺去大约 350 万儿童的生命。[1] 儿童养成良好的日常生活卫生习惯可以预防一些儿童肠道疾病、寄生虫病以及口腔疾病的发生。

---

[1] 马玉霞、谭凤珠等：《贫困地区儿童环境卫生健康教育效果评价》，《中国学校卫生》2004 年 6 月第 25 卷第 3 期，第 314 页。

绝大多数连片特困地区农村儿童都有很好的日常卫生习惯，但是还有不少儿童没有养成良好的日常生活卫生习惯。调查发现，72.5%受访儿童有每天刷牙的习惯；85.4%的儿童有睡前洗脚的习惯；相对来说，有吃饭前洗手习惯的儿童较少，只有58.8%（见表2-42）。

表2-42 儿童日常卫生习惯

日常卫生习惯		是	否
每天刷牙的习惯	频数	580	220
	百分比（%）	72.5	27.5
睡前洗脚的习惯	频数	683	117
	百分比（%）	85.4	14.6
饭前洗手的习惯	频数	470	330
	百分比（%）	58.8	41.2

刷牙、洗脚、洗手等日常生活卫生习惯是在日常生活中逐渐养成的，儿童这些日常卫生习惯的养成在很大程度上受到家庭生活方式和监护人日常行为的影响。调研发现，在连片特困地区农村家庭的生活方式不利于儿童养成良好的日常生活卫生习惯。因为家庭贫困，监护人对日常卫生习惯重要性的认知较少，儿童监护人自身并没有养成良好的卫生习惯，再加上他们对孩子养成良好日常卫生习惯的重要性认识不足，饭前便后不洗手、不刷牙等不良的卫生习惯也会在自己孩子身上出现。由于自然条件的限制，连片特困地区农村水资源缺乏，为了节约用水，农村家庭中多人共用一盆水洗漱、一天只洗一次手等现象较为常见。

儿童皮肤较为细腻，如果不注意保护，容易引发皮肤疾病。经常洗澡、换洗衣服、保持皮肤清洁，可以避免儿童皮肤疾病的发生。在受访者中，每周至少洗一次澡的儿童占67.4%，2—3周洗一次澡的儿童数量占15.8%，一个月甚至几个月才洗一次澡的儿童数量占16.9%（见表2-43）。

表2-43 儿童洗澡的情况

	每天	一周二三次	一周一次	2—3周一次	一月一次	几个月一次
频数	44	216	279	126	87	48
百分比（％）	5.5	27.0	34.9	15.8	10.9	6.0

同时，调查发现连片特困地区农村儿童监护人给孩子换洗衣服的频率要高于儿童洗澡的频率。每周至少换洗一次衣服的儿童数量占92.6%，但是也有少部分监护人要一个多月才给孩子换洗衣服（见表2-44）。

表2-44 儿童换洗衣服的情况

	一天	2-3天	4-5天	1周	2-3周	1月以上
频数	43	260	219	218	37	23
百分比（％）	5.4	32.5	27.4	27.3	4.6	2.9

调查中，我们发现贫困地区农村儿童长时间不洗澡、不换洗衣服的现象较为常见，其主要原因是大部分家庭没有专门的洗澡设施，村庄周围也没有浴室。在缺乏洗浴设施的情况下，山区居民在夏天时可以到隐蔽的山沟里洗漱，但是冬天只能选择不洗澡。而在一些较为干旱的地区，居民洗澡则面临很大的困难。在甘肃、宁夏等一些干旱山区，农村居民的生活饮用水都是从很远的山沟用毛驴驮运回来，由于山路崎岖，每次最多只能驮运两桶水。这些水主要用于平时做饭和饮用，其他生活用水，如洗衣服、喂牲口等，都是居民积攒下来的雨水。在甘肃等地，政府支持农村居民建造水窖，用于收集雨水。这些雨水需要在水窖中沉积几个月的时间才能使用。因此，在贫困地区农村特殊的自然环境下，农村儿童家庭也形成了一些不卫生的生活方式。

儿童饮水方面。在夏季，大部分（53.3%）儿童会饮用白开水，但是还有一部分（32.6%）儿童会直接饮用未经加热的生水，购买矿泉水和饮料喝的儿童分别占8.1%和4.5%，还有少部分儿童会饮用泉水和具有地域特色的青稞酒等（见表2-45）。对于部分处于学龄阶段的儿童来说，冬季在学校饮水可能会遇到困难。调查发现，受访学龄儿童所就读的学校在冬季提供热水的只占42.7%，有多达57.3%的儿童所在学校不提供热水。因为经费紧张，贫困地区农村小学无力为孩子提供热水，儿童不得不自己从家里用保温杯带热水或者直接饮用冷水。

表2-45 儿童饮水情况

	生水（自来水、井水等）	白开水	矿泉水	饮料	其他（青稞酒、泉水等）
频率	261	426	65	36	12
百分比	32.6	53.3	8.1	4.5	1.5

案例2-33：云南，拉祜族，扎多

扎多喝水喝得最多的是冷水，父亲觉得没有什么问题，认为这里的水都是山泉水，没有什么污染。扎多现在没有刷牙的习惯，父亲刷牙，一天刷一次，父亲说小孩还小不用刷牙。扎多在睡觉前会洗脚，在吃饭前没有洗手的习惯。扎多一周洗两次澡，都是在家自己烧水洗。扎多好动，衣服比较容易脏，经常是两天换一次。

在一些少数民族地区，特殊的文化环境让当地居民形成了较为特殊的生活方式。但是这种生活方式对于正在生长发育的儿童来说是非常不健康的。在云南拉祜族村庄调研时我们发现村中的儿童抽烟喝酒的比例非常高，这在当地非常正常，所以监护人对自己的孩子抽烟喝酒没有什么意见。

案例2-34：跟爸妈学吸烟喝酒的文成

文成，15岁，辍学在家。在10岁上四年级时，文成学会了吸烟。爸爸妈妈都吸烟,文成也慢慢学会吸烟。刚开始吸的是妈妈那种烟,现在已经不吸那种烟了,一天要抽五六根烟。爸妈对于文成的吸烟行为没有说什么,因为当地男女老少都喜好抽烟。现在文成买烟,都向爸爸妈妈要钱,一包5元的烟抽两天。文成现在也会喝酒,有事的时候就喝酒,喝啤酒较多一点。爸爸妈妈也喝酒,妈妈喝白酒,一天喝5两,每天都去小卖部打酒。爸爸喝啤酒,在小卖部买啤酒,4元一瓶,一个月买10多次酒,一次买2—4瓶。

良好的生活卫生习惯可以使儿童避免一些肠道疾病、寄生虫病以及口腔疾病,但是贫困地区农村特殊的自然条件使得他们很难形成良好的卫生习惯。监护人养成的"不卫生"的生活方式也影响了儿童良好卫生习惯的养成。因此,在加强对儿童日常卫生知识进行宣传和教育的同时,政府更应该加大对连片特困地区的扶持力度,改善儿童的生活环境,转变连片特困地区"不卫生"的生活方式。

(七) 儿童的劳动负担

在农村家庭中,"儿童"不是一个单纯被照顾、被保护的对象,他们在家庭生活中也需要承担一些劳动,帮助家庭减少一定的生活压力。[①] 作为普通家庭的成员,儿童可以不像父母一样直接面对和承受家庭的生计压力,但是生长在贫困和结构变化的家庭中的儿童则可能会过早地承担起家庭的生计压力,他们除了帮助家庭干一些家务和农活之外,还要提前进入劳动力市场成为"童工",为改善家庭生活而过早地结束自己的儿童时期。

1. 儿童干家务情况

在实地调研中,我们发现连片特困地区农村儿童在日常生活

---

① 叶敬忠、潘璐:《别样童年——中国农村留守儿童》,北京:社会科学文献出版社,2008,第97页。

中都要承担一些力所能及的家务劳动，如扫地、擦桌子、洗碗筷等，尤其是那些放学回家的学生，他们放学回家或者放假时就成为家里的劳动力，为监护人承担一些家务劳动，从而让监护人有更多的时间去干农活或者外出打工赚钱。在问卷调查中，我们发现大部分7岁以上的学龄儿童在家里时会帮助监护人干家务。学龄儿童在家里时，每天都会帮助父母干家务的比例为6.2%，经常干家务的占35.3%，偶尔干一些家务的占37.5%，很少干家务的为14.8%（见表2-46）。也就是说，在贫困地区农村绝大部分（93.8%）学龄儿童在家里时都会干一些力所能及的家务。

10岁以上的学龄儿童干家务的频率要高于7—9岁年龄段的儿童。由表2-46可知，7—9岁年龄段学龄儿童在家时"每天干"、"经常干""偶尔干"家务的占该年龄段比例分别为6.3%、26.7%、33.5%，"很少干"和"从来不干"家务的比例为20.4%和13.1%。而10岁以上年龄段的儿童在家时"每天干""经常干""偶尔干"家务的占该年龄段比例分别为6.2%、40.5%、39.9%，该年龄段儿童干家务的频率总体上要高于7—9岁年龄段儿童。大龄儿童在家中的家务负担要重于低龄儿童。

表2-46 学龄儿童在家干家务情况

年龄段			每天干	经常干	偶尔干	很少干	从来不干
年龄段	7—9岁	频数	13	55	69	42	27
		年龄段中的百分比（%）	6.3	26.7	33.5	20.4	13.1
	10—16岁	频数	21	138	136	39	7
		年龄段中的百分比（%）	6.2	40.5	39.9	11.4	2.1
合计		频数	34	193	205	81	34
		总数的百分比（%）	6.2	35.3	37.5	14.8	6.2

对家庭经济贫困、家庭结构暂时发生变化或者家庭结构不完整的儿童来说，他们会承担起比普通家庭儿童更多的家务。他们除了干一些简单的扫地、擦桌子、洗碗筷等家务之外，还会在监

护人下地干活或者外出务工时承担起提水、砍柴、洗衣服、做饭等家务，甚至一些儿童还要照料身体状况欠佳的爷爷奶奶。特殊的家庭条件也使得这些儿童在心理上更加成熟与懂事。

案例 2-35：辍学在家干家务的儿童

罗成，15岁，辍学。因为家里条件差，罗成的父母不希望他上学，而是希望他能够在家里干活。因为自己也不知道为什么要上学，于是罗成辍学回家。现在他平时都在家，很少出去。一般情况下，他早上6点起床。起床后他就烧火，煮一锅饭（如果前一天剩下的冷饭够吃的话就不煮），然后煮猪食，猪食是前一天就找好的，煮好猪食后，再煮一锅菜汤，这个时候爸爸妈妈也起床了，起床后就吃饭，饭吃完是9点多，准备一下，10点就下地干活了，到日落的时候（一般是6点左右）就回来做饭吃，下地干活也不带吃的，家里一天也就吃两顿饭。晚上回家做饭，现在大多数时候是他做，妈妈喂猪食，爸爸闲着。吃完晚饭后，罗成喜欢去堂哥家串门，堂哥比他大4岁，有时候他会在家看电视。以前上学的时候，饭妈妈做得比较多，现在自己不上学了，罗成做饭做得比较多，但是还是没有妈妈做得好吃。现在不上学，家里的衣服大多数都是他洗（包括爸爸妈妈的衣服），只有他忙的时候是妈妈洗。他说现在他生活得开心，但与读书时候相比，读书时候更好，更开心。他现在会经常怀念过去，怀念读书的时候，每每想起都会很难过。难过的时候，心情不好的时候，就去串门跟伙伴们玩，也会喝闷酒，能喝1斤，酒喝了就不会那么难过，会稍微好过点。心情不好的时候他还会听歌。但他不会跟朋友说，也不会告诉爸爸妈妈和亲戚，因为不好意思说。他有三个特别好的朋友，都是南美村的，有一个跟他从小玩到大，上学也是一个班的，也是同时不上学的，现在也经常和他们一起玩。

案例 2-36：放假回家照看奶奶的留守儿童

铭峰，16 岁，刚刚初中毕业。父母在广东打工，每年只有过年时才回来一次。前几年，父母曾把铭峰带到打工地生活，但是铭峰水土不服，父母不得不将其留在家里与外公外婆一起生活。因为父母从铭峰很小的时候就不在他身边，所以他已经习惯了没有父母在身边的生活，养成了独立生活的习惯，平时也不太想他们。外婆因为食道癌做过手术，手术结束后基本上什么事情都没法做，也无法正常吃东西，只能吃流食。外公身体也不好，只能做一些简单的家务。铭峰从学校回来就一直在家里照顾外公外婆，给外公外婆洗衣服、做饭等，平时是寸步不离地跟在外婆身边，以免外婆发生什么意外。

从性别视角看连片特困地区农村儿童干家务的情况，我们可以发现"每天干"和"经常干"家务的女童分别为 4.9% 和 42.0%，男童分别为 7.1% 和 30.7%，"经常干"家务的女童比例要高于男童。"很少干"和"从来不干"家务的男童比例为 21.4%，比女童的比例 20.5% 高出约 1.0%。这也说明女童的家务负担要重于男童。中国传统的"男主外，女主内"的性别分工模式把女性定位在"家务操持者"的角色上，在农村家庭中，这种模式也过早地传递给了儿童。[①]

表 2-47 不同性别儿童干家务情况

			每天干	经常干	偶尔干	很少干	从来不
性别	男	频数	23	99	131	51	18
		性别中的百分比（%）	7.1	30.7	40.7	15.8	5.6
	女	频数	11	94	73	30	16
		性别中的百分比（%）	4.9	42.0	32.6	13.4	7.1

---

① 叶敬忠、潘璐：《别样童年——中国农村留守儿童》，北京：社会科学文献出版社，2008，第 100 页。

续表

		每天干	经常干	偶尔干	很少干	从来不
合计	频数	34	193	204	81	34
	总数的百分比（%）	6.2	35.3	37.4	14.8	6.2

案例2-37：妈妈离家出走的女孩帮奶奶干家务，男孩则和爷爷放羊

甘肃山区山大沟深，土壤贫瘠，农民生活较为窘迫。在这里经常可以遇到因为家庭贫困，儿媳妇离家出走的情况，我们进入山村遇到的第一户人家就是这种情况。这户人家有五口人，爷爷、奶奶、爸爸、两个孩子（一男一女）。姐姐，16岁，现在上初中，弟弟，15岁，和姐姐在同一所中学读书。几年前，妈妈因为家庭贫困而离家出走，再也没回来过。家中的担子全部压在爸爸身上，为了维持家庭生活，爸爸经常外出打工。奶奶患有风湿，腿脚不方便，不能干重活，只能在家里干一些轻便的家务。爷爷身体还算可以，拉驴驮水、放羊、种地等都是爷爷负责。姐弟两个在家里时，姐姐每天都帮奶奶打理家务，洗衣服、做饭、整理窑洞，样样都行。现在因为脸上长痘，姐姐也不得不自己熬药喝。弟弟在家时不会干家务，爷爷奶奶也不说他，但是让他和爷爷去放羊、种地，如果不去爷爷就会说他。姐姐说妈妈在家时家务都是妈妈做，爸爸在家里和爷爷种完地，就外出打工。现在妈妈不在家里，爸爸不能到外面打工了，只能在附近找一些活干。姐姐说从妈妈走后，她和弟弟放假回家也会帮着干家务和农活。

2. 儿童干农活情况

研究发现，连片特困地区农村儿童干农活的比例比较高，如表2-48所示，7岁以上学龄儿童"每天干""经常干""偶尔干"

农活的比例分别为 2.7%、22.5%、37.2%。"很少干"和"从来不干"农活的比例分别为 21.1% 和 16.5%。在干农活方面,10 岁以上学龄儿童干农活的比例要明显高于 7—9 岁儿童。

表 2-48 各年龄段儿童干农活情况

			干农活				
			每天干	经常干	偶尔干	很少干	从来不
年龄段	7—9岁	频数	4	43	60	46	56
		年龄段中的百分比(%)	1.9	20.6	28.7	22.0	26.8
	10—16岁	频数	11	80	143	69	34
		年龄段中的百分比(%)	3.3	23.7	42.4	20.5	10.1
合计		频数	15	123	203	115	90
		总数的百分比(%)	2.7	22.5	37.2	21.1	16.5

相比家务来说,适合儿童干的农活较少,所以儿童参与农活的程度相对较低。但是农村儿童也是农业生产中的重要劳动力,他们所干的农活是农业生产过程中的重要一环。他们所能做的是浇水、施肥、锄草、打药、种烟、种菜、放羊等力所能及的事情。一般情况下,农村儿童所承担的农活负担较轻,但是在贫困、劳动力不足等家庭中生活的儿童农活负担较重。更有甚者,一些家庭条件较差,或者自己不愿意读书的儿童,他们直接选择辍学回家跟着父母务农,延续父母的生活方式,并成为家里的主要劳动力。

案例 2-38:拉祜族 15 岁少年罗成辍学在家务农

罗成,15 岁,家里就他一个孩子,因家里条件较差,父母不想让他继续读书,于是他就辍学在家干农活。家里有 3 亩地,种烤烟、油菜。2012 年他家种烤烟卖了 5000 元,因为技术不过关种得不好。他们家开始种烤烟不久,前面几年都是把地租给别人种的。家里还种菜,种了一亩菜,都是白菜,一年种两季。他什么农活都干,什么农活都会干,能种烤烟、油菜,也会烤烟叶。罗成辍学回家后,家里的农活基本上能够做得过来,劳动力基本够了。

案例 2-39:拉祜族,罗文成,15 岁,辍学在家务农

文成和村里大部分儿童一样,辍学在家务农。现在文成每天 10 点起床,起床以后烧水,然后就和哥哥一起切猪食、煮猪食。农忙的时候他会出去干活,不忙的时候就在家玩。现在放牛、喂牛都是文成的任务,一般哥哥不怎么去,只是偶尔去一次。在家里,哥哥干重活多一点,文成和哥哥干的活一样多,文成一般负责种烟、种油菜、收菜等,现在文成会做家里所有的农活。在农忙的时候,全家一起行动,一般 7 点就起床,吃完早饭后一起去干活,从 8 点到下午五六点一直在干活,带米饭和咸菜到田里,一天吃两顿饭。文成没有想过出去打工,只是想再在家干几年农活,养几头牛,娶媳妇。

从性别视角来看,男童干农活的比例明显高于女童。如表 2-49 所示,"每天干""经常干""偶尔干"农活的男童比例分别为 3.7%、22.7%、38.0%,而女童比例分别为 1.3%、22.3%、36.2%。这进一步说明农村"男主外,女主内"的性别分工传递给了儿童。

表 2-49 不同性别儿童干农活情况

性别			干农活				
			每天干	经常干	偶尔干	很少干	从来不
性别	男	频数	12	73	122	63	51
		性别中的百分比(%)	3.7	22.7	38.0	19.6	15.9
	女	频数	3	50	81	51	39
		性别中的百分比(%)	1.3	22.3	36.2	22.8	17.4
合计		频数	15	123	203	114	90
		总数的百分比(%)	2.8	22.6	37.2	20.9	16.5

3. 童工：贫困儿童外出务工

干家务、干农活是农村儿童生活中的一部分。适量的家务和农活劳动，既能够锻炼农村儿童的身体素质，也能够培养他们的责任心和动手能力。但是在连片特困地区，一些贫困家庭儿童则会过早地承担家庭的生计重担。在宁夏、甘肃、江西、广西、陕西、云南等地的贫困山区调研时，我们发现学龄儿童暑假外出打工或者辍学打工的现象较为普遍。

虽然政府部门并没有关于中国童工的统计数据，但是有学者指出，中国每年有几百万的失学儿童构成童工潜在的后备军。[①] 卢德平、刘湲则根据教育部 2005 年初中辍学率为 2.62% 推断"每年有将近 300 万辍学青少年准备进入劳动力市场。这一辍学群体中，有相当大比例的儿童正在成为或即将成为童工"[②]。通过学者们的推断和调查，我们能够感受到中国童工规模之大。

关于童工产生的原因，学者们认为贫困、较低的教育回报率、企业削减成本的动机、贫困地区儿童外出打工文化以及监护人的期望等多种原因导致童工现象的产生。[③] 在调查中，我们也发现家庭贫困、对学习不感兴趣、对学校的教学质量和毕业后自己的未来感到失望等因素导致儿童外出务工，其中，家庭贫困是最主要的原因。

在连片特困地区农村，一些年龄较大的贫困儿童为减轻家里负担利用暑假外出务工。

案例 2-40：因家里急需钱用，和爷爷相依为命的 15 岁孤儿外出打工

赵爷爷儿子去世，儿媳改嫁，留下一个孙子与他相依为

---

① 尹明明、鲁运庚：《童工现象分析》，《人口与经济》2004 年第 5 期，第 42 页。
② 卢德平、刘湲：《中国童工问题研究》，《中国青年研究》2010 年第 9 期，第 49 页。
③ 卢德平、刘湲：《中国童工问题研究》，《中国青年研究》2010 年第 9 期，第 50 页。

命。孙子今年15岁，正在读初中。家中收入来源主要是政策补贴：爷爷每年660元的养老金和孙子每年1100元的低保救助金。家中的主要支出是：孙子上学的费用、老人平时吃药的费用。孙子每学期向学校交报名费400多元，每个月交240元钱的伙食费，除此之外买衣服、鞋子之类的还要花很多钱。家中现在欠着村医务室的医疗费用700元钱。赵爷爷平时不舍得花钱，留着钱给孙子花，孙子也非常孝顺，不乱花钱。因家里急需钱，孙子暑假跟随别人外出打工。爷爷说孙子这次外出打工是孙子自己提出来的，爷爷也想让他出去，因为家里实在是没有钱了。爷爷很担心孙子，因为这是孙子第一次外出打工。虽然之前，孙子也曾在附近找工作，但是毕竟是15岁的孩子，还是一脸的稚气，所以用工的人都不愿意雇他，说他还是孩子，不敢用。这次他和姐姐去了福建，那边的工作机会多一些。

案例2-41：想见世面的贫困家庭儿童暑假外出打工

马俊，现在在西吉三中上学，暑假放假出去打工了，爷爷奶奶还有二叔都不想让他出去打工，害怕他在外面被带坏了，但他不听，坚持跟村里面的伙伴一起外出打工，因为他想见一下世面，出去玩玩。男孩子长大了，有自己的想法，爷爷奶奶也没办法。

因为家庭贫困辍学打工，主动承担起家里的生活负担。

案例2-42：15岁辍学打工的孤儿桂楠

11岁时，桂楠成为孤儿。在家读书时，桂楠和爷爷奶奶在一起生活，爷爷奶奶身体都不好，只能干点轻便的农活。为了维持家里的生活，14岁时，桂楠辍学外出打工。现在桂楠在西安一家发廊学理发，现在虽然工资不高，但是多少能够给家里一点接济。

案例 2-43：辍学打工的单亲儿童

思麒，15 岁，初中毕业，父亲在 2009 年去世，现在和弟弟跟母亲一起生活。家中收入主要是母亲在砖厂打工和兄弟两人的低保救助金。因为前些年给父亲治病，家中现在还欠着外债。家中的收入只能负担基本生活费用和兄弟两人的上学费用，根本无力偿还外债。所以初中毕业后，思麒就不再读书了。虽然母亲特别希望思麒继续读书，至少读完高中。但因为家中实在困难，思麒还是跟着自己的堂哥去杭州打工了，以增加家中的收入来源，减轻母亲的负担。

因为家庭贫困且不喜欢读书，跟随家人或者朋友外出打工。

案例 2-44：因父母残疾、家庭贫困且对学习不感兴趣而辍学打工的小平

小平直到 9 岁那年才开始念一年级，到了五年级上半学期她就辍学了。"辍学有两个原因，第一是自己对学习没有兴趣，第二是因为家里没钱，不过主要原因还是家里没钱。每天放学回家根本没有时间做作业，我的父母都有残疾，家里洗衣做饭，所有的活都是我来干。早点出去打工就早点开始混日子吧。"小平将自己辍学的原因轻描淡写地道来，似乎已经经历了风风雨雨。14 岁那年，小平的父母经人介绍，带着小平到福建一家服装厂打工。

"你 14 岁就出去打工，应该属于童工，厂家会收你？"

"开始服装厂的老板确实不愿意收我，说我年龄太小。后来厂长知道我爸爸妈妈都有残疾，觉得我们家太可怜，就把我们 4 个人全招到厂里了，但是不算厂里的正式职工。"然而，哪怕不是正式职工，找到工作这件事也让小平内心十分喜悦，因为她第一次获得一份工作，她终于有能力挣钱了。在厂里，她的爸爸当门卫室传达员，她和姐姐在车间的流水线工作,她的妈妈则在宿舍里洗衣做饭。

"工作以后有人来检查过吗?"

"有啊,几乎是每周一次。每次有人来检查,我就跑到宿舍里冒充是跟着父母上学的孩子。还有一次,来了一个日本人检查我们厂房呢!"

刚开始的时候,小平在工厂里只能拿到300元/月的工资。服装厂实行计件工资,没有底薪,做多少就拿多少。"一开始,我是负责缝标签的,1分钱1条线。有时候厂长看我可怜,就多给我一点。后来,我对厂里的其他业务也熟悉了,就被分配去做锁边。锁边1毛1件,一个月可以获得1200元的工资!"这1200元在常人看来可能并不多,但是对于小平来说却意义非凡,因为这意味着她不仅可以养活自己,还可以负担父母的一部分生活费用了。

案例2-45:和同学逃学外出务工的孤儿

治军,14岁,初一上学期十一放假回家跟奶奶说学校要补课,需要每人缴纳150元钱,于是奶奶就给了他150元,于是治军偷偷地拿着钱和同学去银川打工了。其间,奶奶去找过他,让他回来继续上学,但是治军已经不想读书了,所以就继续留在银川打工。(据了解,因为当地主要的收入来源是外出务工,很多年轻人早早地就在外面打工,所以当地男孩子在上初中时和同学一起结伴逃跑出去打工的现象很普遍,甚至有些孩子出去打工后就没能够回来,例如落入了传销组织等。据老人说外面的世界很精彩,孩子为了赚钱就逃跑了。)

因为对学校的教学质量和毕业后自己的未来感到失望,一些连片特困地区农村儿童提前结束学业,进入劳动力市场。

案例2-46:16岁就开始外出打工的小贺

小贺今年18岁,但是已经打工2年多了。小贺上过高职,但是没多长时间就辍学打工。关于辍学打工的原因，小贺自己总结了一下。第一，当地学校缺乏学习氛围。由于小贺上的是职业学校，身边的同学多是一些知识基础薄弱，又无心学习的同学，在这样的环境下，即便想要认真学习，有时也会力不从心。第二，老师不负责任，教学水平差。第三，家庭经济条件较差。小贺出生于农村，而且他家还是在全县最贫穷的乡镇。高额的学费和生活费也让他不得不考虑辍学。第四，对毕业之后可能的就业情况不满意。小贺认为即使读完高职，也不一定能找到好工作，还不如提早辍学打工赚钱。

童工的产生是由多种原因造成的，其中贫困是最主要的原因，但是解决童工问题不仅仅要帮助贫困家庭脱离贫困，更重要的是要加大在贫困地区的教育投入，让贫困儿童能够获得更多的教育资源和教育机会，促进儿童成长与发展。只有这样才能够打破贫困的代际传递，真正从源头上消除贫困。

二 贫困儿童基本生活救助政策：
国际做法与国内实践

缓解儿童贫困不仅是打破贫困代际传递的关键环节，也是实现社会发展公平、公正的主要内容。儿童贫困的缓解首先需要从满足儿童基本生活需求入手。世界各国在贫困儿童基本生活救助方面都采取了相应的措施，以保障儿童基本生存权利。近年来，我国对儿童贫困问题的关注也越来越多，尤其是要把农村儿童贫困纳入国家的农村扶贫纲领。与此同时，我国在贫困地区贫困儿童基本生活救助方面也投入了大量的政策资源。儿童基本生活的救助与保障不仅仅需要完善的政策体系，更需要将政策资源顺利地传递到需求者手中。梳理国内外贫困儿童基本生活的救助措施，发现政策实施中存在的问题，为完善救助政策体系、保障儿童的基本生活权利，寻求突破口。

（一）贫困儿童基本生活救助：国际做法

1. 美国贫困儿童基本生活救助

美国在贫困儿童基本生活救助方面采取了多种措施，针对不同年龄段、不同困境家庭的儿童提供不同的基本生活救助与保障措施。

第一，食品券项目。美国针对低收入家庭实施食品券项目，该项目是根据1964年《食品券法案》创设的，旨在为低收入家庭发放购物券用于购买商品。与其类似的还有"全国午餐计划"（NSLP）、"全国学校早餐计划"（NSBP）和"暑期食品服务计划"（SFSP）。这些针对学龄儿童的营养计划旨在帮助各州"在一个适当的支出成本上为所有儿童提供足够的营养食品"。

第二，贫困家庭的临时援助项目。美国联邦政府为低收入家庭中的儿童提供经济资助项目，这主要是通过对贫困家庭的临时援助项目实施的。该项目是根据1996年的《个人责任和工作机会法案》创设的，由联邦拨款，对低收入家庭提供经济资助，只有家庭中有儿童或者怀孕的妇女才能得到该项目的资助。

第三，家庭援助计划（AFDC）。AFDC的前身是1935年美国社会保障法建立时所确立的"失依儿童补助"（ADC），该计划旨在帮助"父母一方丧失劳动能力、死亡、长期离家出走或失业家庭"里的孩子。这种资助虽然使贫困家庭的名义收入有所增长，但可支配收入实际只有很微薄的增长，即福利经济学中所定义的"贫困高原"现象，使贫困家庭陷入"贫困陷阱"。

第四，对贫穷家庭临时补助计划。由于AFDC并没有从根本上使得美国贫困家庭摆脱贫穷，为了改变这种情形，美国于1997年7月1日开始实施对贫穷家庭临时补助计划（Temporary Assistance for Needy Families，简称TANF），以替代1935年以来一直实施的AFDC和始于1988年的工作机会和基本技能训练法案（*Job Oppor-*

tunities and Basic Skills Training，简称 JOBS）。根据 TANF，受益者（少数例外）一旦条件成熟必须工作，条件不成熟在接受福利之后的 2 年内也必须工作，单亲监护人每周至少参加工作 3 小时，双亲家庭每周必须参加工作 35 小时或 55 小时。TANF 这一新的举措在一定程度上减轻了贫困儿童家庭的经济压力，但也正是由于这种资助，这些儿童被归为家庭情况特殊的一类群体，从而受到他们所生活的周围环境的排斥，无法获得其他儿童所能获得的诸如赞赏、祝福等能够帮助儿童形成自我认同感的言语鼓励和行动支持，容易使他们心理上形成创伤，最终导致这些儿童身心发展受阻。另外，TANF 还刺激了低收入单身母亲的工作需求，迫使她们不得不去工作，力图从根本上解决儿童贫困的问题。

第五，美国政府通过多种方式为贫困家庭父母提供援助。帮助父母就是帮助孩子，美国政府采取了以下措施对贫困儿童的父母进行援助。第一，将提高最低薪资待遇、调整税收制度和增加福利待遇三方面结合起来，从而增加父母的收入，减轻家庭经济负担。第二，提供工作机会与基本技巧补贴，该津贴仅提供给"面临着只有依靠福利才能生存而无福利已无法负担儿童抚育问题"的家庭。

第六，针对孤儿和事实无人抚养的贫困儿童的遗属津贴。美国没有普惠制的儿童津贴，美国对孤儿和事实无人抚养儿童的社会保障福利制度，主要是提供遗属津贴。津贴的水平根据家庭中被抚养的儿童数量而确定。像美国这样的国家，还有奥地利、德国、意大利、荷兰和西班牙等，没有普惠制的儿童津贴，也没有国家提供的对孤儿的现金救助，主要依靠社会保险的遗属津贴来帮助孤儿和事实无人抚养儿童。而在冰岛和挪威等北欧国家，有两种孤儿救助制度：既有国家提供的统一待遇水平的福利，又有和死亡监护人收入挂钩的遗属福利。多数遗属津贴制度在支付待遇的时候，区分"单孤"和"双孤"。美国在 20 世纪 90 年代进行了两项重要的儿童福利制度改革——贫困儿童救助制度改革和儿童虐待防治与家庭收养制度改革,它们分别代表美国在贫困儿童救助和危难儿童服务两个领域的改革,被视为美国儿童福利制度的根本转变。

2. 英国贫困儿童的基本生活救助

英国是典型的福利国家,其在贫困儿童救助方面的政策与措施也颇具代表性。20世纪英国针对贫困儿童救助出台了《妇女儿童福利法案》《家庭补助法》等法案,以保障贫困儿童的基本生活。英国救助儿童会是主要从事贫困儿童救助工作的机构,与社区、地方政府部门、中央政府部门合作开展贫困儿童救助工作。在贫困儿童基本生活救助方面,英国采取的措施主要有以下几点。

第一,儿童津贴。英国为国内儿童提供普惠制的儿童津贴。对事实无人抚养儿童,英国在提供普惠制儿童津贴的基础上,再提供监护者津贴,最大的孩子每周20英镑,其他每个孩子每周13.20英镑。获得资格时未满16周岁,或者满16周岁但在接受相关培训的儿童的津贴包括普及的家庭津贴与低收入家庭儿童的家庭所得补助两种。凡居住在英国境内的国民,家中有两个以上未成年子女者,自第二个子女起,开始领取儿童津贴;凡有专任工作的男性、寡妇、离婚者、被遗弃的妻子或未婚妈妈,其子女未满16岁或为19岁以下的学生,经调查符合低收入资格者,即可获得家庭所得补助。另外,父母离婚或父亲死亡的儿童,还可领取特别津贴。英国还和其他很多国家签有社保协议,这些国家包括新西兰、爱尔兰、土耳其、美国等。

第二,家庭寄养。20世纪70年代英国和美国最早出现家庭寄养模式照料儿童,70年代,英国的孤残儿童70%在福利机构,30%进入家庭;80年代,这个数字正好倒过来,家庭寄养模式在80年代有了重大发展。

第三,英国救助儿童会的主要工作。英国救助儿童会的合作对象主要集中在基层政府、相关民间协会或专业机构、流浪儿童的父母等,工作方法主要是开展早期预防,加强对问题儿童和失学儿童的劝说与教育，采取的措施是对他们提供直接帮助。如一些脱离家庭的孩子由于没有相关的证明文件而被隔离在主流社会之外，享受不到社会福利体制的支持与照顾，有项目的社区则向那些因种种原因流浪街头的孩子开放，欢迎他们来救助机构寻求帮助。通过社区掌握和了解情况，反馈有用信息，帮助他们查明身份，提供证明，协助他们进入主流社会学校就读。与郡级政府部门合作的目的是通过帮助政府完善政策，使儿童的权利真正得以实现。在议会通过法案后，中央政府将法案发给地方政府的各部门、机构，以此为据在各自职责范围内开展工作。而 NGO 则通过参与政府制定相关政策将不同部门之间的工作有效地协调起来，保证政策的连贯性。因为各类救助机构有丰富的实际经验，议会在讨论法案前，先将草案交予地方政府有关部门和机构进行广泛磋商，吸收其积极建议和合理意见，使政策更有针对性和实用性。政府有关部门则对各组织机构的执行能力进行评估，入选的组织机构则可能在政府有关部门拟定的期望目标下，获得在指定领域的资金支持。

3. 日本针对贫困儿童的生活救助与保护

从 1871 年至 1941 年，日本政府针对贫困儿童救助制定的儿童法规有《儿童保护法案》和《儿童扶助法案》，保护产妇、寡妇、婴儿、孤儿、弃婴、失学儿童、贫困儿童、问题儿童、流浪儿童、低能残障儿童等群体的各项权益。真正意义上的日本儿童社会福利保障制度是在二战以后形成和确立起来的，以儿童"救助"为重心的"补缺型"儿童福利政策正式立法并在全国实行。从比较社会福利的角度看，日本是补救性的福利制度。日本的福利制度包括两个部分：和缴费联系的社会保险项目以及与收入和财产调查相联系的社会救助项目。对儿童家庭提供收入保障，属于社会救助类的儿童福利系统，这项制度自 2010 年以来经历了比较大的变化。

二战之后，日本儿童福利的基本原则是政府向生活贫困的家庭和儿童提供最低生活标准援助，帮助他们自立。因此，生活保护又称为"国家扶助",当需要资助者本人、其法定监护人或居住在相同地点的亲属提交申请后,可启动这一资助项目。执行机构是福利事务所,负责管理日常生活资助项目,由持有资格证书的"社会福利主事"具体负责实施。提供资助包括食品衣物和日常生活用品资助、教育资助、住房资助、医疗检查及药品资助、长期看护资助等。但仍然拘泥于救贫、扶贫的框架,仍然是以"补缺型""援助性"的儿童福利政策为主。二战后的儿童福利制度主要着眼点为妥善安置众多的破碎家庭、战争孤儿和被遣送回国的战俘,政府颁布了"战祸孤儿等保护对策纲领"、《生活保护法》以及关于儿童福利的第一部基本法《儿童福利法》等一系列以扶贫、救贫为目的的儿童福利保障制度,创设了社会福利法人和社会福利事务所救济贫困的家庭和儿童,为其提供最低生活标准援助。其时的《儿童福利法》甚至规定,只要是孤儿,不问国籍,全部由政府收养,保证其完成高中教育。然而,随着日本经济高速增长以及社会文明逐步发展,国民生活水平发生了翻天覆地的变化,人们不再满足于单纯的战后"救济型"儿童福利保障体系。

日本于二战之后颁布的其他具体儿童规定和法令如下。1946年,《生活保护法》和《实施流浪儿童与其他儿童保护等紧急措施》。1947年,第一部基本法《儿童福利法》,"儿童"的定义为18周岁以下的孩子,规定只要是孤儿,不问国籍,全部由政府负责其成长需要,保证其完成高中教育。1951年,《儿童宪章》。1961年,《儿童抚养津贴法》。1964年,《母子福利法》。1971年,《儿童津贴法》。1973年为日本的福利元年,颁布了一系列法案。1974年,颁布《支付特别儿童抚养津贴》,同年实施《障碍儿保育》等,扩充特殊教育及障碍儿的保育政策。1998年6月日本中央社会福利审议会、社会福利结构改革分会向社会援助局和日本公众提出了《有关社会福利基础结构变革》的总结报告,该报告明确指出并阐述了这场变革的必然性、必要性和变革的理念及方向。现在需要面对所有家庭和儿童的发展,创造有利于儿童身心成长的良好社会环境、教育环境,提供给儿童更多个人发展的机会。因此,实行"普惠型"的儿童福利政策,成为儿童福利制度改革的战略和施策重点。

4. 部分其他国家的相关政策

第一,瑞典。在瑞典,凡年龄未满 16 岁(学生 19 岁)的儿童均可领取家庭津贴,全部经费由政府支付,与保险无关,也不必经过家计调查。由于有普惠制的儿童福利制度,国家在抚养儿童中承担了大部分经济责任,家庭得到充分的支持。儿童在失去单亲的时候,家庭已经得到支持。真正失去双亲、无人抚养的儿童极少,这样的儿童需要经过法庭确定监护人,正式进入国家监护。因父母分居或者病逝而生活困难的儿童,国家每月提供一定补助。未满 16 岁的未成年人无须经过家计调查就可领取未成年人津贴,金额随物价上涨进行调整,经费完全由政府负担。津贴由四个部分组成:普通津贴(针对 16 岁以下的儿童)、扩展津贴(16—18 岁的中学生)、附加津贴(三个以上子女的家庭)、学生补助(高中生)。除学生补助一年发 9 个月以外,其他均是逐月发放。因父母分居或病逝而生活困难的未成年人,国家每月提供一定补助。单亲家庭的孩子,每月由地方社会保险署付给监护方父(母)生活补贴,这些补贴由不具有监护权的一方根据其工资付给社会保险署。如果未成年人的父母一方或双方去世,可以得到儿童年金,并且仍有权享受其他津贴待遇。抚养残疾未成年人的父母可以得到政府的补贴,用于照顾孩子,这种补贴与孩子的需要相关,最高额度为每年基本生活费用的 2.5 倍。

第二,俄罗斯。俄罗斯以儿童为政策设计对象的福利项目繁多,旨在为儿童提供最大限度的保护,避免儿童陷入贫困。在生活救助方面,俄罗斯为儿童设置各项补贴,如有子女家庭的社会救助款项、多子女家庭补助、儿童月抚养津贴、3 岁以下儿童家庭的食品补贴、新生儿可免费领取牛奶等儿童食品,等等。俄罗斯的儿童补助金颇具特色,补助金额同最低工资相联系,并可以根据不同年龄段儿童的需求做出调整。2003—2006 年,联邦政府共投入 277 亿卢布用以改善孤儿、贫困家庭儿童和残疾儿童的生活水平和健康状况,超过 400 万的困难儿童从中受益。

第三,澳大利亚。澳大利亚于 1973 年 9 月 26 日通过并开始实施双孤年金制度,用于补贴孤儿的生活费。双孤年金由儿童抚养人申请,抚养人必须是澳大利亚或新西兰公民和永久居民,以及孤儿和事实无人抚养儿童的抚养者。申领条件为:被抚养儿童是 16 岁以下的未成年人,或者年龄在 16—25 岁的全日制学生,未参加工作,也未领取青年津贴。

5. 小结

通过对上述国家贫困儿童基本生活救助政策与措施的简要分析,我们发现各国在保障儿童基本生活方面的共同特点有:一是分类救助,即针对不同年龄和不同家庭结构类型的贫困儿童采取不同的救助措施;二是扶持家庭,即对儿童家庭进行扶持,保障儿童拥有一个良好的家庭生活条件。英国、日本等国家关于儿童生活救助的立法也值得我们学习和借鉴,通过立法保证贫困儿童的基本生活能够得到及时的救助与保障。

(二) 国内贫困儿童基本生活救助制度

中国在贫困儿童基本生活救助方面也采取了一系列措施。目前我国贫困人口主要集中在农村,因此,在此部分主要针对农村儿童基本生活救助方面的政策措施进行梳理。在农村贫困儿童基本生活状况保障方面,农村居民最低生活保障制度是贫困儿童基本生活保障方面的基础性制度安排,除了对低保家庭儿童进行救助之外,还将符合条件的孤儿、受艾滋病影响儿童等纳入保障范围。农村五保供养制度与孤儿基本生活保障制度对孤儿的生活保障做了专门的规定。受艾滋病影响儿童的生活保障方面,政府也出台了相关规定。同时,我国政府推行的营养改善计划也为贫困地区义务教育阶段的在校学生提供了一定的营养保障。在此方面的救助政策主要包括：农村居民最低生活保障制度、孤儿救助制度与孤儿基本生活保障制度、受艾滋病影响儿童救助制度与受艾滋病病毒感染儿童基本生活保障制度。

1. 农村居民最低生活保障制度

2007年农村居民最低生活保障制度在全国范围内实施。农村居民最低生活保障制度旨在稳定、持久、有效地解决农村贫困人口的基本温饱问题，是社会保障体系中的最低层次的"安全网"。对于贫困儿童群体来说，农村居民最低生活保障制度是基本生活保障的基础性制度安排。

从保障对象方面来看，农村居民最低生活保障对象是家庭年人均纯收入低于当地最低生活保障标准的农村居民，主要是由病残、年老体弱、丧失劳动能力以及生存条件恶劣等原因造成生活常年困难的农村居民。在具体的实施过程中，农村居民最低生活保障制度主要以家庭收入、家庭财产为标准，确定具体的保障对象，所覆盖的对象范围在不同的地区存在差异。就儿童群体来讲，农村居民最低生活保障所能覆盖的贫困儿童范围主要包括：贫困家庭儿童、符合条件的孤儿和受艾滋病影响的儿童等。

从保障标准来看，农村居民最低生活保障标准由县级以上地方人民政府按照能够维持当地农村居民全年基本生活所必需的吃饭、穿衣、用水、用电等费用确定。农村最低生活保障标准随着当地生活必需品价格变化和人民生活水平提高适时进行调整。各地根据当地经济发展水平、财政承受能力和农民的实际生活水平，本着"低标准起步"的原则制定当地的保障标准。这也决定了在不同的地区、不同的时期，农村居民最低生活保障制度补助标准的差异性（见表2-50）。

从资金供应方面来看，农村居民最低生活保障资金供应模式为需求导向型。农村低保资金以地方筹集为主，地方各级人民政府部门根据保障对象人数，将低保资金需求列入预算。中央财政对中西部财政困难地区和老工业基地给予适当补助。在具体实施过程中，部分地区乡村集体也根据自身的经济水平承担一定的筹资责任。①低保补助水平根据差额方式确定，因为各地保障标准与经济水平的差异性，各地实际下发的补助水平也存在较大差异（见表2-50）。

从政策主体来看，政府是政策运行的组织者和资源提供者，基层乡村组织是政策实施的协助者。民政部门是推行最低生活保障制度的主要职能机构。中央民政部负责全国范围内的农村最低生活保障制度的建立与实施，以及协调各部门之间的工作；地方各级民政部门则按照上级政策规定，制定适合当地的相关政策，并调动各方资源，协调各方行动；基层政府部门则负责具体执行。各级财政部门负责低保资金的管理与使用。各级扶贫部门则负责协调低保制度与开发式扶贫方针的衔接。

农村居民最低生活保障制度自实施以来，在保障贫困儿童基本生活保障方面发挥了重要的作用，并取得了显著的成效。据民政部公布的数据，到2012年12月，全国被纳入农村低保的儿童约有640万，全国低保平均标准为2067.8元/人/年，全国平均低保补助水平为109.2元/人/月。② 也就是说，低保儿童平均每月可以领到109.2元的最低生活保障金（见表2-50）。

表2-50　2012年12月全国农村最低生活保障标准与支出水平

地区	农村低保平均标准（元/人/年）	农村低保平均支出水平（元/人/月）	地区	农村低保平均标准（元/人/年）	农村低保平均支出水平（元/人/月）
全国	2067.8	109.2	河南	1414.0	96.63
北京	5119.4	319.96	湖北	1587.9	83.48
天津	4442.0	205.31	湖南	1731.3	105.26

---

① 符华平、顾海：《我国农村最低生活保障制度的现状、问题与对策》，《南京社会科学》2009年第1期，第101页。
② 民政部：《民政部：2012年四季度各省社会服务统计数据》。

续表

地区	农村低保平均标准（元/人/年）	农村低保平均支出水平（元/人/月）	地区	农村低保平均标准（元/人/年）	农村低保平均支出水平（元/人/月）
河北	1847.0	111.01	广东	2645.6	117.18
山西	1756.0	110.7	广西	1375.2	88.2
内蒙古	2906.3	176.97	海南	2840.0	144.66
辽宁	2484.8	135.83	重庆	2202.6	132
吉林	1730.2	109.87	四川	1575.8	91.31
黑龙江	1887.9	102.38	贵州	1626.9	90.92
上海	5160.0	211.9	云南	1676.2	98.62
江苏	4240.7	172.6	西藏	1600.0	86.67
浙江	3973.4	241.64	陕西	2007.7	122.2
安徽	2144.6	123.44	甘肃	1597.3	83.61
福建	2099.1	122.62	青海	1990.3	124.66
江西	2072.5	103.88	宁夏	1377.2	126.68
山东	2189.5	140.36	新疆	1543.7	113.42

注：数据来源于民政部网站 http://www.mca.gov.cn/article/zwgk/tjsj/，经笔者整理而成。

通过对农村居民最低生活保障制度各要素的简要分析，我们发现贫困儿童是作为贫困家庭成员而成为保障对象，缺乏作为制度保障对象的主体性地位。这也在一定程度上容易将最低生活保障制度在贫困儿童基本生活保障方面的作用忽视。同时，由于我国各地经济社会发展情况的差异性较大，不同省市的最低生活保障标准和补助水平差异较大。

2. 孤儿基本生活保障制度

针对我国孤儿保障体系不健全、孤儿保障水平低等问题，2010年国务院下发《国务院办公厅关于加强孤儿保障工作的意见》，对我国孤儿安置、基本生活、教育、医疗、就业、住房等方面的保障制度做了全面系统的安排。民政部、财政部按照上述意见要求，在

2010年发布《民政部、财政部关于发放孤儿基本生活费的通知》,决定为全国孤儿发放基本生活费,以保障孤儿的基本生活。孤儿基本生活保障制度也被学界称为我国第一个专门针对儿童的福利政策。[①]

从政策主体来看,政府是政策运行的组织者和推动者,乡村组织则是协助者。民政部与财政部制定相关政策,地方各级民政和财政部门按照各地的实际情况制定适合自己的地方性政策。各级民政部门负责政策的实施,并向同级财政部门提出资金需求,财政部门列入财政预算。政策在基层的实施载体则为乡村集体组织或者福利机构(如儿童福利中心等),具体负责受保障孤儿的审核与档案的管理等工作。

孤儿基本生活保障制度的资金供应模式为需求导向型,即民政部门根据本地区孤儿人数和保障标准,向财政部门提出资金需求,财政部门将其列入财政预算。资金的筹集模式为中央和地方财政共同承担,中央根据东部、中部、西部不同地区的发展情况,给予不同比例的补助,如中央财政2010年对东、中、西部地区孤儿分别按照月人均180元、270元、360元的标准予以补助。

孤儿基本生活保障标准则由各地根据当地情况自行制定,并明确保障标准的自然增长机制。而保障资金的发放则是分别按照城乡机构供养与分散供养的不同标准,发放到孤儿个人或监护人个人账户或者福利机构的集体账户中,其中机构集体供养的保障标准高于分散供养的保障标准。因各地实际情况的差异,各地具体的发放标准也存在差异(见表2-51)。

自2010年发布《民政部、财政部关于发放孤儿基本生活费的通知》以来,全国各地也陆续建立了适合当地情况的孤儿基本生活保障制度。中央财政对东、中、西部地区孤儿的补助标准分别从2010年的月人均180元、270元、360元提高到200元、300元、

[①] 尚晓援、王小林:《中国儿童福利前沿(2012)》,北京:社会科学文献出版社,2012,第2页。

400元，提高幅度超过10%，补助资金总额为25亿元，全国共有65.5万名孤儿从中受益。[①] 2012年各省份孤儿基本生活最低保障标准详见表2-51。

表2-51　2012年各省市区孤儿基本生活保障标准汇总

地区	集中供养孤儿保障标准（元/月）	城市分散供养孤儿保障标准（元/月）	农村分散供养孤儿保障标准（元/月）	地区	集中供养孤儿保障标准（元/月）	城市分散供养孤儿保障标准（元/月）	农村分散供养孤儿保障标准（元/月）
北京	1600	1400	1400	湖北	1000	600	600
天津	1440	1440	1440	湖南	1000	600	600
河北	1000	600	600	广东	1000	600	600
山西	1000	600	600	广西	1000	600	600
内蒙古	1060	860	860	海南	600	600	600
辽宁	1000	600	600	重庆	700	600	600
吉林	970	670	670	四川	1000	600	600
黑龙江	1000	600	600	贵州	1000	600	600
上海	1600	1400	1400	云南	1000	600	600
江苏	1000	600	600	西藏	1000	600	600
浙江	1205	723	723	陕西	1000	800	800
安徽	1000	600	600	甘肃	800	600	400
福建	1000	600	600	青海	1000	600	600
江西	1000	700	700	宁夏	1000	700	700
山东	1000	600	600	新疆	900	600	600
河南	1000	600	600				

注：本表为笔者根据《让儿童优先成为国家战略——中国儿童福利政策报告2012》汇总数据整理而成，并对河北、宁夏、江西[②]等省（区）数据进行了更新补充。

[①] 潘跃：《2011年孤儿基本生活补助提高 65.5万名孤儿受益》，http://www.gov.cn/jrzg/2011-07/26/content_1913736.htm。

[②] 戴笑慧、秦海峰：《江西统一城乡孤儿基本生活费标准补助提高到月700元》，http://fashion.xinmin.cn/gd/2013/03/25/19391372.html。

3. 受艾滋病影响儿童基本生活保障

2004年，民政部发布《民政部关于加强对生活困难的艾滋病患者、患者家属和患者遗孤救助工作的通知》，对艾滋病患者及其家属、遗孤等受艾滋病影响群体的救助工作进行了规定。2009年3月，民政部颁布《民政部关于进一步加强受艾滋病影响儿童福利保障工作的意见》，专门对受艾滋病影响儿童的福利与救助工作做了系统安排，以保障其基本的生存、发展权利。2012年，民政部和财政部联合下发《民政部财政部关于发放艾滋病病毒感染儿童基本生活费的通知》，指出向艾滋病病毒感染儿童发放基本生活费，以保障其过上适当水平的生活。同时，受艾滋病影响儿童救助政策与农村居民最低生活保障制度、孤儿救助制度、农村医疗救助制度等多种贫困儿童救助制度相衔接，为受艾滋病影响儿童提供全面的生活保障。

在受艾滋病影响儿童基本生活保障方面，现有政策采取分类救助方式，即对三类不同的受艾滋病影响儿童采取不同的保障措施（见表2-52）。

表2-52 受艾滋病影响儿童救助标准

儿童类型	救助标准
艾滋病致孤儿童	最低养育标准为每人每月600元
艾滋病导致的单亲家庭的儿童	参照艾滋病致孤儿童标准
携带艾滋病病毒或感染艾滋病的儿童	最低每人每月600元，给予适当的营养医疗补贴

注：据2009年民政部《关于进一步加强受艾滋病影响儿童福利保障工作的意见》的相关规定整理而成。

各地也在根据当地的实际情况，对受艾滋病影响儿童进行多种形式的生活救助。如云南自2006年起已经对5808名艾滋病致孤儿童进行了救助，2011年将艾滋病致孤儿童全部纳入了云南孤儿保障制度，对家庭寄养艾滋病致孤儿童补助600元，机构供养的补助 1000 元。此外，云南省为艾滋病致孤儿童每人每月分别发放 120 元和 150 元的生活补助和营养补助。① 2010 年，河南全省共有艾滋病致孤儿童 2891 人，艾滋病导致的单亲家庭未成年子女 5878 人，儿童感染者 2153 人，全省受艾滋病影响的儿童约 4 万。②河南省将艾滋病患者在纳入低保的基础上，每人每月发放定量补助。河南省艾滋病致孤儿童已全部纳入孤儿保障范围，享受散居孤儿最低每人每月 600 元、机构养育孤儿最低每人每月 1000 元的养育标准；因艾滋病导致的单亲家庭未成年子女每人每月享受 200 元的生活救助。③

4. 农村义务教育阶段儿童营养改善计划

针对贫困地区儿童营养不良现象严重、生活条件差等问题，2011 年 11 月 23 日，国务院办公厅发布《国务院办公厅关于实施农村义务教育学生营养改善计划的意见》，决定从 2011 年秋季学期起，由中央财政拨款，在集中连片特困地区启动农村义务教育学生营养改善计划试点工作。这是在社会公益行动"免费午餐"及"希望厨房"等项目的推动下，政府启动的旨在改善贫困地区学龄儿童营养状况与生活条件的制度安排。

农村义务教育阶段儿童营养改善计划涉及的政策主体包括：政府、群众团体、企业、学校、基层自治组织（如村委会）、家庭和其他社会成员等。政府是该计划的主要推动者与资源的提供者，各级政府根据不同的工作内容，推动农村义务教育阶段儿童营养改善计划的顺利实施；群众团体（如共青团、妇联等）则充分发动其他社会力量参与到改善儿童营养状况的行动中，整合社会资

---

① 人民网：《云南艾滋病致孤儿全部被纳入最低生活保障范围》，http://health.people.com.cn/h/2011/1115/c226951-1579289070.html。

② 新华网：《河南：4 万名受艾滋病影响的儿童得到救助》，http://health.zjol.com.cn/05zjhealth/system/2010/01/30/016281503.shtml。

③ 郑州晚报：《河南省艾滋病患者生活补助每月由 20 元提高到 200 元》，http://www.chain.net.cn/zhxw/xwbd/36302.htm。

源并开展政策倡导,呼吁国家关注儿童营养问题;学校和基层组织则是基层政府具体实施政策过程中的主要协助者;企业、家庭和其他社会成员是具体服务的提供者。

农村义务教育阶段儿童营养改善计划针对的群体是贫困地区和家庭经济困难的农村义务教育阶段儿童。具体来讲,该政策中央试点覆盖的区域范围包括六盘山区、秦巴山区、武陵山区、乌蒙山区、滇桂黔石漠化区、滇西边境山区、大兴安岭南麓山区、燕山-太行山区、吕梁山区、大别山区、罗霄山区等区域的连片特困地区和已明确实施特殊政策的西藏、四省藏区、新疆南疆三地州等特殊连片特困地区的农村;保障的群体为上述地区正在接受义务教育的中小学生。中央支持贫困地区、民族地区、边疆地区、革命老区等地区根据各地情况自行开展试点。

农村义务教育阶段儿童营养改善计划的政策资源包括资金、食堂、专业工作人员等。农村义务教育阶段儿童营养改善计划所需资金全部由中央财政支付,专门用于为学生提供营养食品。中央财政在农村义务教育薄弱学校改造计划中专门安排食堂建设资金,对中西部地区农村学校改善就餐条件进行补助,并向国家试点地区适当倾斜。地方人民政府要根据当地实际为农村学校食堂配备合格工作人员并提供待遇和专业培训。

在政策保障标准与规模方面。中央财政每年安排160多亿专项资金,为680个国家试点县的所有农村义务教育学生提供每天3元钱的营养膳食补助,受益学生达到2600多万,占中西部农村学生的近30%。[①] 2012年,政府对贫困家庭寄宿生的补助标准每生每天提高1元,达到每生每天小学4元、全年1000元,初中5元、全年1250元。国家试点地区(680个县)原来就享受"一补"的

---

① 刘延东:《在部署实施全国农村义务教育学生营养改善计划电视电话会议上的讲话》,http://www.moe.gov.cn/publicfiles/business/htmlfiles/moe/s6335/201203/132551.html。

学生，可以同时享受每天3元的营养膳食补助，两项相加，能享受7—8元的补助，基本可以解决中小学生在校膳食问题。中央财政下拨的专项资金用于向学生提供优质食品，不能直接发到学生个人和监护人手中。

农村义务教育阶段儿童营养改善计划的服务传递模式主要是政府购买服务模式。各地根据实际情况，建立适合当地的儿童营养餐供应机制，这主要包括三个方面的内容：营养餐供应模式、供餐内容搭配、食品原料供应机制。就营养餐供应模式而言，主要包括三种：一是学校有食堂的或者可以配备食堂的，实行食堂供餐；二是学校目前没有食堂，可以向具备资质的餐饮企业、单位集体食堂购买供餐服务；三是偏远山区的学校或教学点，由于规模小或其他原因，配备食堂的成本过高，购买供餐服务也不具备条件，可以在有关部门批准的前提下实行个人或家庭托餐。从供餐内容上来看，有的学生寄宿，一日三餐都在学校；有的不寄宿，只是在校吃午餐。各地根据实际情况，可以提供午餐，也可以提供蛋、奶、肉、蔬菜、水果等加餐或课间餐，关键是要合理搭配，保证营养。在食品原料供应机制方面，因各地物产资源不尽相同，各地物流发达程度不尽相同。各地根据实际情况，选择具有一定营养价值的食品原料供应学校。一方面，鼓励食品原料采购本地化，通过集中采购、与农户签订食品原料供应协议等方式，解决学校食堂副食品、蔬菜供应问题；另一方面，鼓励有条件的农村学校适度开展勤工俭学，补充食品原料供应，地方人民政府为学校开展勤工俭学提供土地、经费和技术等支持。

农村义务教育阶段儿童营养改善计划行政组织体系可以从纵向和横向进行分析。从纵向来看，从中央到地方各级政府承担的工作侧重点不同。如中央政府的工作重点为指导，国家有关部门主要负责落实相关政策，总结经验，及时发现问题，完善政策措施；省级政府重在"统筹"，包括统筹制订工作方案和推进计划，统筹规划国家试点和地方试点，统筹安排资金使用，统筹改善就餐条件，统筹做好食品安全管理和指导工作；市级政府重在"协调"，负责指导本地区计划实施工作；县级政府重在"具体实施"，是学生营养改善工作的行动主体和责任主体，具体落实计划实施工作。共青团、妇联等人民团体，居民委员会、村民委员会等有关基层组织，以及企业、基金会、慈善机构也积极参与营养改善工作，在改善就餐条件、创新供餐方式、加强社会监督等方面充分发挥作用。从横向来看，同级政府不同部门各负其责，分工合作。如教育部门牵头负责营养改善计划的组织实施；财政部门主要进行专项资金的落实与管理；农业部门负责食用农产品生产环节的监督检查；工商部门负责供餐企业主体资格的登记和管理；质检部门负责对食品生产企业进行监管，查处生产加工中的质量问题及违法行为；卫生部门负责做好学生营养健康状况的监测评估，对学生营养改善提出指导意见；食品药品监管部门负责学校食堂以及供餐单位、个人食品安全监管，制定不同供餐模式的准入办法，切实做好日常监督检查工作；食品安全议事协调机构的办事机构要加强综合协调。

5. 替代性养护

替代性养护是主要针对孤儿、农村五保儿童、受艾滋病影响儿童等家庭结构不完整或者家庭缺失的儿童所采取的养护制度，在中国主要包括孤儿救助制度、农村五保供养制度和受艾滋病影响儿童救助制度等。

孤儿替代性养护主要是为儿童创造有利于其健康成长的家庭环境或者类似家庭环境，主要包括四种方式：亲属抚养、机构养育、家庭寄养、依法收养。农村五保儿童供养形式主要包括机构集中供养和分散供养。农村五保供养儿童可以自行选择供养形式。集中供养的农村五保供养对象，由农村五保供养服务机构提供供养服务；分散供养的农村五保供养对象，可以由村民委员会提供照料，村民委员会可以委托村民对分散供养的农村五保供养对象提供照料，也可以由农村五保供养服务机构提供有关供养服务。

在艾滋病致孤儿童的替代性养护方面，政府部门则按照"分散抚养为主，集中养育为辅"的原则，尊重儿童意愿，采取家庭收养、家庭寄养、机构集中养育和模拟小家庭养育等多种形式安置艾滋病致孤儿童。

儿童的替代性养护涉及多元政策主体：政府部门、社会服务机构、社会组织、基层自治组织、家庭与亲属网络、专业社会工作者以及其他社会成员。不同主体在儿童替代性养护中承担不同的责任，发挥不同的作用，满足不同类型儿童的多元化需求。如政府作为政策的制定者和推行者，在政策法规的建立、各政策主体间的协调、政策资源提供与整合等方面发挥重要功能；福利机构则为儿童提供机构化的社会服务；社会组织（如共青团、妇联等社会团体和其他民间组织）则可以弥补政府及福利机构的功能缺失，提供非营利性的社会服务；基层自治组织，尤其是乡村集体组织则为孤儿、五保儿童等提供直接的保障与服务；亲属则提供家庭抚养与亲情关爱等物质与精神保障；其他社会成员则为孤儿提供志愿性服务，同时也是孤儿家庭寄养、收养等方面的主要力量。

6. 小结

由上述可知，中国在农村贫困儿童基本生活保障方面做了大量的工作，但是贫困儿童基本生活救助主要是嵌入性的，并没有专门针对儿童的救助制度。2010年颁布孤儿基本生活费制度之后，中国出现了第一个专门针对儿童的救助制度。目前，中国农村贫困儿童基本生活救助方面采取分类救助的办法，但是并没有针对贫困儿童家庭的扶持政策，家庭环境对儿童的健康成长产生重要影响。因此，针对贫困儿童家庭的扶持应该是儿童基本生活救助政策进一步完善的方向。中国贫困儿童救助方面缺少法律保障，目前出台的政策主要是以通知或者条例的形式出现，无法有效地保障贫困儿童的基本生活权利。同时，由于城乡和地区差异，贫困儿童救助水平呈现不均衡状态，贫困地区儿童基本生活救助水平亟须提升。

（三）连片特困地区农村贫困儿童基本生活救助政策实施状况

在制度层面上，贫困儿童基本生活得到较为全面的保障。但是，问卷调查发现，连片特困地区农村儿童监护人对于保障儿童基本生活政策的了解程度存在差异，总体上了解程度很低（见表2-53、表2-54）。

表2-53 监护人对贫困儿童基本生活保障制度了解程度统计表

变量	N	均值	标准差	赋值
农村低保制度的了解程度	785	2.12	0.878	没听说过——0分
孤儿基本生活保障制度的了解程度	784	1.05	0.910	不太了解——1分 了解一些——2分 比较了解——3分
营养餐计划的了解程度	782	1.57	1.146	非常了解——4分

表2-54 监护人对相关制度了解程度

政策		没有听说过	不太了解	了解一些	比较了解	非常了解	合计
农村低保制度	频数	32	126	378	211	38	785
	百分比（%）	4.1	16.1	48.2	26.9	4.8	100
孤儿基本生活保障制度	频数	234	342	150	51	7	784
	百分比（%）	29.8	43.6	19.1	6.5	0.9	100
营养餐计划	频数	160	223	240	110	49	782
	百分比（%）	20.5	28.5	30.6	14.1	6.3	100

受调查儿童享受政策情况（见表2-55）。在受访家庭中，有10.4%的儿童享受到农村最低生活保障制度的救助，1.0%的儿童享受到孤儿基本生活保障制度的救助，28.3%的儿童在学校享受到营养餐计划所带来的福利。

表 2-55 受访家庭中儿童是否享受该政策

政策		是	否	合计
农村低保制度	频数	80	689	769
	百分比（%）	10.4	89.6	100
孤儿基本生活保障制度	频数	8	759	767
	百分比（%）	1.0	99.0	100
营养餐计划	频数	216	548	764
	百分比（%）	28.3	71.7	100

监护人对相关政策实施状况的满意程度存在一定差异，基本上处于"不满意"和"基本满意"之间、"基本满意"和"比较满意"之间的水平（见表 2-56、表 2-57）。

表 2-56 监护人对相关政策实施状况满意程度统计表

变量	N	均值	标准差	赋值
农村低保制度的满意程度	79	2.71	1.123	不清楚——0 分
孤儿基本生活保障制度的满意程度	8	1.38	1.302	不满意——1 分 基本满意——2 分 比较满意——3 分
营养餐计划的满意程度	214	2.57	1.089	非常满意——4 分

表 2-57 监护人对相关政策实施状况满意程度

政策		不清楚	不满意	基本满意	比较满意	非常满意	合计
农村低保制度	频数	4	6	22	24	23	79
	百分比（%）	5.0	7.5	27.8	30.5	29.2	100
孤儿基本生活保障制度	频数	3	1	2	2	0	8
	百分比（%）	37.5	12.5	25.0	25.0	0	100
营养餐计划	频数	13	16	67	73	45	214
	百分比（%）	6.1	7.4	31.9	33.8	20.8	100

1. 农村居民最低生活保障制度

农村居民最低生活保障制度是贫困儿童基本生活保障的基础

性制度。相对于其他贫困儿童基本生活保障制度而言,监护人对农村低保制度的了解程度和实施状况的满意程度都比较高,但是仍处于较低的水平。如表2-54所示,监护人对农村低保制度的了解程度属于"了解一些"水平,"没有听说过"该制度的仅占4.1%,"不太了解"的占16.1%。

问卷调查发现,受访监护人对该制度实施情况的满意程度相对较高,处于"基本满意"和"比较满意"的中间水平(见表2-57)。在享受政策救助的家庭中,有87.5%的监护人对该制度的实施情况表示满意。农村低保制度为贫困人口维持基本生活提供最后的保障。虽然贫困地区农村低保救助的标准相对较低,但是对于农村贫困家庭来说,直接发到农户手中的低保救助金是家庭收入的重要来源之一。

案例2-47:两个孩子获得低保救助金的单亲家庭

汪某因病去世,留下两个在上学的孩子。两个孩子现在都有低保,是村里为他们办理的,低保的补助标准是每人每月90元,两个孩子每个月能领180元,但是没有孤儿补贴。两个孩子上学费用较多,母亲不得不在村附近的砖厂搬砖,每月收入500—1000元。除了这些收入,家中再无其他收入来源。

虽然监护人对农村低保制度实施情况的满意度较高,但是仍然有7.5%的受访者明确表示"不满意",还有50%的受访者对该制度实施情况不清楚(见表2-57)。监护人对农村低保制度实施情况不满意的原因主要是制度在实施过程中存在一些不公平现象。主要体现在以下几个方面。

第一,低保覆盖率低,部分贫困家庭儿童无法得到低保救助。虽然政府每年都在低保救助方面投入大量资金,但是农村贫困人口数量非常庞大,现有的资金无法实现贫困人口全覆盖。问卷调查中,我们也发现受访的家庭中儿童享受低保的只占10%。因为低保名额有限,一些农村地区贫困家庭无法享受到低保救助,引起部分居民产生不满情绪。

案例 2-48:失去父亲的单亲贫困家庭儿童无法享受低保救助

2012 年 5 月王某因车祸去世,其妻张某就去找了村干部,想让村干部给 11 岁的孩子上个低保,但是村干部说孩子不够吃低保的年龄。张某没有具体问吃低保应该达到什么年龄,也未与村干部发生争吵和争执,便默默地回家了。2013 年 5 月孩子的爷爷到村委会再次找到村干部想要给家里面的人争取低保名额。但是村干部说:"你不要再来了,我会想办法的。"于是爷爷也就只能回来了,也并未与村干部发生冲突。张某说不会再去找了,就等着了,因为找也是白找。

张某说村里面还有一家孤儿家庭,孩子母亲很早去世了,父亲三年前去世的,家里面有三个男孩,都在 20 岁以上了,老大和老三在外面打工,老二在村里面,他们的家庭条件跟自己家的相似。他们家是村里面第一批(2—3 年前,具体时间张某不是很确定)吃上低保的。这时,站在一旁的张某姑姑很是气愤。她双手放在炕上,身体微蹲,并向前倾斜,手在空中一直比画着,大声地说:"家里面大的也不行,小的也不行,这么可怜,这家人每个人都是该吃低保的,共产党不就是应该照顾这样的人吗?吃低保就不应该有年龄限制。"爷爷这个时候也把两只脚放在椅子上,双手抱住膝盖,颤抖并断断续续地说:"村里面年年都有低保名额,村干部分配名额,谁有人就给谁。"

案例 2-49:有低保证但无低保救助金

姚某一家四口,他、76 岁的父亲、两个上学的女儿,2003 年姚某的妻子因心脏病去世。因要照顾老人孩子,姚某无法外出务工。2004 年村里给他办上低保证后当年领取了 240

元的补助，每个季度会给他的卡上打 60 元钱，2005 年至 2007 年，每个季度给卡上打 100 元，从 2008 年后，每个季度涨到了 240 元。姚某说："低保证上写的是三个人（姚某、父亲、女儿）的低保，但是实际上只发了一个人的低保补助。人家想发几个就是几个，咱们又能拿人家咋办。"

第二，符合条件的贫困儿童在申请低保过程中遇到阻力。农村低保制度规定，符合条件的农村贫困居民可以申请低保救助，但是，在实际工作中，村民对政策了解不多，很多人不会主动申请。村干部往往根据自己对村民家庭情况的了解，将低保名额在村里进行分配，农村低保制度并没有专门对贫困儿童做出规定，因此，村干部在分配名额时也不会考虑"儿童优先"的原则。而符合条件的村民自己去申请时，往往遇到诸多困难。

案例 2-50：给残疾儿子办低保的艰难

王阿姨儿子因病致残，家里为了给孩子治病负债累累，为缓解经济压力，王阿姨决定给孩子申请低保。王阿姨说当初办低保的时候村里不给她儿子办。王阿姨说："我们都有老的一天，他（大儿子）又不能干活，没有经济来源，我自己也不想要低保，可是没人愿意家里面有这样一个孩子，这个孩子需要低保。"于是王阿姨就带着自己的残疾儿子找到了村委会，让村里面的干部讲清楚为什么不给残疾儿子低保，讲不清楚就要带着儿子去镇里面讨公道，为了避免事端，村干部最终给王阿姨的儿子一个低保名额。就这样，他可以领到一年 1000 多元的低保补助。

案例 2-51：因病致贫，却无法为孩子争取到低保名额

万某因为高血压丧失了劳动能力，为了补贴家用大儿子出去打工，小儿子的身体状况不是很好，时常生病，而且高血压为慢性病，需要长期吃药且不能干重活，由此家里的生活条件大不如前。万某几次向村组长反映自己家的情况,提出给孩子申请低保,村干部并没有拒绝,但是到了名单公示的时候没有万某家人的名字。其妻杨某说:"公示名单中的低保户,除了一些大家公认的比较贫困的人之外,其余的人基本上都是和村干部沾亲带故的。有一些不一定是大家公认的低保人员在领着低保,有一些需要领取低保的人却没有机会领取。村里在选取低保的人时,并没有召开村民大会,而是村干部组织会议内定名单后进行公示。具体的选举细则和标准村民并不知道。"她对于自己家里没有选上低保比较不满意,在讲到低保的关系户时也没有多少的顾虑。她的丈夫老实木讷,她也不属于能够挤进村中核心圈子的人,家里面也没有亲戚在村中任领导干部,对于这样的结果杨某虽然不满意,但是也没有采取积极的方式去争取,只是无奈地接受事实。

案例 2-52:村民对低保的了解

"低保名额在政策刚开始实施的时候很少,中途国家增加了不少名额,可是如今又变得很少了。在很少的名额下,当地村干部要么给了非常贫穷的,要么给了跟干部们有关系的村民。""不是特别贫困的,比如我家,又没有关系,基本上没有可能拿到低保。""村里基本上没有人去主动申请,很多是村干部一手操办的。"

第三,"亲情保""关系保""富人吃低保"等不公平现象的出现,引起农村居民对制度实施状况的不满。

案例 2-53:领取"亲情保"的非贫困儿童

柯某家虽不特别富裕,但是绝不属于贫困家庭,而柯某说家里面一家四口全部都有低保,包括两个女儿,他们家低保领了七年了。这是我们访问过的家庭里面领低保人数最多,时间最长的。柯某说,一年全家人的低保有4000多元。我们问为什么能够领到低保，柯某说她的丈夫在一次出门打工时手指被切断了，所以就给全家人领了低保。而且柯某说申请低保并不困难。我们继续追问才知道，柯某是现在的村支书周某媳妇的亲小姨。柯某说，村里面有人骂她，说她不应该领低保，她生气地说自己也不想领。但是她自己从来没有向村里面的干部反映自己不要这笔钱。我们与其他村民聊起此事时，他们也是敢怒而不敢言。

案例 2-54：富人吃低保

一位奶奶告诉我们，2009 年以前他们也领过几年低保，但时有时没有。现在每年奶奶都要跑到乡镇上找领导，想让他们给自己的孙子（孤儿）办低保，但要跑好几趟，才勉强答应。据一位村民讲，现在有关系才能拿到低保，像他们这种情况，明摆着的困难都不给解决就太不对了。还有在场的村民这样跟我们讲："我们这地方有的家里面有小轿车都吃着低保，十户低保也就一两户是真正穷的，其他的都是有关系的。"

2. 孤儿基本生活保障制度

2010 年，发布《民政部、财政部关于发放孤儿基本生活费的通知》，决定为全国孤儿发放基本生活费，以保障孤儿的基本生活。因为该制度实施时间相对较短，且覆盖的儿童群体较为特殊，受访监护人对该制度了解程度非常低，总体处于"不太了解"水平（见表 2-54）。没有听说过该制度的监护人所占比例高达 29.8%，"不太了解"的占 43.6%（见表 2-54）。

由表 2-55 可见，在受访家庭中，儿童享受孤儿基本生活保障制度的只有 8 位。监护人对该制度实施状况的满意程度较高，有一半的监护人对该制度实施情况表示满意。相对于农村低保制度，孤儿基本生活保障制度补助标准相对较高，中央政府对东、中、西部地区分别给予不同比例的补贴，地方政府根据当地实际情况制定相应的补助标准。孤儿基本生活费直接发放给孤儿家庭，是其家庭收入的主要来源之一。

案例 2-55：和爷爷奶奶相依为命的两个孤儿

父亲发生意外去世，母亲改嫁，两个孩子和年迈的爷爷奶奶生活在一起。家中收入主要是爷爷奶奶的养老金，每月55元；每年的退耕还林补贴1000元；两个孩子的孤儿补贴，每个月共有600元。由于爷爷奶奶年龄较大，干不动地里的活了，家里面的地就荒了，不种庄稼了。两个孩子每月300元/人的孤儿基本生活费是家里的主要生活来源。

我们发现有个别监护人对制度的实施情况明确表示不满意。在实地调研中，我们发现政策实施过程中所凸显的问题，也让监护人对该制度的实施状况表示不满与无奈。

第一，在村干部掌握名额分配权的情况下，一些孤儿不能顺利得到基本生活补贴。

案例 2-56：因办不下孤儿证而无法享受生活补贴的孤儿

马大爷的大儿子几年前意外身亡，儿媳妇改嫁，留下两个孙子由马大爷抚养。2012年村委会让马大爷把两个孙子的材料报上去，给他们办孤儿证。但是直到现在，两个孙子还没有拿到孤儿证，至今从未享受过补贴。马大爷所在村只有他们一家有孤儿，在邻村有孤儿，每个月能得到200—300元的补贴。马大爷的二儿子说曾去村委会找过几次，但是村干部每次都以"忙"，或者"上面还没有批下来，我也没有办法啊"等理由予以回应，二儿子说村干部的态度很强硬，自己也没跟他们吵架，他们不给办，自己也没办法，得罪村干部不合算，没那个必要。

案例 2-57：辍学务工的15岁孤儿没有申请孤儿补助

桂楠父母双亡，与爷爷相依为命，为补贴家用，辍学外出务工。爷爷虽然知道孙女该享受国家补贴,但是具体什么政策就不知道了。不过桂楠的爷爷也没有过多地向村里询问孙女可以享受什么政策,因为就他所知道的情况,必须给村干部们"塞黑"(给好处),村干部们才会给政策,"不给他们塞黑,他们不给我们办这些事"。就因为没有给村干部"塞黑",桂楠没有得到国家的补助,"现在到西安打工去了,那就更不可能得到补助"。

第二,孤儿基本生活保障制度所指的孤儿是指父母双亡的儿童。但是在实际中,一些农村家庭的丈夫去世后,妻子往往会将孩子留给老人自己回娘家或者改嫁。这部分孩子只能和自己的爷爷奶奶相依为命,因为无法得到母亲的照料与帮助,其生活状态与父母双亡的孤儿无太大差别。但是因为不符合政策要求,这部分单亲孤儿无法得到政府发放的生活补助。

案例 2-58:无法得到生活补助的单亲孤儿

张奶奶的儿子因肝癌去世,留下两个女儿。儿媳妇虽未改嫁,但是不能给家里帮助。老人说:"希望政府能帮帮我们,我们没了儿子,还要养两个孩子,我们都老了,日子真的没法过。"随后,我们问她是否申请过"孤儿补助",老人说现在没法得到孤儿补助,家里也申请过,村里报上去之后,民政工作人员下来调查后取消了资格,理由是孤儿补助只能发给父母双亡或父母一方死亡另一方改嫁或者离婚的孩子。老人的两个孙女不符合要求。

3. 农村义务教育阶段学生营养改善计划

调查发现,监护人对刚刚实行不久的营养改善计划的了解程度较低(见表 2-53),20.5%的受访监护人对该政策表示"没有听说过",28.5%的监护人对该政策不太了解,有近半数的受访监护人对该政策有所了解（见表 2 – 54）。

受访家庭中儿童参与营养餐计划的比例为 28.3%，参与比例相对较低。营养餐计划与农村低保制度、孤儿补贴制度的不同之处在于，营养餐计划的补贴方式不是向儿童或者监护人发放现金，而是由政府按照一定的标准直接向在校接受义务教育的儿童提供免费的营养餐（免费早餐或者免费午餐）。这导致很多监护人虽然知道孩子在学校能够吃到免费的饭菜，但是不知道这是什么项目。也有一些监护人因为家中没有孩子接受义务教育，所以对学校里实施的政策不太了解。

案例 2 – 59：山里三个孩子的母亲

孩子母亲说：" 我们这里的孩子在学校里上学时，学校免费给孩子发牛奶、鸡蛋等。我们家两个上小学的孩子都有，听说是国家给的，具体情况我们也不是太清楚。"

案例 2 – 60：2 岁孩子的母亲

孩子母亲说：" 因为我们家的孩子还没有开始上学，我对学校里的事情了解得不多。学校里有哪些政策，我现在也不了解，等孩子上学的时候再问问吧。但是我听村里的人说，现在学校里开始免费给孩子发吃的，还能免费在学校里吃饭。这倒是挺好的。"

营养餐计划的实施在一定程度上保障了义务教育阶段学龄儿童的基本营养健康，同时能够让孩子养成良好的饮食习惯。该计划的实施也为农村贫困家庭减轻了孩子抚养方面的负担。因此，监护人对该政策实施状况的满意程度相对较高（见表 2 – 56、表 2 – 57）。在享受政策的家庭中，有 86.5% 的监护人对该政策的实施状况表示满意。

案例 2 – 61：在学校养成按时吃饭习惯的 13 岁儿童

孩子说：" 在学校的时候，学校提供免费食宿，每周周日晚上到学校上晚自习，开始一周的学习，周五中午11点放学。在学校时，学校提供营养早餐，包括一个鸡蛋和一瓶牛奶，午饭是米饭、菜炒肉、汤，晚饭也是一样，放晚自习后会有晚点：两个馒头。菜的种类很多样，包括莴笋、番茄、青菜、白菜等。所以在学校的时候每天都可以吃到鸡蛋、喝牛奶、吃肉，但是自己不太喜欢吃肉。一天三顿饭按时吃，吃饭时都是自己去食堂吃，想吃多少吃多少。但是周末回家之后就不像在学校一样规律，早饭一般就不吃了，因为家里面活多忙不过来，一般10点多钟将早饭和午饭一起吃了，有的时候也会吃午饭，一般来说在家的时候，家里是每天两顿或三顿。"

案例 2-62：爱吃免费早餐的小学生

小丽在自己村里上小学，每天早上不用在家吃饭，直接到学校里吃早饭。学校里有免费早餐，主要有牛奶、面包、鸡蛋等，这些都是小丽喜欢吃的东西。以前家里还要给她钱买早饭吃或者在家里匆匆忙忙地吃完早饭再去上学，现在不用着急了，学校按时统一发放早饭。

案例 2-63：孤儿在学校享受免费营养餐

大儿子因病去世，儿媳妇改嫁，留下两个孩子由爷爷奶奶照顾。"现在小孙子在上学，花销不是很大，由于国家对教育的重视，现在的各个小学都设有免费早餐和午餐，早餐会给每位同学发放一个鸡蛋，午餐大多时候是两个馒头一个菜。"老奶奶说虽然孩子不喜欢吃，但是能吃饱。"学校给每个孩子都发了一个碗和一个勺子，不用我们再花钱买了。"

案例 2-64：不在家吃早饭的单亲女孩

小玲在上小学四年级，从家里到学校，走山路大约要花半个多小时的时间。因为没有手表，小玲怕上学迟到，所以不在家里吃早饭。爸爸因病去世后，妈妈对她更加关心。每天妈妈都把家里的早饭（没菜的馍馍）放到小玲的书包里，但是小玲不爱吃没有菜的馍馍（就是一种类似饼的东西），爱吃有菜的馍馍和西红柿。但是妈妈做有菜的馍馍会比较麻烦，所以小玲就偷偷地不带早餐，也没有跟妈妈说过自己不带早餐的原因。学校每天早上第二节课之后，为每位学生发一个鸡蛋。和其他不吃早饭的同学一样，学校发的这个鸡蛋就成了小玲的早餐。虽然这样的早餐很难满足正处于生长发育期的孩子的需求，但是这可以为不吃早饭的孩子提供一定的营养。

案例 2-65："在学校比在家里吃得好"

家贵，16岁，正上初中。家贵说："上学的时候在学校住宿，一天吃三顿饭。从小学六年级开始，在学校吃饭就都是免费的。学校的饭菜比家里好吃，早点有牛奶、鸡蛋，每天都能吃肉，一天吃两三种蔬菜，不过大多数时候是土豆、白菜之类的。在家里一天吃两顿饭，都能吃饱，吃得比在学校简单得多，吃肉的话可以每天都吃，不过大多数是腊肉，因为在这个地方大多数人家都会杀年猪做腊肉吃一整年，新鲜的肉要等每次去赶集的时候才能吃到。"

在受访家庭中，有7.4%监护人对该计划的实施情况明确表示"不满意"，6.1%的监护人表示"不清楚"（见表2-57）。在一些地区营养餐计划实施过程中所带来的一些问题使得部分学生监护人对这一惠民政策满意度不高。调研中发现的问题主要有：学龄儿童在学校就餐，监护人对儿童的饮食缺乏一定的监管与照顾，使得孩子形成一些不良的生活习惯，不利于孩子的健康成长；统一的营养餐标准难以满足孩子们的多样化需求；营养餐"不营养"等。

案例 2-66：在学校不吃早饭的初中女孩

小珠，13岁，初中在读。小珠说："早晨学校给每人发一个鸡蛋，自己不喜欢吃，经常是给其他同学吃。不吃鸡蛋的时候,也没别的吃的,就不吃了,也不觉得饿。中午和晚上就吃学校提供的免费饭菜。中午大多数的时候是烩菜,里面的牛肉挺多的,有时候是米饭和菜,或者是两个馒头一个菜。我不喜欢馒头就菜吃,就会把馒头留到第二天早晨吃。晚饭大多时候是洋芋面,虽然不好吃,但是能吃饱。"

营养餐计划由中央政府按照一定标准给予地方专项资金支持,地方政府配套资金并负责具体实施。虽然中央政府对连片特困地区扶持的标准相对较高,但是因为地方经济发展水平低,财政紧张,地方政府难以拿出相应的配套资金,无法让接受义务教育阶段的儿童享受到高标准的营养餐,从而导致营养餐"不营养"的现象出现。

案例 2-67:山区孩子的就餐情况

在山里,我们发现,无论是男孩还是女孩,他们的个头都很小,身体很瘦弱,完全不像他们这个年纪应有的体格,以至于刚开始见面的时候我们还以为他们只有七八岁(实际上已经12岁)。于是我们就提起了一日三餐的话题。

"学校里有没有免费的午餐?"

"没有,但是有免费早餐。"

"那你们早餐都吃的什么呀?"

"米饭,还有馍馍汤。"

"那中饭你们只能回家吃吗?"我们不解地问。

"不吃中饭,晚上回家吃晚饭。"

我们都感到很诧异,正在长身体的孩子为什么连中饭都不吃。

我们从孩子那里了解到,全校25个孩子虽然都有免费的早餐吃,但是学校不管中饭,所以中午孩子们一般也就不吃了。

"不吃中饭你们不饿吗?"

"不饿……"小男孩低声地说。

他的姐姐也在一旁默默地看着我们。

我们不能再继续追问下去,也不必再追问下去,因为我们已经找到这两个孩子为什么瘦弱的答案。

后来我们又问了两个孩子的母亲。她说,孩子反正放学回来早,中饭不吃就早点吃晚饭。平时吃饭大人吃什么孩子也吃什么,也没有条件特意为孩子准备一些更好的伙食或者是水果。

从总体来看,在农村贫困儿童基本生活保障方面,我国政府已经做出了较为全面的制度安排。但是连片特困地区农村儿童的监护人对于这些制度的了解程度较低,这可能会导致需要得到基本生活救助的儿童无法得到救助。农村贫困儿童基本生活救助制度的实施减轻了贫困家庭在儿童抚养方面的负担,同时也是贫困儿童家庭维持基本生活的重要收入来源。

但是政策实施过程中存在的诸多问题,不仅使得部分农村儿童监护人对这些政策的实施状况表示不满,而且降低了政策效率,不利于农村儿童贫困问题的消除。问卷调查发现,连片特困地区农村儿童监护人认为贫困儿童基本生活保障制度实施过程中所存在的最大问题是申请程序太烦琐(16.6%),其次是申请条件太多(14.2%),存在重复保障的问题(13.8%)。另外,有11.8%的人认为救助制度的实施不能保证公正透明,有9.3%的受访者认为相关政策的宣传不到位,不少农户对政策缺乏了解,有9.2%的受访者认为现有政策补贴规模和数量太少,不能做到应保尽保,等等。因此,如何进一步完善农村贫困儿童基本生活保障制度,提升制度效率,是值得政府和社会各界给予更多关注的问题。

虽然政府在农村贫困儿童基本生活保障方面已经有了较为全

面的制度安排,但是目前连片特困地区农村儿童的基本生活还面临诸多困难,因此,受访监护人认为政府应该在目前现有的贫困儿童基本生活保障制度的基础上进行完善与创新,让贫困儿童享受到更多的政策保障。问卷调查发现(见表2-58),有75.2%的受访监护人认为应该"建立统一的儿童保障管理机构,简化申请程序",这样在贫困儿童申请救助、办理相关手续时能够更顺利、便捷。71.9%的监护人认为应该出台专门针对儿童的保障制度。66.2%的受访者认为政策实施要公开透明,同时加强对政策的宣传。53.6%的监护人认为应该提高对儿童的保障水平,让贫困儿童享受到更多的政策保障。另外,部分监护人认为应该缩小儿童保障的城乡差别,让农村儿童享受到与城里儿童一样的福利待遇。

表2-58 监护人认为政府在贫困儿童基本生活方面应该承担的责任

选项	百分比(%)
1. 提高对儿童的保障水平	53.6
2. 出台专门针对儿童的保障制度	71.9
3. 让农村孩子享受到与城里孩子一样的待遇	49.9
4. 政策实施要公开透明	66.2
5. 建立统一的管理机构,简化申请程序	75.2
6. 加强对政策的宣传	66.6
7. 其他	20.3

通过对农村贫困儿童基本生活方面所面临困境的分析,我们可以发现儿童基本生活方面的困境更多地体现为家庭生活困境。因此,对农村贫困儿童基本生活保障制度进行完善的同时,应该注重对贫困儿童家庭生活状况的改善。这既需要贫困儿童救助制度的完善,同时也需要将其他农村扶贫制度与贫困儿童救助制度进行衔接,为农村贫困儿童创造一个良好的成长环境。

三 结语

第一，通过对连片特困地区农村儿童基本生活状况的分析，我们发现在儿童基本生活方面面临诸多的困境和问题，需要政府和社会给予更多的关注。

衣着是儿童基本的生活资料，也是其最基本的物质需求。但是对于连片特困地区农村儿童来说，衣着这一基本的物质需求有时候也很难得到满足。生活照料是家庭对儿童的基本功能，家庭贫困以及家庭结构的变化与调整导致连片特困地区农村儿童的生活照料发生变化，单亲照料、隔代照料、儿童自我照料和逆向照料等都面临诸多的困境，对儿童的健康与安全造成威胁。

连片特困地区农村儿童的营养饮食和营养健康需要得到特别关注。因为家庭经济困难、家庭特殊的生活方式、自然环境恶劣、监护人儿童抚养知识的匮乏等，连片特困地区农村儿童在饮食和营养健康方面存在诸多问题，如不吃早饭、不按时吃饭等不良饮食行为，父母不关注儿童饮食的营养搭配、儿童营养摄入不合理等都会威胁儿童的营养健康，这不利于儿童的生长发育，同时儿童生长发育不足也会影响贫困地区劳动力的再生产，也不利于贫困地区经济社会的持续发展。因此，政府、学校和社会力量需要对连片特困地区农村儿童的营养状况进行干预，将贫困地区儿童营养纳入贫困地区扶贫工作，同时加大儿童营养健康知识的宣传与教育，增加儿童监护人的儿童抚养知识，为贫困地区农村儿童的营养健康提供保障。

连片特困地区农村儿童生长发育状况令人担忧，亟须进行干预。连片特困地区农村儿童的生长发育状况令人担忧，营养不良情况较为严重，儿童的营养不良要引起政府和社会各界的关注，贫困地区农村0—3岁婴幼儿的营养和生长发育状况亟须进行干预。儿童生长发育状况既是儿童自身营养状况的一个反映，也是家庭经济状况、地区社会经济发展水平的一个重要指标。因此，改善连片特困地区农村儿童生长发育状况的相关政策需要纳入整个扶贫工作体系，从而有效地遏制贫困地区农村儿童营养不良的恶化和贫困的代际传递。

连片特困地区农村儿童日常卫生习惯较差，需要引起家庭关注。良好的生活卫生习惯可以使儿童避免一些肠道疾病、寄生虫病以及口腔疾病。但是贫困地区农村特殊的自然条件使得他们很难形成良好的卫生习惯。监护人养成的"不卫生"的生活方式也影响了儿童良好卫生习惯的养成。因此，在加强对儿童日常卫生知识宣传和教育的同时，政府更应该加大对贫困地区的扶持力度，改善儿童的生活环境，转变贫困地区"不卫生"的生活方式。

连片特困地区农村儿童，尤其是贫困家庭儿童，过早地承担生计压力，不利于儿童的健康发展。在农村家庭中，"儿童"不是一个单纯被照顾、被保护的对象，他们在家庭生活中也需要承担一些劳动，帮助家庭减少一定的生活压力。男孩在干农活方面的负担大于女孩，而女孩则承担更多的家务劳动。但是因为贫困、劳动力不足等原因导致家庭生计压力较大的家庭（孤儿家庭、单亲家庭等）中的儿童则可能会过早地承担起家庭的生计压力，他们除了帮助家庭干一些家务和农活之外，还提前进入劳动力市场成为"童工"，为改善家庭生活而过早地结束自己的儿童时期，承担起成人的生计压力。因此，缓解儿童贫困问题，不仅仅要关注儿童自身的权益，更重要的是要为儿童创造一个良好的法律与制度成长环境，营造有利于儿童健康发展的社会氛围。

第二，在儿童生活救助方面，不仅要通过生活补贴满足儿童维持生活的现金需要，更重要的是通过制度体系的完善为儿童创造一个良好的生活环境。

世界上很多国家对贫困儿童的基本生活救助做出了诸多的制度安排，从总体来看，主要有以下几个特点：一是生活救助的多层次性和多样性，即对不同年龄段的儿童和不同家庭结构的儿童采取不同的救助措施，使得所有年龄段和多种类型的贫困儿童的基本生活得到保障；二是对贫困儿童家庭进行扶持，保证儿童有一个良好的家庭生活环境；三是救助制度及立法完善，各国都十分注重社会救助相应的法规建设，使得贫困儿童救助的发展有章可循。

中国在贫困儿童基本生活救助方面也做了诸多的制度安排，针对低保家庭儿童、孤儿、受艾滋病影响儿童等贫困儿童群体都有相应的生活救助措施，并在贫困儿童基本生活救助方面投入大量资源。但是中国贫困儿童基本生活救助更多是对特定儿童给予一定的资金支持，这些资金对贫困儿童基本生活的改善具有不可持续性。家庭生活环境改善对于贫困儿童基本生活保障具有重要意义。儿童贫困产生的一个重要原因在于家庭贫困，因此，要有效地缓解儿童贫困，应该充分借鉴国外在贫困儿童基本生活救助方面的经验，对贫困儿童家庭进行扶持，可以将贫困儿童基本生活救助与农村扶贫开发政策相衔接，让更多的扶贫资源传递到贫困儿童家庭，如可以将产业扶持、危房改造、实用技术培训等扶贫政策更多地向贫困儿童家庭倾斜，提升贫困儿童家庭的生计能力，改善儿童的基本生活环境。

同时，中国应该进一步明确政府在儿童生活救助领域的责任，进一步加大贫困儿童基本生活救助的力度，积极践行儿童优先的原则，保障儿童基本生存权利。政府作为贫困儿童救助的重要主体，必须以法律的形式界定其救助的数额、方式与范围。同时，应该成立专门从事儿童救助工作的组织机构，负责儿童救助工作的管理、监督与约束。政策的有效执行也是保证救助资源传递到贫困儿童手中的重要保障。但是，通过上述分析我们可以发现，有很多政策资源无法有效地传递到贫困儿童手中，一个重要原因在于政策的异化，即救助政策变成了基层治理的工具。相关法律法规的建设与完善应该是解决这一问题的有效途径，通过法律可以有效地规范相关政策执行主体的行为，保证政策执行的有效性。因此，中国应该借鉴国外的成功经验，将儿童救助法规建设提上议程，建立儿童救助法，从而在法律层面保证儿童的基本生存权利。

第三章
连片特困地区农村儿童教育状况与教育救助

一 连片特困地区农村儿童教育状况

接受教育是儿童日常生活的重要部分，也是儿童实现社会化的有效途径。按照受教育的时间、场所和受教育内容，儿童教育可以有很多种分类，结合我国连片特困地区农村儿童接受教育的情况，本章从学前教育、学龄教育和家庭教育三个方面对连片特困地区农村儿童的教育状况进行分析。家庭教育中涉及各个年龄段儿童群体，由于0—3岁儿童的早期教育主要是在家庭中完成，所以本研究将0—3岁幼儿早期教育作为家庭教育的一部分。在本研究当中，学前教育主要是指在幼儿园接受的教育，主要涉及的儿童群体为4—6岁儿童；学龄教育阶段儿童群体为7岁及以上年龄段儿童；家庭教育则涵盖各个年龄段，并且在不同年龄段的侧重点不同。本章在问卷调查与实地访谈一手资料的基础上，对连片特困地区农村儿童教育状况进行全面、直观的认识与把握，同时也为贫困儿童教育救助提供现实依据。

（一）学前教育

学前教育对于促进儿童个体在早期的全面健康发展、巩固和提高义务教育质量与效益、提升国民素质、缩小城乡差距、促进教育和社会公平具有重要价值。① 调研发现,连片特困地区农村儿童学前教育入园率较低,接受学前教育面临诸多问题。

1. 儿童接受学前教育情况

调查发现,连片特困地区农村 4—6 岁儿童入园率为 66.7%,其中男孩入园率为 63.8%,女孩入园率为 69.9%,比男孩高 6.1%(见表 3-1)。

表 3-1 儿童入园情况表

		已经入园	没有入园
男	频数	83	47
	百分比(%)	63.8	36.2
女	频数	79	34
	百分比(%)	69.9	30.1
合计	频数	162	81
	百分比(%)	66.7	33.3

对于儿童未进幼儿园的原因,46.2% 的监护人说家附近没有幼儿园,23.1% 的监护人认为幼儿园学费太贵,不让自己的孩子上幼儿园,15.4% 的儿童因为年龄太小而不能进入幼儿园,有个别监护人认为自己的孩子没必要上幼儿园。如何让农村孩子就近上幼儿园,如何让贫困家庭的孩子上得起幼儿园,这将是我国政府在儿童教育领域应该关注的重要问题之一。

在没有进入幼儿园的儿童中,有 50.6% 的儿童表示自己想进幼儿园,8.6% 的儿童表示不想进幼儿园,还有 18.0% 的儿童对幼儿园没有什么概念,对自己是否想进幼儿园不太清楚。对于那些想进幼儿园的儿童来说,幼儿园最吸引他们的地方是在幼儿园里

---

① 苏婷、高伟山:《明确思路与机制,把发展学前教育重点放在农村》,http://www.jyb.cn/china/gnsd/200902/t20090227_244521.html。

可以和同龄的小朋友一起玩游戏,也有儿童认为幼儿园里可以学知识、有很多玩具,所以想去幼儿园。另外,调查发现,不想进幼儿园的儿童主要是想和爸爸妈妈在一起。

(1) 儿童上幼儿园地点

在目前已经接受学前教育的儿童当中,36.0%的儿童在本村上幼儿园,40.2%的儿童在当地乡镇上幼儿园,15.9%的儿童在所在的县城中上幼儿园,还有一小部分儿童跟随父母在外地上幼儿园(见表3-2)。

表3-2 儿童上幼儿园的地点

地点	村内	乡镇	县里	其他
频数	59	66	26	13
百分比(%)	36.0	40.2	15.9	7.9

儿童所在幼儿园与家的距离平均约为3409米。从问卷统计结果来看,26.8%的儿童在距家450米范围内上幼儿园,1/3的儿童在距家451—1000米的范围内上幼儿园,15.7%的儿童所就读的幼儿园在距离家1001—2000米的地方,还有近1/4的儿童在2公里外的幼儿园就读。在实地调研中,我们了解到大部分监护人都希望自己的孩子能在家的附近接受教育,这样既可以保证孩子上学路上的安全,也能减少接送孩子上学的时间成本。但现实情况是:贫困农村地区的幼儿园数量非常少,加之幼儿教师资源缺乏,大部分孩子都需要到较远的地方上幼儿园。

案例3-1:没有一起上学的同伴

龚扎多,6岁,已经到了上学前班的年纪,但是他没有去。主要是因为学校离家比较远,大概有3公里的路程,山路崎岖,没有校车接送,现在父亲也没有时间每天接送龚扎多,并且村组里面没有跟他同岁的要上学孩子,他没有伴,所以要等一年，等还有别的孩子上学，龚扎多就可以跟同伴一起上学和回家了。

案例3-2：村中没有幼儿园

陕西男孩万苍杰，4岁，十分活泼，一双大眼睛黝黑发亮，孩子不认生，和谁都笑。村中的小孩子很多，万苍杰有很多的玩伴，并不孤单。村中目前有小学，但是因为没有幼儿教师，所以没有设幼儿园，不接收7岁以下的儿童，万苍杰要等到适合上学的年龄才能够进入学校。对于儿童早教方面的缺失，父母和村委会目前都没有办法。

（2）儿童上幼儿园的出行方式

调查发现，儿童上幼儿园的出行方式主要有四种：自己步行、坐校车、由监护人接送和乘坐公共交通工具。调查资料显示，受访儿童中自己步行去幼儿园的占31.7%，有校车接送的占25.0%，打车或者坐公交车的占2.4%。儿童上幼儿园采用最多的出行方式是由监护人接送，占到总数的40.8%，其中由父母接送的占33.5%，由爷爷奶奶接送的占6.1%，由其他监护人接送的占1.2%。在校车的经营方式方面，受调查儿童所乘坐的校车经营方式主要有三种：一是由幼儿园经营；二是由第三方个体经营；三是由当地政府经营。三种经营方式的校车在儿童所坐校车中所占比例分别为63.4%、34.1%和2.4%。

表3-3 校车的经营方式

经营方式	个体经营	幼儿园经营	政府经营
频数	14	26	1
百分比（%）	34.1	63.4	2.4

近年来全国各地经常出现校车安全事故，使得社会各界对校车的安全性颇为关注，政府部门也特别对校车安全采取了保障措

施,目的是规范校车的运营,保障校车的安全。我们在调查中发现,82.9%的儿童监护人认为现在的校车是比较安全的,但是也有一小部分监护人非常担心现在校车的安全性。

(3)儿童对幼儿园生活的感知

儿童对幼儿园生活的感知主要涉及儿童是否喜欢幼儿园生活、在幼儿园里快乐与否、是否喜欢幼儿园老师等方面,我们的目的是通过儿童的直观感受了解儿童的幼儿园生活。从调查结果来看(见表3-4),分别有91.5%、91.5%和89.7%的儿童喜欢在幼儿园,感觉在幼儿园生活得快乐,喜欢和幼儿园的小朋友在一起玩。只有很少一部分儿童不喜欢在幼儿园里生活。有70.0%的儿童认为自己的学校非常漂亮或比较漂亮,有23.3%的儿童认为自己的学校环境一般,有少数儿童认为自己的学校不漂亮。调研中还发现,儿童之所以喜欢幼儿园,是因为在幼儿园可以和小朋友们一起玩游戏,而且还有很多玩具可以玩。但是对于一些对父母依赖性强,不愿意离开父母的儿童来说,幼儿园里的生活并不能特别吸引他们。

表3-4 儿童对幼儿园生活的喜欢程度

		是	否	不知道
你喜欢在幼儿园吗?	频数	151	10	4
	百分比(%)	91.5	6.1	2.4
你在幼儿园是否快乐?	频数	150	8	6
	百分比(%)	91.5	4.9	3.7
你是否喜欢和幼儿园的小朋友玩?	频数	148	12	5
	百分比(%)	89.7	7.2	3.0

老师是儿童在幼儿园生活中的一个重要角色,老师对儿童的影响能够延伸到儿童的其他生活场景中。我们在调研中发现,无论是对于批评的话还是表扬的话,很多在上幼儿园的儿童喜欢把老师在学校里对他们说的话用于家里或者其他场合,由此也可以看出老师在儿童心目中的地位。在问卷调查数据当中,86.7%的

儿童表示喜欢自己的老师,而明确说不喜欢自己老师的,只占8.5%(见表3-5)。

表3-5 你是否喜欢你的老师?

是否喜欢	喜欢	不喜欢	不知道
频数	143	14	8
百分比(%)	86.7	8.5	4.8

无论是批评还是表扬,老师对儿童的态度都会影响到儿童的身心健康。问卷数据显示,有5.4%的儿童认为自己的老师经常批评自己,58.2%的儿童认为老师偶尔会批评自己,36.4%的儿童认为自己没有受到过老师的批评。有47.3%的儿童认为老师经常表扬自己,46.1%的儿童认为老师偶尔会表扬自己,也有少数(6.7%)儿童认为老师从来没有表扬过自己(见表3-6)。从总体来看,老师对于儿童的表扬应当是多于批评的。

表3-6 老师批评或者表扬过你吗

		经常	偶尔	没有
老师是否批评你?	频数	9	96	60
	百分比(%)	5.4	58.2	36.4
老师是否表扬你?	频数	78	76	11
	百分比(%)	47.3	46.1	6.7

调查发现,有69.2%的儿童表示自己会在幼儿园里吃饭,其中,有39.6%的儿童在幼儿园里只吃一顿饭,14.5%的儿童吃两顿饭,15.1%的儿童要吃三顿饭(见表3-7)。

表3-7 儿童在幼儿园的吃饭次数

次数	一次	两次	三次	不在幼儿园吃饭	合计
频数	63	23	24	49	159
百分比(%)	39.6	14.5	15.1	30.8	100

在幼儿园的儿童正值身体快速发育的时期，需要保证足够的营养。对于幼儿园中饭菜的质量，部分监护人提出质疑。我们在调研中发现，有监护人认为幼儿园的饭菜质量差，很多孩子吃不饱，所以监护人都会在孩子的书包中放上一些小食品，让孩子饿的时候吃。同时，有些地方的幼儿园以伙食费的名义多次向监护人索要费用，但是幼儿园的伙食标准并没有得到改善。对此，监护人虽然有意见，但因为自己孩子在幼儿园就读，只能忍气吞声，不敢声张。

虽然现在政府已经加大了对幼儿园等学前教育机构的管理，但是对于幼儿园为儿童提供三餐的标准并没有明确的规定。很多私立的幼儿园在利益的驱使下，并不在意儿童的营养健康，这对儿童的健康成长会造成很大的影响。因此，政府应该对提供三餐的幼儿园进行规范，制定适合儿童健康成长需要的营养标准，让幼儿园真正成为儿童健康成长的场所。

2. 家庭在学前教育方面的投入与满意程度

（1）贫困家庭儿童学前教育负担较重

我国已经在农村全面实施免费义务教育，但是学前教育并没有纳入义务教育的范畴，儿童接受学前教育所需要的支出全部由儿童家庭承担。调查发现，受访家庭在儿童学前教育的投入月均为 304 元，花费最多的是每月 1600 元。具体来看，每月在儿童学前教育方面的支出不超过 100 元的家庭占 25.3%，101—200 元的占 27.8%，201—400 元的占 23.5%，401—600 元的占 14.2%，601 元以上的占 9.3%（见表 3-8）。

表 3-8 家庭每月在儿童学前教育的支出

支出	100 元以下	101—200 元	201—400 元	401—600 元	601 元以上
频数	41	45	38	23	15
百分比（%）	25.3	27.8	23.5	14.2	9.3

学前教育花费太高是农村儿童无法接受学前教育的一个重要

原因。每月平均300多元的教育支出，对于连片特困地区的农村家庭来说是一个非常大的负担。在实地调研中，我们发现很多家庭因为无法承担儿童学前教育的费用不得不让孩子放弃接受学前教育的机会。

案例3-3：镇幼儿园每学期学费1500元

孩子3岁多，正在镇上上幼儿园，平时都是老二每天去接送。现在在镇上读幼儿园一个学期需要交1500元，包括中午一顿午餐和学费等，这个钱都是老二和奶奶（老二的母亲）出的。老二说现在镇上这个幼儿园的教学质量很一般，老师年纪也挺大的，过两天想换一个好点的幼儿园让孩子去。

案例3-4：爷爷给孤儿孙子交钱上幼儿园

现在孩子才4岁，太小了不懂事，平日里也不会问爷爷和叔叔自己的爸爸妈妈在哪里。孩子现在在上学前班，每个学期要交400多元钱，每天需要家里人去接送，有时候是爷爷去，有时候是几个叔叔去。孩子现在上学的钱一般是爷爷出的，有时候是叔叔出，爷爷说都是一家人，谁出都一样。

在目前"撤点并校"的形势下，农村儿童接受学前教育时，家庭不仅要承担孩子的学费，而且还要支出其他额外的费用。我们在甘肃山区调研发现，因为村里的学校撤并，山区孩子上学需要走几公里，甚至几十公里的山路到乡镇去上学。监护人为了照顾上学的孩子，要专门在乡镇学校附近租房居住。这样既增加了孩子上学的成本，又因为要专门抽出一名劳动力照看孩子，增加了家里的经济与劳动负担。这些都是农村孩子上学的"隐性成本"。

案例3-5：妈妈在山下租房子照顾孩子上学

甘肃山区，一户人家有三个孩子，姐姐和哥哥在上小学，弟弟在山下上幼儿园。妈妈为了照顾孩子读书，在山下租了一间小房子，专门负责照顾他们，平时放假才回山里。弟弟就读的幼儿园，每个学期要交520元，除去吃饭外，其他的花销基本上是10元/天。弟弟在幼儿园并没有学太多书本上的知识，也没学太多的字。按照他妈妈的说法是"花1000多元钱上幼儿园，一年下来只写了不到两页的字，幼儿园只是哄娃娃的，老师教他们写字，会的小孩子就跟着写写，不会写的就坐在那里待一天"。

(2) 监护人对孩子的学前教育状况基本满意

从调查结果来看，监护人对于自己孩子所接受的学前教育的满意程度是比较高的。具体来看，在接受调查的监护人中，对孩子目前接受的学前教育非常满意的占3.6%，比较满意的占29.7%，基本满意的占58.2%，不满意的占8.5%，监护人中没有人认为现在的学前教育是令人非常不满意的（见表3-9）。监护人对学前教育不满意的地方在于：一是目前幼儿园校车经常出现超载的情况，这对孩子的人身安全构成威胁；二是入园的费用太高，而且没有一个统一的标准；三是一些幼儿园内的设施陈旧，对孩子的安全不利。

表3-9 监护人对学前教育的满意程度

满意程度	非常满意	比较满意	基本满意	不满意	非常不满意
频数	6	49	96	14	0
百分比（%）	3.6	29.7	58.2	8.5	0

案例3-6：广西龙州县4岁单亲女童

父亲外出打工，母亲离家出走，4岁女童与爷爷叔叔在一起生活，只能就近读幼儿园。爷爷和叔叔花钱让女孩上幼儿园。孩子上的幼儿园一开始有一个老师，后来老师退休了，又来了一个老师，一个老师忙不过来，就又找了一个老师过来，但是现在的两个老师年龄都很大，一个58岁，另一个也将近60岁了。当时家里曾经去金龙镇上的学校问孩子能不能去镇上上学，镇上说，因为板陋屯附近有幼儿园，所以只能就近读书，不能去镇里读书。

（二）学龄教育

基础教育是我国教育体系的重要组成部分，在全面建设小康社会中具有基础性、先导性和全局性的重要作用，是近年来我国教育改革与发展的重中之重。党中央、国务院为此采取了相应的措施，并取得了明显的成效。但由于我国人口众多，经济发展落后，区域差异明显，再加上教育底子薄，欠账多，基础教育发展的任务还十分艰巨。① 特别是在中西部贫困地区，由于历史、自然、经济等原因，学龄儿童基础教育的发展不仅落后于国内东部发达地区，也落后于全国的平均水平。

目前国内关于贫困地区基础教育的研究主要有以下观点。学者韩健等认为贫困地区农村义务教育主要存在四个问题，一是农村教育负担沉重，学校运转举步维艰；二是农村教师数量少、素质差；三是校舍危房令人忧虑；四是未成年人思想道德建设形势严峻。② 刘亚萍等认为我国贫困地区基础教育主要面临以下五个现状：一是九年义务教育的完成度较低；二是集中办小学政策收效偏低；三是师资力量薄弱；四是城乡之间、地区之间教育失衡严重；五是基础设施差，教学条件、生活条件更差。③ 这些研究大多关注的是贫困地区基础教育本身，单独研究贫困地区儿童接受教育状况的不是很多。

---

① 王嘉毅、梁永平：《西北贫困地区农村基础教育发展现状与政策建议》，《北京大学教育评论》2007年第2期。
② 韩健等：《贫困地区农村义务教育的现状及对策》，《中共四川省委党校学报》2007年第1期。
③ 刘亚萍等：《浅析中国贫困地区基础教育现状》，《科技世界》2014年第1期。

我们的研究主要从儿童入学情况与儿童接受教育情况两个方面进行。在儿童入学情况方面，从宏观上考察了连片特困地区农村儿童的入学率以及辍学原因；在儿童接受教育方面我们从儿童受教育阶段、学校地点与出行方式、学生住宿情况、基本的学校设施、儿童在学校的餐饮、家庭在儿童教育方面的投入、在校学生的学习情况等七个方面进行了调查与分析。由于我们的研究对象为连片特困地区农村儿童，所以主要是从儿童自身的角度出发，研究儿童接受教育的情况。

1. 儿童入学情况

(1) 入学率[①]低于全国水平

初等教育净入学率指上小学的法定学龄（由国家教育系统确定）儿童人数与法定学龄儿童总人口之比。初等教育是使儿童掌握基本的读、写和数学技能，并初步了解有关科目，如历史、地理、自然科学、社会科学、艺术和音乐等。初等教育净入学率用来监测逐步实现初等教育普及目标的进展情况，《千年发展目标》和普及教育倡议都确认了这项指标。2012年我国小学学龄儿童净入学率达到99.85%，其中，男女童净入学率分别为99.84%和99.86%，女童高于男童0.02个百分点。[②]

本次调查回收学龄（7岁及以上）儿童有效问卷551份。统计发现，此次调查中学龄儿童的入学率为96.7%，其中男孩入学率为96.6%，女孩入学率为96.9%。此次调查的学龄儿童入学率比2010年我国扶贫重点县农村7—15岁儿童入学率（97.7%）低1%；更低于2012年全国儿童净入学率99.85%。

在入学的性别差异上，与以往研究认为女孩辍学率高于男孩的结论相反，我们的调研发现在连片特困地区农村女孩入学率高

---

① 1991年以前的入学率是按7—11周岁统一计算的；从1991年起入学率是按各地不同入学年龄和学制分别计算的。
② 《中华人民共和国教育部2012年全国教育事业发展统计公报》。

于男孩0.3个百分点,意味着男童与女童的入学率基本持平,这可能是近年来传统"重男轻女"的教育观念在连片特困地区得到转变的结果,女孩得到了与男孩平等的受教育机会。

表3-10 儿童入学情况表

		是	否
男	频率	312	11
	百分比(%)	96.6	3.4
女	频率	217	7
	百分比(%)	96.9	3.1
合计	频率	529	18
	百分比(%)	96.7	3.3

(2)辍学原因多样化

农村学生辍学问题是极其复杂的综合问题,回顾近年来针对农村学生辍学原因的众多研究,有学者研究发现家庭经济困难、政府决策与管理、文化观念、教育心理问题是影响连片特困地区农村学生辍学的四个主要因素[1]。还有学者认为辍学的原因既涉及教育投入、学校管理方式、课程、教学质量,又涉及家庭状况、初中毕业后学生的出路等。[2]

我们的调查发现,经济、文化、家庭以及儿童自身等都可能是造成儿童辍学的原因。儿童辍学具体有以下几种情况:一是家里农活多,需要劳动力,所以监护人不让孩子上学;二是监护人认为读书没用,不让孩子上学;三是儿童自己不喜欢上学,而且觉得上学没有用,还不如早点去打工;四是家里贫困,没钱支持孩子上学,虽然现在上学不要学费,但是孩子上学的生活费等其

---

[1] 张莉、朱卫华:《农村学生辍学原因研究综述》,《楚雄师范学院学报》2009年第11期。
[2] 袁桂林等:《农村初中辍学现状调查及控制辍学对策思考》,《中国教育学刊》2004年第2期。

他费用，家里也无法支付；五是周围没有学校，孩子上学要走很长的路，不安全；六是孩子生病，无法继续上学；七是孩子学习不好，监护人认为没什么前途，不让孩子上学。

一般来讲，经济因素是导致儿童辍学的直接原因，经济原因有两层含义。第一层含义指的是家庭直接的经济困难与贫困。虽然在义务教育阶段学生已经不需要交学费，但是学生上学的路费、住宿、饮食和购买书本等学习用品的总花费对于收入不高的贫困家庭来讲也是一笔不小的开支。第二层含义是孩子外出打工挣钱与上学花钱的比较，这主要是由于儿童辍学参加工作后带来的经济收入对于贫困家庭有吸引力。而由于此种原因导致儿童辍学的情况越来越多。我们在调研中发现，现在许多监护人抱有这样一种观点，即认为儿童读书多了没有用，早晚都要出来工作挣钱，还不如早点开始挣钱。

案例3-7：做童工的辍学女童

王小平直到9岁才开始念一年级，到了五年级上半学期她就辍学了。"辍学有两个原因，第一是自己对于学习没有兴趣，第二是因为家里没钱。不过主要原因还是没钱，每天放学回家根本没有时间做作业，由于父母都有残疾，家里洗衣做饭，所有的活都由我来干。早点出去打工就早点开始混日子吧。"王小平对于辍学的原因轻描淡写，似乎已经经历了风风雨雨。14岁那年，王小平的父母经人介绍，带着大女儿和小女儿到福建一家服装厂打工了。

案例3-8："回家帮忙种地吧"

罗成，15岁，辍学。他们初一的班里有35个人，女孩有20多个，有10个左右跟他一样不读书了。上学的时候一个学期交100元钱的书本费、资料费。学费不用交，在学校吃饭也不花钱。上学的时候即使作业做不完，被老师骂、被老师打的时候他也没有不读书的想法。但初一上了一个学期他就不上了,初一上学期的期末考试他还考了第二名。家人不想让他去上学,但是他自己是想继续上学的,爸爸妈妈说:"家里要种烤烟、油菜,忙不过来,回来帮忙,不要去上学了。"他说:"我还想再上两年。"他觉得上学好,上学可以学到很多知识,但是最终他爸爸妈妈还是不让他去。

没有上学儿童进行的上学意愿调查结果(见表3-11),"不想上学"的仅占16.7%,辍学大多情况下是学生被迫的选择,其中有一半的儿童想上学,但是因为客观原因,无法实现"上学梦"。因此,政府应该加大对连片特困地区农村义务教育的投入,让贫困儿童的"上学梦"得以实现,这是消除农村贫困的根本举措。

表3-11 你是否想上学?

是否想上学	不想	想	不知道
频数	3	9	6
百分比(%)	16.7	50.0	33.3

我们调研发现连片特困地区农村儿童喜欢上学的原因多种多样,大致可以分为以下几种。第一,在学校能够学习到知识,满足孩子们的好奇心与求知欲望;第二,上学能够使儿童获得与更多同辈群体的交往,在学校能够交更多朋友,有助于他们健康快乐成长;第三,在学校有老师的帮助和关怀,可以获得相关情感支持与慰藉。学校是儿童社会化的重要场所,其发挥的作用仅次于家庭,所以多数儿童在辍学之后会怀念上学的时光。

案例3-9:后悔辍学的小女孩

马琴琴因妈妈离家出走而辍学。马琴琴的奶奶说以前都是媳妇做饭,自从媳妇走了之后,孙女就辍学在家做饭。老奶奶说这话的时候有点哽咽,眼泪在眼睛里打转,爷爷也流泪了。

孙女的学习成绩较好，要是妈妈在家的话孩子就不会辍学了。马琴琴有时候会哭着说："妈妈走了，我上不了学了。"自从妈妈走后，家里的衣服都是马琴琴一个人洗。马琴琴比较听话，学习成绩也好，因为妈妈走了，家里没有人照顾就辍学了。

马琴琴说有一阵子自己不想上学了，所以就没写寒假作业。第一次，她跟奶奶开玩笑地说自己寒假作业没写完，不想念书了。奶奶也没当真，说不念就不念吧。离开学还有三四天的时候，她又跟奶奶说自己寒假作业没写完，不想去读书了。奶奶这次说，你不念就算了，反正寒假作业也没写完。马琴琴说主要是自己内心不想读书了，没有人照顾爷爷奶奶爸爸也是一小部分原因，但是辍学不读书，每每想起来她心里十分难受。

因家庭困难和缺少劳动力而辍学的儿童多是被动辍学。通过案例我们也可以看出，即使辍学之后这些儿童依然觉得上学很好，依然对学校的学习生活充满怀念和不舍。但是在现实情况中，由于一些实际原因，越来越多的儿童们开始主动选择辍学，过早走入社会。目前毕业的本科生普遍存在就业难的情况，因而"读书无用论"开始抬头。恰逢近年来打工潮的兴起，也存在一些不法分子违法使用童工的情况。在种种因素的推动下，许多贫困家庭的监护人乐于让自己的孩子外出打工，而不是继续读书。这是造成贫困地区基础教育辍学率居高不下的一个重要原因。[①] 社会风气的变化以及大城市生活的吸引，导致越来越多连片特困地区农村学生主动放弃上学的机会，选择外出打工挣钱。

案例 3-10：离家出走的小孙子

宁夏西吉县某村，老奶奶的小孙子，1999 年出生，今年

[①] 刘亚萍等：《浅析中国贫困地区基础教育现状》，《科技世界》2014 年第 1 期。

14岁，2012年9月进入西吉三中上初一。10月放假回家他跟奶奶说学校要补课，需要每人交150元钱，于是奶奶就给了孙子150元。过了几天学校的老师给家里打电话说："张军没来上课，和同学一起跑了。"听到这个消息后，两位老人非常焦虑和担心，不知道该怎么办。之后爷爷连续去了两次学校，要学校解决问题，但是学校的老师说："自己家的孩子自己去找，我们不管。"后来老人才得知当时小孙子和3个同学一起跑到银川市的火锅店打工，在那里主要负责洗菜、端盘子、洗碗等。在那里上班的几个月他总共拿到1000元，除去自己买衣服以及生活用品等，剩下500元钱。

案例3-11：想去打工的孩子们

宁夏西吉县某村，两个孤儿兄弟与爷爷奶奶一起生活，爷爷奶奶介绍说，大孙子上完五年级后就到吴忠市打工。他自己一个人到那儿打工的，那儿没有亲戚。他当时就说自己不想读书了，要去打工，他自己不好好学习也就学不进去。家里的条件不好，但可以供起孩子读书。二孙子8岁开始上学，现在正读初二，老二学习成绩中等。问到家里面是否有人资助孩子们学业的时候，二儿媳妇说近几年有个新疆老师资助他们。但是具体的资助方式和原因，大家都不是很清楚。据二儿子、二儿媳和爷爷说二孙子在西吉三中上学，暑假放假出去打工了，爷爷奶奶还有二叔都不想让他出去打工，但他不听。

由此可见，由于社会风气的转变，越来越多的孩子开始主动放弃学业去城市打工。而他们的父母一般不在身边，不能让正确的价值观指引和教导他们，爷爷奶奶对孙子辈的管理往往无效。社会以及家庭的原因共同促使他们主动辍学。

过早辍学的儿童，由于没有一技之长，又不能吃苦，传统的乡土逻辑变异使得农村道德秩序濒临瓦解，村庄不再是"熟人社会"。乡村社会的秩序机制发生了本质的变化，"混混"开始兴起。

许多儿童在辍学之后，受到同辈群体之中一些不良伙伴的影响，开始做起了违法犯罪的勾当。所以相关教育部门与当地政府要出台措施，降低辍学率，防止儿童辍学，预防未成年人违法犯罪的发生。

案例 3-12：他们去"拦路"了

在广西某山村，农权告诉我们，他所在的小学班级中，有两名同学已经不再上学了。我们表示很诧异，为什么这两个孩子没有完成九年义务制教育就辍学了。农权说，他们去"拦路"了。我们对于拦路并不是很了解，就咨询了镇政府工作人员。他告诉我们，拦路就是在乡村公路上设置路障，比如说放一些钉子，不让来往的车辆通过，只有交过了钱才让车辆通过。也就是说，这两个孩子不仅不接受教育，还已经开始做危害社会甚至是违法犯罪的事情了。

调查发现，导致连片特困地区农村学生辍学的除了经济原因以外，还有其他多种因素，如社会文化、政府管理、家庭观念等。并且，即使是辍学的孩子，仍有半数以上有继续上学的愿望。因此在预防农村儿童辍学方面，政府不仅仅要增加经济上的投入，还要从社会文化的宣传、农村家庭落后观念的转变以及政府制度上的监督等方面多管齐下进行综合治理。

2. 儿童接受教育情况

（1）受教育阶段

受调查的学龄儿童中，正在接受学校教育的儿童受教育阶段为：正在读小学的儿童占 66.5%，读初中的占 28.2%，读高中的占 5.3%。

表 3-12 儿童受教育阶段

受教育阶段	（小学）1—6 年级	（初中）7—9 年级	（高中）10—12 年级
频数	352	149	28
百分比（%）	66.5	28.2	5.3

(2) 学校地点与出行方式

农村中小学生上学路途遥远,存在困难,且存在严重的安全隐患。由于部分地区脱离当地农村实际情况,快速撤减了大量的农村中小学和教学点,打破了调整前基本每村1所小学、一个乡镇2—4所初中的格局,不考虑当地的人口密度和地理环境等问题,盲目将学生集中到乡镇的中心小学,使许多农村学生上学路途遥远,就近上学成为奢望。[①] 从农民的角度看,长期以来形成的小学不离村、中学不离乡（镇）的上学格局被打破后,他们感到子女上学不方便,要为子女解决交通、住校、吃饭问题等,教育成本普遍增加。在很多地区,孩子上学还要翻山涉水,存在安全隐患。《中华人民共和国义务教育法》明确规定,义务教育阶段儿童"就近入学"。教育部门对"就近入学"的解释是: 2.5 公里半径范围设一所学校。农民希望减少孩子的上学成本,降低时间成本,降低安全风险,就近上学。[②]

通过调研,我们发现连片特困地区农村在校儿童的就学地点主要是在村内、乡镇和县里。受访学生中有 30.8% 在村内就学,49.2% 在乡镇所在地就学,有 18.2% 在县里就学,也有少数在校学生在市里等其他地方就学。不同年级的学生就学地点存在差异（见表 3-13）。小学阶段的学生主要在乡镇学校就学,其次是在村内就学,也有小部分在县城里就学。初中阶段的学生主要是在乡镇学校就读,也有小部分在村内或者县城里就读。而高中阶段的学生主要是在县城就读。

在实地调研中,我们发现政府在农村的教育改革,给连片特困地区农村家庭所带来的一个直接影响就是家庭教育支出的增加。很多连片特困地区农村儿童因为本村没有学校只能去乡镇中心学

[①] 庞丽娟:《当前我国农村中小学布局调整的问题、原因与对策》,《教育发展研究》2006 年第 2 期。

[②] 袁桂林:《农村寄宿制学校的问题及解决策略》,《中小学管理》2009 年第 6 期。

校或者其他村、镇学校就学。本来不需要住校的学生,现在不得不住校。对于小学生来讲,生活自理能力差,监护人不得不在孩子学校周围租房子陪读。虽然现在义务教育免学杂费,但是教育的重新布局,使得农村家庭的教育成本没有减少,反而增加。"撤点并校"也引发了农村学生上学的出行难题,黑校车、校车事故等也引发了政府和社会对儿童上学路上安全问题的担忧。而很多乡镇中心学校存在生活设施配套不完备、缺乏生活老师等问题。

表3-13 学龄儿童上学地点

上学地点		村内	乡镇	县里	其他
(小学)1—6年级	频数	140	152	43	7
	百分比(%)	40.9	44.4	12.6	2.0
(初中)7—9年级	频数	17	92	31	1
	百分比(%)	12.1	65.2	22.0	0.7
(高中)10—12年级	频数	0	7	19	1
	百分比(%)	0.0	25.9	70.4	3.7
合计	频数	157	251	93	9
	百分比(%)	30.8	49.2	18.2	1.8

受调查的学生就读的学校到家的距离见表3-14。有48.2%的学生所就读的学校离家的距离在1.5公里以内,30.1%的学生所在学校离家的距离在2—5公里,14.6%的学生在5—10公里范围内的学校就读,还有7.2%的学生在10公里以外的学校就读。连片特困地区农村的交通大多不方便,山路、土路比较多,并且由于校车没有普及,学生上学还是以步行为主,这就造成了学生上学的不便。

表3-14 学校到家的距离

距离	1.5公里内	2—5公里	5—10公里	10—20公里	20公里以外
频数	255	159	77	21	17
百分比(%)	48.2	30.1	14.6	4.0	3.2

受访学生去学校的方式最多的是步行,占受访在校学生的63.6%,其他依次是自己骑自行车、监护人接送、坐公共汽车或出租车、坐校车等,还有个别学生骑电瓶车或者搭车去学校(见表3-15)。

表3-15 在校学生去学校的方式

方式	骑自行车	步行	校车	监护人接送	坐公共汽车、出租车等	其他
频数	67	337	28	47	35	15
百分比(%)	12.7	63.6	5.3	8.9	6.6	2.8

在实地调研中,我们发现步行去上学对学校离家较近的学生来说是最为普遍的出行方式。但是在一些山区,孩子选择步行去上学也是迫于无奈。山区儿童上学往往要走上几公里,甚至十几公里的山路。如果遇到雨雪天气,山路无法通行,山区的孩子便无法去学校。

上学路途遥远,第一导致了学生需要早起上学,影响休息和睡眠;第二增加了交通成本;第三使许多监护人租房陪读,增加了家庭负担。以下学生早起以及监护人陪读的案例说明了上学不便对学生以及家庭造成的负面影响。

案例3-13:害怕迟到的女孩儿

王小玲,今年11岁,是一个回族的小女孩。在西吉县的车路村小学上学,开学上4年级。女孩儿没有手表,因此会根据太阳判断时间以及自己是否会迟到。她夏天早上6点钟起床(这个时候太阳大概刚刚在山峰那面露出个小头),之后穿衣服、洗脸、刷牙,大概6点半从家里出发(太阳大概在河的位置),不在家吃早餐,因为害怕上学来不及。妈妈做有菜的馍馍会比较麻烦,所以妈妈让她带白馍馍去学校,但是她不爱吃,所以自己就偷偷地不带早餐,也没有跟妈妈说过自己不带早餐的原因。冬天的时候一般天还没亮就要起来，她一般是走到下面的一家同学家然后再一起走到山上面的两个同学家，四个同学一起去上学，但是有的时候她出来得晚了，就不会去找其他同学一起上学。走到学校需要20—30分钟，到学校一般是7点钟左右。

案例3-14：6点出发的孩子

祁晶晶，14岁，在家排行老四，人称老四，一直在羊路小学上学，开学将上初中一年级。但是目前中考的分数还没有下来，还不知道具体会被分到哪个学校。老四说上小学的时候，自己跟五妹和六弟一起早上5点40分左右起床，洗漱后大概6点左右从家里面出发，每个孩子带上自己的馍馍，有时候可能不饿，就不带了。老四说有时候前一天晚上吃得多，第二天早上就不饿，前一天晚上吃得少，第二天早上就饿。三个孩子每天早晨一起步行到学校，大概要一个小时的时间，7点钟左右能够到学校。村里也有公交车，但是最早的也要8点钟发车，上学赶不上的，而且乘公交一个来回的交通费为10元。

上学路途遥远直接带来了交通成本的增加，面对较长距离的上学路程，学生会选择公交等交通工具，但是交通费的开支也是一笔不小的数目。为了孩子能够安心上学，现在越来越多的监护人开始到县城里"陪读"，这样的话吃住在县城，不仅大大增加了家庭的经济负担，而且会影响家里的农活。

案例3-15："交通费太贵了"

16岁男孩，在西吉三中读初三，6月参加中考，目前成绩还没有公布，监护人也正在焦急地等待结果。孩子每周回家一次，一般是周五下午从学校和几个同学一起走路回家，学校离家大概有7公里，孩子们一般走一个多小时；县里面到村里面也有公交,往返要 8 元钱,交通费对于家里来说太贵了。坐在炕上的叔叔说:"8 元钱可以买很多的本子和文具呢,所以孩子们都会走路往返学校把钱省下来买本子。"周日下午的时候孩子和几个同学一起从家里面出发走着回到学校,还要上周日晚上的晚自习。

案例 3-16:租房陪读的妈妈

甘肃山区一个山村一户人家有两个孩子。孩子的母亲告诉我们,因为路途遥远,所以他们在山下村子里租了一个房子,方便孩子上下学。租的房子是一所废弃的房子,平时没有人,租金每月只要 30 元。平时农闲的时候,母亲就在家里照顾孩子,为孩子洗衣做饭。但是一到农忙的时候,他们就不得不把孩子带回距学校 7 公里的老家,重新住到山上,孩子的上下学都用摩托车接送。母亲说,这段时间是他们最辛苦的时候,既要忙着种地,还要为孩子的上学问题担心。

近年来,校车在我国许多城乡地区已成为一道亮丽的风景线。这些校车的投入运行为解决孩子的上下学交通难问题发挥了较大作用。然而,由于众多因素的影响,它们的安全十分令人担忧。由于运输对象的特殊性,校车安全牵动着千家万户的心,并非一个简单的学校、企业或个人问题。政府如何实施有效的管理,充分保障校车安全,已成为一个备受社会各界关注的大问题。[1]

对于近年来经常被媒体报道的校车问题,大部分坐校车学生的监护人认为现在的校车并不安全,但是因为自己无法送孩子,只能让孩子坐校车上学。虽然现在政府已经出台了规范校车运营的政策,但是在农村地区很难得到很好的实施。再加上很多农村学校的校车是个体经营的,如何规范个体经营校车也将是政府所

---

[1] 丁芝华:《我国校车安全管理的现状、问题与完善对策》,《智能交通》2010 年第 4 期。

面临的一个问题。连片特困地区农村在校学生所坐校车的经营方式主要是个体经营（71.4%）（见表3-16），不同于学前教育中主要由幼儿园经营。在利益的驱动下，个体经营的校车安全性很难得到保证。因此政府部门要加强对连片特困地区农村校车经营的监督与管理，切实保障学生们的生命健康和安全。

表3-16 校车经营方式

经营方式	个体经营	学校经营	政府经营	其他
频数	20	3	2	3
百分比（%）	71.4	10.7	7.1	10.7

（3）学生住宿情况

农村寄宿制学校是20世纪90年代末以来大规模撤点并校布局调整的产物。有许多学者已从管理、教育、政策的视角，分析农村寄宿生在学习、生活、卫生、情感、心理、交通安全等方面的问题。农村地区寄宿制学校的学生具有拥挤与局促的生存空间、冗长单调的学习生活与隐含风险的日常生活。[①]

目前农村寄宿制学校已经遍布全国农村地区，寄宿生规模大幅增长，所占比例持续增加，逐渐成为农村义务教育的主体。尤其是西部山区、牧区农村寄宿制学校已经形成全覆盖的态势。教育部规划司2011年统计数据显示，全国农村中小学在校生总数为10949.8万（小学7319.4万人，初中3630.4万人），寄宿学生总数达到2907.6万（小学987.8万人，初中1919.8万人），农村中小学生总体寄宿率达到26.6%。初中小学分阶段统计，农村初中生总体寄宿率更高，2011年全国农村初中生总体寄宿率达到52.88%，16个省份初中生寄宿率超过了50%，6个省份超过60%，广西初中寄宿率甚至达到88.03%。就地域而言，西部12省区明显高于

[①] 汪淳玉、潘璐：《"文字上移"之后——基于三地农村小学寄宿生学习生活现状的研究》，《中国农业大学学报》2012年第4期。

全国，2011 年整个西部农村地区义务教育阶段学生寄宿率达到 34.30%，初中学生整体寄宿率达到 62.36%，小学生寄宿率达到 19.65%。①

我们调研的结果与以上数据基本一致。我们调研发现连片特困地区农村学龄儿童中住校的学生占 32.5%，其中小学阶段的住校生比例为 17.8%，初中阶段住校生比例为 63.1%，高中阶段住校生比例为 57.1%（见表 3-17）。

表 3-17 各阶段学生住校情况

住校情况	住校	不住校
（小学）1—6 年级	61 17.8%	281 82.2%
（初中）7—9 年级	89 63.1%	52 36.9%
（高中）10—12 年级	16 57.1%	12 42.9%
合计	166 32.5%	345 67.5%

在住宿生的住宿条件方面，住宿生所在学校的宿舍平均入住人数约为 12，其中，住宿人数最少的为 2 人，最多的为 45 人。有 25.3% 的住宿生宿舍入住 2—6 人，23.5% 的宿舍入住 7—10 人，39.8% 的宿舍入住 11—20 人，11.4% 的宿舍入住 21 人及以上（见表 3-18）。由此可见，农村住宿生的住宿环境比较拥挤，有超过一半（51.2%）的住宿生的宿舍中居住 10 人以上，有些宿舍的入住人数甚至达到 45 人。如此拥挤的居住环境一方面严重影响了学生的睡眠和休息，另一方面如果出现突发事件，很容易发生一些威胁学生安全的情况。

---

① 董世华：《寄宿制学校已成农村学校主体》，《中国教育报》2013 年 9 月 26 日。

表 3-18　学校内每间学生宿舍入住人数

人数	2—6 人	7—10 人	11—20 人	21 人及以上
频数	42	39	66	19
百分比（%）	25.3	23.5	39.8	11.4

宿舍是寄宿制学校区别于非寄宿制学校的重要标志之一，也是学校分担家庭抚育和监护职责的重要场所，宿舍条件的优劣直接关系到学生寄宿生活的质量。[①] 我们调研发现连片特困地区农村住宿生宿舍的房屋类型大部分（69.3%）是新盖的楼房或者砖瓦房，有 21.1% 的住宿生宿舍是由普通民房改造而成的。调查发现一些学校的住宿生还住在简易板房、破旧危房、土坯房等房屋中，这对在校生的安全构成了极大的威胁。

表 3-19　宿舍房屋类型

房屋类型	新盖的楼房或砖瓦房	民房改造的	简易板房	破旧的危房	土坯房	其他
频数	115	35	3	2	3	8
百分比（%）	69.3	21.1	1.8	1.2	1.8	4.8

调查发现，有 44.7% 的监护人不愿意让自己的孩子在学校里住宿。其中 50.9% 的监护人认为自己的孩子年龄太小，生活不能自理，所以不想让他们在学校住宿；25.5% 的监护人认为学校的宿舍条件太差、不安全；还有 12.1% 的监护人认为学校的饭菜不好吃，对孩子的成长不利，所以让自己的孩子走读。有个别监护人认为住宿要额外交住宿费，学校离家不太远，孩子走读可以省出这笔费用。同时，也有监护人认为孩子走读可以在课余时间帮家里干农活。

---

① 董世华：《寄宿制学校已成农村学校主体》，《中国教育报》2013 年 9 月 26 日。

案例 3-17："霸道"的舍友

姚亚合，14 岁，开学在震湖中学读初中二年级。班里面有 60 个人，24 个女生，36 个男生。姚亚合在学校住宿（免费），每周五放学后自己骑自行车回家，有时也会跟同学一起骑车回家。她说一个宿舍大概住 50 多个学生，2 个孩子睡一张床，是上下铺的那种。她说，夏天热的时候和一个"霸道"的人睡在一起，可是那个"霸道"的人会把胳膊压在自己的身上，自己只好把她的胳膊拿走，有时可能一晚上都睡不好。姚亚合说并不觉得这对第二天的上课有影响，自己从初一就一直和这个人挨着睡，虽然晚上有的时候会睡不好，但是并不准备调床。姚亚合说，这种情况同学间可以自行调床的，但是自己并不准备这么做，因为害怕这样会伤害她的自尊心，因为"霸道"的人喜欢跟她住在一起，自己的脾气好，所以也就忍了。

连片特困地区农村寄宿制学校的住宿标准一般达不到国家相关要求，学生们往往睡的是"大通铺"，十几名甚至几十名学生挤在一个宿舍，严重影响到休息和睡眠。

家庭环境对个人社会化的意义在于儿童情感和爱的培养。低龄寄宿的小学生正值刚能理解父爱和母爱的年龄，但他们却早早离开了父母，寄宿学生的生活与家庭处于"隔绝"的状态，寄宿学生回家的次数少，经常是两周或者三四周才能回家一次，每次也只能住一两天，只在寒暑假才能有较多的家庭生活。而寄宿者的管理者和学校的老师又替代不了父母，不能给予孩子特有的亲情和温暖，使农村寄宿学生在他们成长的最重要时期，缺少对亲情的感受，这对他们的成长是很不利的。低龄寄宿生活对小学生人格的形成也有重要的影响。一些低年级的寄宿学生与同学关系处得不好，得不到其他同学的认同，也没有教师和监护人的及时关怀，时间一长，他们的性格就容易出现偏差，甚至形成不健康的人格,无疑,低龄寄宿已成为一个比较突出的社会问题。① 因此过低年龄的寄宿会对儿童的成长与社会化产生不利影响,贫困地区寄宿制学校的住宿条件又比较差,所以一方面要适当减少贫困地区小学低龄儿童的寄宿,另一方面要完善寄宿制学校的基础设施、排除安全隐患,让学生住得安心和舒适。

(4) 基本的学校设施

受访的在校学生中,有77.5%的学生在近几年新盖的楼房或者砖瓦房里学习,有9.5%的学生在民房改造成的教室中学习。同时,有少部分学生仍然在简易板房、破旧的危房和土坯房中学习(见表3-20)。在简易板房、破旧的危房和土坯房中上课不仅严重影响学生们的学习,更威胁了他们的生命安全,带来了安全隐患。

表3-20 教室的房屋类型

房屋类型	新盖的楼房或砖瓦房	民房改造的	简易板房	破旧的危房	土坯房	其他
频数	410	50	15	9	8	37
百分比(%)	77.5	9.5	2.8	1.7	1.5	7.0

大部分受访在校学生所使用的桌椅情况较好。如表3-21所示,30.8%的学生在使用新教室专门配备的桌椅;66.0%的学生虽然在使用旧的桌椅,但还是可以使用的;但是也有1.7%的学生在使用已经接近报废的破旧桌椅;有个别的学生需要自己从家里带桌椅。

表3-21 桌椅类型

桌椅类型	新教室专门配备的	旧的桌椅,但还可以用	破旧的桌椅,已经接近报废	全部从家里带的	其他
频数	163	349	9	2	6
百分比(%)	30.8	66.0	1.7	0.4	1.2

---

① 涂皓、周欣:《低龄寄宿凸显社会问题》,《教育》2013年第34期。

调查发现，76.6%的受访在校学生所在的学校教室中冬天没有取暖设备。即使有取暖设备的学校，也大多采用比较落后的取暖方式（蜂窝煤炉子等），而不是使用暖气。冬天，教室中无取暖设备不仅影响儿童的学习，更重要的是会威胁孩子的身体健康。

表3-22 教室冬天是否有取暖设备

是否有取暖设备	是	否
频数	124	405
百分比（%）	23.4	76.6

连片特困地区农村学校教育设施的落后在冲击了我们的眼球，应该引起政府和社会的关注。随着近年来国家对于农村教育投入的加大，这一落后的面貌正在逐步改变，但要真正改善农村学生的学习环境，需要政府进一步加大对农村教育的投入，切实解决当前存在的核心问题，因地制宜，有针对性地根据各地不同情况出台不同规定，这也需要社会各界的大力支持。

案例3-18：从窑洞到平板房

甘肃山区一个初中女孩，所就读初中是县里唯一的中学，从家里到学校大约有两个小时路程，学校规定每周末在没有特殊情况时，住宿生必须回家，目的是为了减少学校的运行成本。但如果遇到下雨的情况，为了学生的安危，学校规定学生都不准回家。在女孩读初中时，学校的住宿和教学条件都比较落后，但学校的新宿舍和新教学楼已经竣工，新学期就可以开始使用了。学校以前只有三排平板房，包括了教室、食堂和宿舍。女孩住的学校宿舍最开始是窑洞，后来才是平板房。全校所有的女生挤在两间宿舍里，每间宿舍有一张上下通铺的床，一张床可以睡二三十个女生。"这种宿舍冬天还好，但到夏天就特别热，但老师又不准我们到宿舍外面睡，大家只能挤在宿舍里。"食堂的条件最初也不好,女孩刚入学时一周只能吃一两次肉菜,这种情况在初三时慢慢改变,菜色也越来越丰富。

(5) 儿童在学校的餐饮

众所周知,儿童时期的营养对孩子非常关键,不仅会影响其身体发育,而且会影响其智力发育,对人的一生产生重要影响。孩子儿童时期的营养是一个国家劳动力素质和国民素质形成的重要基础。[①] 中国发展基金会针对广西、云南等西部农村贫困学生营养状况所做的调查报告显示,受调查的四川省1400多名农村小学生中,每100人中就有近12人生长迟缓,身高低于同龄城市儿童6—15厘米,还有9人体重低于同龄城市儿童7—15公斤。生长迟缓率近12%,低体重率达到9%。营养摄入严重不足,维生素C的摄入量几乎为零,有72%的学生上课期间有饥饿感,其中每天都会有饥饿感的高达1/3。[②] 由此可见贫困地区儿童的餐饮及营养状况远远落后于城市地区。为此我们就儿童在学校的餐饮状况进行了调研,主要考察儿童吃饭的地点、饭菜的来源以及饭菜的质量等问题。

调研发现,连片特困地区农村儿童的午餐主要是在学校和家里吃,另外也有少部分学生在学校外面的摊点或者老师家里吃(见表3-23)。

表3-23 儿童吃午饭地点

地点	家里	学校	其他
频数	223	292	14
百分比(%)	42.2	55.2	2.6

[①] 李文、汪三贵等:《贫困地区寄宿制学生营养餐项目效果评估》,《农业技术经济》2011年第6期。
[②] 中国发展研究基金会:《农村贫困学生营养状况调研报告》2011年2月27日。

在学校里吃饭的学生当中，75.7%的学生从食堂里买饭吃，还有部分学生从家里带饭吃，另外一部分学生则是在学校外面的商店或者流动摊点买饭吃（见表3-24）。

表3-24 饭菜的来源

来源	从家里带饭	从食堂买饭	其他
频数	29	221	42
百分比（%）	9.9	75.7	14.3

受访学生中认为学校饭菜好吃的约占1/5，58.1%的在学校或者其他地方吃饭的学生认为学校食堂或者外面流动摊点的饭菜质量一般，明确表示学校和学校外面的饭菜不好吃的占20.5%（见表3-25）。

表3-25 学校或者其他地方饭菜如何？

是否好吃	好吃	一般	不好吃
频数	64	175	62
百分比（%）	21.3	58.1	20.5

学龄儿童正处于身体发育的关键时期，需要保证充足的营养供应。在调研中我们发现，部分学校提供的餐饮有了很大的改善，能够基本满足学生的需求，但是还有个别地区学校食堂或者政府供应的营养餐不能给儿童提供足够的营养，不能满足儿童成长发育的需要。一些连片特困地区农村的学校向儿童提供的营养餐为馒头和咸菜汤，这非但不能为孩子成长发育提供营养，而且还让一些孩子吃不饱饭。因此，很多监护人为了照顾孩子专门到学校周围租房住，在孩子上学期间，为其做饭，以保证其足够的营养供应。因此，"如何让营养餐变得有营养"，政府应该承担起应有的责任。

案例3-19：学校里的"私人灶"

16岁男孩刚刚初中毕业。在读初中时，周日下午他会和几个同学一起从家里面出发走着回到学校,然后上周日晚上的晚自习。每周回家,爸爸妈妈会给他5元钱,这是他的零食钱。孩子妈妈说孩子主要是用这钱吃麻辣条。每次回来,爸爸妈妈还会给他准备一些馍馍,孩子在学校,每天早餐就是吃这些。午餐和晚餐每顿花2.5元,在"私人灶"吃饭,一般吃洋芋面,偶尔改善伙食,就是米饭和土豆以及粉条,改善的伙食价钱一般是普通伙食的2倍。"私人灶"那里会有个小本记录每个孩子吃饭的次数,饭钱按照每个孩子吃饭的次数收的,一般一个孩子一学期的饭钱是700—800元。

案例3-20:学校伙食比家里好

初中已毕业的男孩说,现在上学不用交学费了,但是一个学期还要交200元左右钱,包括保险费50元,还有资料费等。上学的时候他在学校住宿,一天吃三顿饭,他说从小学六年级开始,在学校吃饭就都是免费的。学校的饭菜比家里好吃,早点有牛奶、鸡蛋,每天都能吃肉,一天吃两三种蔬菜,不过大多数时候是土豆、白菜之类的。现在他在家里一天吃两顿饭,都能吃饱,但是吃得比在学校简单得多,吃肉的话可以每天都吃,不过大多数是腊肉,因为在这个地方大多数人家都会杀年猪做腊肉吃一整年,新鲜的肉要等赶集的时候才能吃到。水果每周吃一次。

总体来看,在餐饮方面,当前连片特困地区农村儿童的温饱问题都能够得到解决。虽然多数学生认为学校食堂的饭菜一般,但与家里的饭菜相比,学校的饭菜还是要好一些。通过调研我们发现,学生的饮食主要以粮食、蔬菜为主,肉、蛋、奶以及水果的比例较低,即使吃肉也主要是腊肉、腌肉等,而非鲜肉。贫困地区儿童的学校餐饮应该进一步注意学生饮食营养的均衡,而不是仅仅满足学生"吃饱"的基本需求。

(6) 家庭在儿童教育方面的投入

学者武向荣研究发现,实施免费义务教育政策较大地缓解了农村贫困地区家庭的教育负担,促进了农村家庭进行自愿性教育投入。但是,目前农村贫困地区家庭在孩子接受义务教育阶段时负担仍然较重,寄宿生家庭的教育负担尤其严重,而国家规定的寄宿生生活补助也没有从根本上缓解该类家庭的教育负担。另外,由于农村教育质量较低,较多农村家庭"助学进城",这已成为目前增加家庭教育负担的主要因素之一。[1] 这与我们调研的发现基本一致。

我们调研发现,连片特困地区农村学龄儿童家庭在儿童教育方面的投入每年平均为 1987.25 元,其中,学费平均为 414.57 元,书本费平均为 287.94 元,住宿和伙食费平均为 1284.74 元(见表3-26)。在儿童教育方面的投入中住宿和伙食费占总投入的 64.6%。

表 3-26 学龄儿童家庭在教育方面的投入(元)

费用种类	学费	书本费	住宿和伙食费
均值(元)	414.57	287.94	1284.74

从各学龄段儿童家庭在教育方面的投入情况来看,存在分化的趋势:家庭在孩子初中和高中阶段的各方面的教育投入都明显高于小学阶段,其中,高中阶段的投入最高,平均每人每年的教育费用超过 4000 元(见表 3-27)。

表 3-27 各学龄段儿童家庭在教育方面的投入情况(元)

费用均值	总费用均值	学费均值	书本费均值	住宿和伙食费均值
(小学)1—6 年级	1428.03	278.73	234.46	914.84
(初中)7—9 年级	2889.87	569.89	386.70	1933.28
(高中)10—12 年级	4152.20	1263.31	458.46	2430.43

---

[1] 武向荣:《农村贫困地区家庭义务教育阶段教育负担研究》,《教育进展》2012 年第 2 期。

我国农村"两免一补"政策已经全面实施，各地农村儿童在接受义务教育时已经不需要再缴纳学费和书本费，而且家庭困难的住宿生每月还能够得到一定的生活补贴。这在很大程度上减轻了家庭在孩子教育方面的负担。此次调查发现，有56.2%的学龄儿童在就学期间没有缴纳学费，其中，小学阶段的儿童无须缴纳学费的占61.6%，初中阶段为50.0%。但是有学者认为相比下降了的义务教育阶段的基本教育成本，农村高中教育阶段的费用在不断升高，贫困家庭子女更容易在这一阶段辍学。[1] 因此政府应当关注初中、高中阶段教育投入的增加对于贫困家庭的影响，防止出现学生在高中阶段集中辍学的现象。

从2012年起，我国在连片特困地区实施农村义务教育阶段儿童营养改善计划，部分学生在就学期间可以免费领取营养餐。从此次调查的情况来看，有34.4%的学龄儿童在学校期间没有缴纳伙食费，其中，小学阶段儿童无须缴纳伙食费的占41.6%，初中阶段为20.3%。

在义务教育阶段，尤其是小学阶段，家庭教育投入是比较少的，如果学生不住宿，需要的只是一些试卷、文具、保险费用，以及零花钱，而这些支出通常数目不大。

案例3-21："免费义务教育"减轻多子女贫困家庭的负担

妻子38岁，丈夫41岁，共养育五个儿子。每年的家庭收入主要来自土豆种植以及农闲时务工，收入主要用于儿子们上学的住宿费和生活费。大一点的孩子已经上高中、初中。四儿子和小儿子是双胞胎，今年9岁，上三年级。丈夫说现在上小学的花费是比较少的，因为吃饭和住宿都在家里面，所以只是交一些试卷、保险、文具的钱，大概一学期需要150

---

[1] 王婷:《中国西部农村教育成本、收益与家庭教育决策的实证研究》，博士学位论文，中国农业科学院，2009。

元，花费不算多。

案例 3-22：孩子上学主要花一点资料费

单亲回族家庭，丈夫因车祸去世，家庭失去了主要劳动力，经济比较拮据。三个孩子都在读书，现在义务教育阶段不收学费和书本费，减轻了家里的负担。孩子们在回民小学上学，上小学的支出主要是资料费和试卷费，一般是老师让买什么资料就买什么，资料费一般一年为300—400元，保险费为30元，文具的花费比较少。一般一年上学的花费为500—600元。进入学校需要交50元的报名费和作业本费，还有校服费135元。期末的时候会交买复习资料的钱。弟弟上学期交了30元，姐姐交了50元。

案例 3-23：上小学主要的费用为生活费和资料费

丁婶的二女儿今年10岁，个子却比小她1岁的孩子还要矮一头多，身高只有1.1米左右。孩子平时不好好吃饭，父母也没空管她，身体特别瘦弱，有些营养不良。孩子上三年级了，之前上一、二年级的时候不住校，还要交来回的车费，以及三餐的费用，一年要1200多元钱，免费的午餐从三年级才开始有。孩子上学需要的费用主要是住宿费和学费，其中包括82元钱的资料费、80元钱的保险金、150元每月的伙食费、每周5元的零用钱。

结束义务教育阶段之后，如果儿童继续接受高中教育，家庭的教育投入则迅速增加，因为高中生通常需要住宿，此时的教育投入包括学费、住宿费和生活费等。此外，如果学生在县城上学住宿，其消费水平远远高于农村，有的高中生一年的消费能达到1万元左右，高中教育支出成为农村家庭的重要负担。

案例 3-24：高中生想辍学打工

小贺家的经济条件不算好，原来的九年制义务教育倒还好,但是上了高中以后,学费和生活费使他父母承担了巨大的压力。小贺给我们算了一笔账:"我一个学期的学费大约需要2000元,县城的消费比老家高得多,一个星期至少需要100元的生活费,这样一年下来就要1万元左右的开支。我知道这些钱都是我老爸出去打工攒下来的。况且家里爷爷奶奶都有病,我家经济条件又不宽裕,我学习成绩不好,总感觉有些对不起家人。"

案例3-25:17岁女孩学费负担重

瑞环在柞水中学上高中,寄宿在学校,每个月或者半个月回一趟家。每学期开学,瑞环都要向学校交1600—1800元,其中包括学费、住宿费和书本费以及一些教辅资料的费用。柞水中学采用封闭制教学,瑞环每个月还需要花400元的生活费,包括吃穿洗用。瑞环告诉我,她基本上一个学期下来要花费4000元钱,到了高三的时候,每学期要花费5000元,就是说瑞环一年的教育开支就有8000—10000元。好一点的是,柞水高中为了帮扶贫困学生上学,给每个班级分配贫困生补助金名额,学生只需要自己写材料往上申请,就能拿到每年500元的贫困学生补助,瑞环就是享受该补助的一个学生。

案例3-26:高中学费和生活费的开支大

穆华,16岁,上高中,每学期的学费需要1700元左右(包括300元住宿费)。"开学要交报名费,差不多每两周就得交一次钱,交资料费、班费什么的,而且吃住都需要花钱,一个学期下来得五六千块钱"。穆华现在住学校宿舍,每学期需要交300元,一般一天的吃饭花费需要十五六元。"我们一般都不在学校吃饭,学校食堂承包给私人的,饭菜太贵了,一般一个菜都六七块钱,我们都是几个同学一起出来吃馆子,一般一个素菜也就5块钱,而荤菜一般8元,平时我们很少吃荤菜。""我们喝水也需要花钱,班里喝水喝的是饮用水,每个月都得买水卡,水卡是30元。"穆华不买课外书,平时很少买零食,也从来不买水果吃,即使这样一个月也需要六七百元。

案例 3-27:借钱让女儿读高中

郭大叔,42 岁,妻子离家出走。大女儿现在读高二,一年的花费大约 1 万元,是大叔到处借的。从大叔口中得知:大女儿的学费是 2000 多元一年,一个月的生活费是 300 元(在我问及其大女儿一个月的花费时,大叔重复了很多次"现在有钱人一个月 300 元肯定不够用")。大叔说 2013 年上学期女儿的学费是 1040 元,到现在一共花了 4200 元,昨天到学校补课,她走的时候拿走了 400 元,补课的时间是 20 天。

案例 3-28:读高中的花费大幅增加

何叔两个女儿现在都在县中学上学,小女儿上初三,大女儿上高一。现在家里花费最大的就是两个女儿上学,何叔告诉我们两个女儿上学一年得要 1 万多元,主要的花费就是生活费。小女儿上初中属于义务教育阶段花钱比较少,但是每天的伙食费得要 12 元,一个月就将近 400 元,而且学校还会收一些杂费、资料费、考试费等,住宿免费,保守算下来小女儿一年至少需要 6000 元。大女儿今年刚上高中每月的生活费就要 500 元,再加上每学期的书本费、学费、住宿费等需要近 2000 元,所有费用加起来最少也得需要 9000 元,这样两个孩子上学就得需要 15000 元左右。当然民族地区学生每学期有 600 元的生活补助,这是所有民族学生都有的。

综上所述,在义务教育阶段,尤其是小学阶段,连片特困地区农村儿童家庭的教育投入较少,平时的教育开支也仅仅是考试费、书本费等,没有给家庭经济带来多大负担。但是到了初中以后(尤其儿童开始寄宿生活之后),家庭的教育投入迅速上升,其主要的花费是住宿费、生活费等,而城乡之间消费水平的差距,进一步增加了农村家庭的经济压力。到了高中阶段学生的家庭教育投入最高,平均一年近4000元,有的甚至过万,这成为农村家庭沉重的经济负担,同时也增加了很多孩子的心理负担,容易导致学生集中辍学现象的发生。

(7) 在校学生的学习情况

此次调查的连片特困地区农村在校学生学习成绩在班级内的水平如表3-28。学习成绩在班内属于上游水平的占13.2%,处于中上水平的占38.0%,中等水平的占37.4%,中下水平的占9.6%,下等水平的占1.7%。

表3-28 在校学生学习成绩在班级内的水平

水平	上等	中上等	中等	中下等	下等
频数	70	201	198	51	9
百分比(%)	13.2	38.0	37.4	9.6	1.7

案例3-29:成绩下降的小男孩

郭科,15岁,在读初中二年级。现在学习的课程有语文、数学、外语、物理、生物、政治、地理、体育。他说自己最喜欢数学,因为数学好学,自己每次一般得90分左右,满分是120分;最不喜欢学习英语,一般是每次得30分左右,音标、拼音和单词都不会,自己学不进去。"英语老师有的时候会拿小细木棒打学生,不痛。但是打后,我们也不好好学,学不会。自己三年级在毛坪小学开始学的英语,那时英语还挺好的,100分满分,一般能得60—70分。到初中,自己不愿意学也不好好学,后来就学不动了。"问及以后对于学习的打算,他说:"我不喜欢读书,但是想读完初三,以后就不读书了。我现在是读不进去,想学也不会。但是对于以后我也没有打算。目前还没有把我的想法告诉姐姐和爸爸,如果他们不同意,那就继续读书。"

初中教育对学生的影响非常大。由于知识的难度突然增加，许多学生跟不上，又缺乏有效的老师辅导，学生学习成绩一旦下降，就很难再追上来。另外我们调研发现在连片特困地区农村的中小学存在一种普遍的现象，即老师只关注班级里成绩好的前几名学生，只对他们进行辅导和额外的学习帮助，至于大多数的学生被认为没有升学的希望，不被老师和学校重视。

课外书能拓展学生的视野、培养学生的学习兴趣，对学生综合素质的培养具有重要作用。我们调研发现连片特困地区农村在校学生看课外书的情况如下表3-29，有10.4%的在校生天天看课外书，19.8%的经常看，35.7%的只是偶尔看，24.8%的很少看，9.3%从来没有在学校看过课外书。对于学生本身来说他们是喜欢看课外书的，因为课外书比一般的课本有趣、生动，也能够扩展学生的视野。但是有的老师和监护人则抱有相反的态度，他们认为看课外书会耽误学习。

表3-29 在学校看课外书的情况

看书情况	天天	经常	偶尔	很少	从来不
频数	55	105	189	131	49
百分比（%）	10.4	19.8	35.7	24.8	9.3

案例3-30：喜欢看课外书的小女孩

罗燕，9岁，在读二年级，学习成绩较好，全班28个人，期末考试考了第二名，是班里的学习委员（老师指定的），平时主要负责收发作业等。罗燕喜欢读书，说"读书可以认识新字，学校有很多小朋友可以一起捉迷藏和跳绳"。她每天都去图书馆看书，班长有图书馆的钥匙，去的时候就让班长开图书馆的门，图书馆可以借书，只要把借的书记在图书馆的一个小本子上，看完了再还回去。罗燕喜欢看故事书，如《小红帽》《海的女儿》《灰姑娘》和《白雪公主》等。

案例 3-31：老师不让看课外书

王小玲，今年11岁，是一个回族的小女孩。在西吉县的车路村小学上学，开学上四年级。学校共有6个年级6个班级，她的学习成绩处在班级中等水平，班里面有25个学生。她学习的课程有数学、语文、美术、音乐、品德、体育。学校有一个图书馆，有很多种类的书，她借了两次书，之后就没有再借过。后来老师不让学生借书了，因为班主任老师说看课外书对学生没好处。她在2013年5月看过两本课外书，分别是《加菲猫》和《森林里的小木屋》。《森林里的小木屋》能够让人明白很多道理，看完之后她觉得很好。但是她现在记不清具体的内容了。她从上学开始就只读过这两本课外书，老师不会推荐书目给学生，也不会要求学生读书。小玲很希望老师能够让他们继续借图书馆的书，因为大家都很喜欢看书。她自己没有课外书，想要去买书，但是妈妈有病，所以没有钱买书。

儿童看课外书的情况与监护人是否能够为其提供课外书有一定关系。监护人给孩子买课外书的情况如下表3-30。有6.8%的监护人每个月都给孩子买课外书看，12.1%的监护人2—3个月买一次，35.2%的监护人半年买一次，29.1%的监护人一年买一次，还有16.8%的监护人从来不给孩子买课外书。至于课外书的种类，儿童大多喜欢看的是童话故事类以及漫画类的课外书。

表3-30 监护人给孩子买课外书的情况

买书情况	每个月都买	2—3个月一次	半年一次	一年一次	从来不
频数	36	64	186	154	89
百分比（%）	6.8	12.1	35.2	29.1	16.8

课外书对于培养儿童学习兴趣、拓宽学习视野等有很大的帮

助,老师及监护人不能简单地认为课外书会影响儿童学习而盲目禁止。老师及监护人应该有选择地帮助儿童选择优秀的课外书,引导其多看课外书、拓展知识面。

儿童的学习辅导与其监护人有密切的关系。在连片特困地区农村儿童家庭辅导方面,有 26.5% 的儿童认为自己在家做作业时不需要监护人的辅导,有 33.5% 的儿童认为自己在家里做作业时需要辅导,但是家里没人能够给予辅导。39.7% 儿童在家中做作业时有父母亲、哥哥姐姐或其他监护人给予辅导,其中给予辅导最多的是父母。

表 3-31　儿童家庭辅导情况

辅导情况	不需要	父亲	母亲	哥哥姐姐	父母以外的其他监护人	需要但没有人辅导
频数	140	70	73	45	22	177
百分比(%)	26.5	13.2	13.8	8.5	4.2	33.5

案例 3-32:丈夫去世后没人督促孩子学习

王阿姨,一个女儿,一个儿子。大女儿 13 岁,学习很好,今年 9 月份开学上初中一年级。小学六年级时班级里有 80 个同学,学习成绩为前二三名。大女儿没有参加辅导班。王阿姨愿意供女儿读书,只要她能考上,就会一直供她读书。二儿子在西吉回民小学读五年级,据王阿姨说二儿子比较淘气,不听奶奶的话,有些懒惰,学习成绩中等。王阿姨说叔叔在的时候,会给孩子买些课外书和玩具,课外书的名字自己也记不清了。但现在叔叔不在了,没条件了,也就不给孩子们买课外书和玩具了。而且以前,王阿姨夫妇每天都会检查孩子的作业,敦促孩子们学习,自从王阿姨的丈夫去世之后就没时间了,王阿姨心烦,也就懒得管孩子了,不看他们的作业了。

调查发现,绝大部分受访在校学生在假期没有参加辅导班,在假期参加过辅导班的只占 16.3%。这主要有两个方面的原因:一是监护人认为上辅导班没有用,所以不愿意花钱让孩子去;二是当地没有辅导班。

案例 3-33:假期补习数学和英语

亚合,14 岁,在读初中二年级。班里面有 60 个人,24 个女生,36 个男生。亚合学习成绩在班级里面是二三十名,学习的科目有语文、数学、外语、政治、历史、地理、体育等。亚合最喜欢学习英语,认为它比较简单,每次的成绩为 80—90 分;不太喜欢数学,一般考试成绩为 60—70 分,她自己学不会,觉得很难。亚合说自己六年级的时候姑姑帮忙联系了一个私人的赞助,她和三妹每个学期有 300 元钱的补助,亚合说只有学习好的才有,二妹没有。她平时周末的时候不会参加补课班,因为想回家。但是放暑假和寒假的时候会补一段时间的课,一般是补英语和数学。

在受访学生中,明确表示自己喜欢在学校读书的占 74.2%,表示不喜欢在学校读书的占 12.9%,还有 12.9% 的在校学生不知道自己是否喜欢在学校读书。大多数的儿童还是喜欢在学校读书的,因为在学校里读书不仅仅可以学习知识,还可以结交更多的朋友。学校是儿童完成社会化的一个重要场所。

表 3-32 是否喜欢在学校读书?

是否喜欢	喜欢	不喜欢	不知道
频数	393	68	68
百分比(%)	74.2	12.9	12.9

在上学期间,有逃课经历的学生占 10.6%。其逃课的原因主

要有：不喜欢在学校里读书；和同学一起出去玩；农忙时在家里帮忙干农活；父母不让去上学；等等。

现在农村学校周围出现了很多网吧，农村学生上网已经不再是新鲜事。有 45.9% 的受访学生所在学校周围有网吧，23.5% 的受访学生去过网吧。这个比例看起来不高，但是在调研过程中，经常有监护人向我们说现在的孩子经常到网吧去玩，尤其是留守儿童。一位在家照看 8 个孙子孙女上学的留守奶奶告诉我们，她的孙子们经常去镇上的网吧，有时候逃课去网吧上网，她根本管不了孙子们。监护人不是反对孩子去网吧，只是现在农村的网吧非常混乱，管理不规范。农村小孩子经常去网吧不是学习、查资料，而是上网、玩游戏，还经常跟一些社会上的"坏孩子"接触，时间长了，孩子就学坏了。因此当地的相关部门要严厉查处和取缔学校附近的黑网吧，给儿童营造一个良好的成长环境。

表 3-33　学校周围是否有网吧？

是否	学校周围是否有网吧	是否去过网吧
是	45.9%	23.5%
否	54.1%	76.5%

（三）家庭教育

家庭教育是指家庭中的父母及其他成年人对未成年孩子进行教育的过程。其教育目标应是：在孩子进入社会接受集体教育之前保证孩子身心健康发展，为其接受幼儿园、学校的教育打好基础。监护人需要通过后天的学习了解怎样做一个好的监护人，让自己的孩子成才。监护人对孩子的教育方式对儿童身心成长有着重要的影响，良好的家庭教育是净化孩子心灵的催化剂。监护人是家庭教育的主要施教者，只有监护人的观念和方法正确，才能够充分体现出良好家庭教育对儿童身心健康成长的正面作用。本部分分别对0—3岁儿童、4—6岁儿童和7岁以上儿童的家庭教育进行分析，从监护人与儿童的互动方式、互动时间、互动内容等方面呈现连片特困地区农村儿童的家庭教育。

1.0—3岁年龄段儿童监护人的教育方式

早期教育对于幼儿的发展有很重要的意义。在农村，幼儿早期教育主要在家庭中完成。和谐的家庭环境能促进孩子的身心健康成长，与学校教育相比，早期教育更能从多角度、多元化层面开发孩子智力，但这需要监护人具备一定的早教知识，以及合理的与幼儿互动的方式。

（1）监护人获得早教知识的渠道

我们通过调查了解到受访监护人获取早教知识的第一渠道是"向长辈、朋友咨询"，第二是"网络、电视等传媒"，第三是"育儿书籍"。其他渠道依次是"根据自身经验""向医生或其他专业机构咨询"，个别监护人向早教机构的老师或者专家咨询（见表3-34）。

表3-34　监护人获取早教知识的途径

途径	频数	%
向长辈、朋友咨询	112	50.9
参考育儿书籍	33	15.0
参考网络、电视等传媒的指导	45	20.5
听专家讲座	1	0.5
向早教机构的老师咨询	1	0.5
向医生或其他专业机构咨询	8	3.6
其他	20	9.1

在育儿方面遇到问题时，监护人采取的办法首先是"向长辈、朋友咨询"；其次是"监护人通过自己的摸索和尝试来解决问题"；再次是"参考网络、电视等传媒的指导"；还有个别监护人采取其他一些办法，如"根据自身经验"等（见表3-35）。

表 3-35　监护人在育儿遇到困难时所采取的办法

办法	频数	%
向长辈、朋友咨询	122	48.0
参考育儿书籍	15	5.9
参考网络、电视等传媒的指导	22	8.7
听专家讲座	3	1.2
向专业机构或人员咨询,如儿童心理咨询机构、儿童医院等	15	5.9
通过自己摸索和尝试来解决问题	52	20.5
实在解决不了就算了,每个人都很难做到十全十美	20	7.9
其他	5	2.0

由以上两个表格的数据可以看出,中国传统的以家庭为主的教育方式还是长辈邻里言传身教的方式。一方面是因为监护人的教育水平偏低以及传统的农村社会格局,在教育方面,祖辈的参与是必然的也是不可或缺的;另一方面是因为农村地区经济不发达,所能够获得的早教资源相对较少,相比于城市便利的网络资源和专业早教机构,农村中最有利最可靠的资源就是长辈经验,这些经验来自长辈和邻里。

(2)儿童与监护人的交流互动

我们所调查的数据是排除必要休息时间后的时间。由表 3-36 可以看出,有将近一半受访监护人每天陪伴孩子 2 个小时以上。但是在受访 0—3 岁儿童监护人中每天陪伴孩子时间不到 1 个小时的有 32.4%。受访监护人陪伴孩子的时间并不足以说明监护人对 0—3 岁儿童的照料与看护情况,但是可以说明受访监护人与幼儿之间的互动时间。0—3 岁儿童需要专人进行看护与照料,也需要其他监护人对儿童进行陪伴,这样才能够让幼儿更全面地对周围环境,尤其是对其他家庭成员产生认知。从性别上来说,女性监护人陪伴孩子的时间要比男性长。这与中国男主外女主内的传统分工以及女性的性格特征相关。

表 3-36　受访监护人每天和孩子在一起的时间

时间长短	没时间	5—15分钟	15—30分钟	30分—1小时	1—2小时	2小时以上	每周偶尔见一次面	其他
频数	6	8	14	23	16	77	6	7
百分比（%）	3.8	5.1	8.9	14.6	10.2	49.0	3.8	4.4

我们对于儿童监护人与儿童互动方式的调查主要分为两个方面：一是监护人是否给儿童听音乐；二是监护人是否经常和儿童一起读书做游戏。3岁以下的儿童多听早教音乐，对潜能开发有很大的好处，能够调节儿童心情，稳定儿童情绪。监护人经常和孩子在一起读书、做游戏，可以增进亲子之间的关系，同时，能够培养孩子读书的兴趣，储藏积极的情绪。调查结果显示，在受访家庭中，有31.2%的监护人会经常给孩子放音乐，45.9%的监护人会偶尔给孩子放音乐，22.9%的监护人从来不放音乐。在玩耍陪伴调查中，有22.3%的监护人经常和孩子在一起读书、做游戏，56.1%的监护人偶尔和孩子一起读书、做游戏，21.7%的监护人从来不和孩子在一起读书、做游戏。

通过调查结果可以看出，几乎半数的监护人只是偶尔陪伴孩子听音乐和玩游戏。在实地访谈中，我们也了解到，农村监护人对于儿童的早教并没有太多的关心，更多的是在家庭条件允许的范围内给予儿童物质补偿和精神陪伴。

案例3-34：缺乏早教知识的3岁儿童监护人

罗永先，有个3岁女孩，现在没注意早教的问题。关于养孩子的信息，罗永先通过自己摸索来获得。他平时就给孩子买玩具，如在村集上买挖掘机模型、小球、小熊等儿童玩具，没有给买过早教书。孩子喜欢听歌，都是手机里的，手机里的歌孩子会摆弄。孩子特别喜欢玩火，因为怕出事，罗永先总是先骂她，再讲道理。关于儿童营养健康方面的知识罗永先不是很懂，也不知道，但是很希望能够通过一些途径了解到这方面的信息。

2.4—6岁年龄段儿童监护人的教育方式

监护人与儿童之间良好的互动,既可以培养亲子之间的感情,也能够让儿童形成健全的人格。教儿童读书写字、与儿童一起游戏、对孩子的批评教育等都是监护人与儿童进行互动的重要形式。

教孩子读书写字是监护人和幼儿进行互动的重要方式之一。在受访的4—6岁儿童监护人中,有4.4%的监护人每天都会教孩子读书写字,24.5%的监护人经常会教孩子读书写字,35.7%的监护人偶尔会教自己的孩子读书写字,很少或者从来不教孩子读书写字的占35.3%。是否会教自己的孩子读书写字与监护人本身的受教育程度有一定关系。

与孩子一起玩是监护人了解和教育孩子的重要方式之一。受访监护人中,每天都会和孩子在一起玩的占12.0%,经常和孩子一起玩的占37.8%,偶尔和孩子一起玩的占29.7%,很少或者从来不和孩子一起玩的占20.5%。

4—6岁儿童监护人每天陪孩子一起玩的时间,如表3-37。31.3%的监护人每天陪孩子一起玩的时间为2个小时以上;15.7%的监护人每天陪孩子玩1—2个小时;18.1%的监护人每天陪孩子玩0.5—1个小时;10.8%的监护人每天陪孩子玩15—30分钟;16.0%的监护人每天只陪孩子几分钟或者没时间陪孩子玩。有8.0%的监护人每周偶尔陪孩子在一起玩,甚至更长时间才能和孩子见一次面,这对于儿童的成长和发展是不利的。

表3-37 监护人每天陪孩子一起玩的时间

时间长短	没时间	5—15分钟	15—30分钟	0.5—1小时	1—2小时	2小时以上	每周或偶尔见一面,时间长短不确定
频数	18	22	27	45	39	78	20
百分比(%)	7.2	8.8	10.8	18.1	15.7	31.3	8.0

然而，对于有监护人陪伴的儿童来说，陪伴的程度也是不一样的。电视媒体对于儿童来说的诱惑力是很大的，而在我们的调查过程中也发现，监护人和孩子在一起时做得最多的事为看电视，其次是闲聊，其他依次是做游戏、看书、讲故事等（如表3-38）。

表3-38　监护人和孩子在一起时做的事情

活动种类	做游戏	闲聊	看书、讲故事	看电视	其他
频数	42	45	40	113	9
百分比（%）	16.9	18.1	16.1	45.4	3.6

案例3-35：家里没有什么儿童书籍

　　爸爸教罗老三写字、画画，现在他写数字能从1写到10，一般都是晚上教他写一点，晚上一起玩，玩锄头、小刀之类的，忙的时间不固定，爸爸忙的时候可能只有几分钟时间和他玩。他犯了错误，爸爸会骂他，也会给他讲道理。因为他和别人吵架爸爸打过他。他在家看电视，有时候看十几分钟，有时候看一小时，最近看动画片《熊出没》，有时候爸爸陪着他一起看电视。爸爸带他出去玩，一般是去村里别人家玩，有一次过节时候去了临沧公园玩，坐了小船之类的，花了100多元。有人陪着玩的时间比较多，因为害怕他摔倒。

有研究统计，2005年我国约有少年儿童3.67亿，按电视收视率数据统计来看，4—18岁青少年电视观众总数约为2.76亿，在电视观众总体中占23.61%，其中7—15岁观众数量最大，接近观众总体的1/6。而且少儿观众日平均收看电视的时间不低于132分钟，周末一般在160分钟以上。[①] 随着电视的普及，电视已经成为

[①] 林海波：《青少年观众及城市少儿频道收视分析》，载《电视受众探析：2004年电视受众研究获奖作品选编》，北京：中央编译出版社，2005。

影响儿童社会化的重要因素。电视之所以能够成为儿童主要的娱乐方式,原因之一是农村中艰苦的生活环境和条件与电视中纷繁不同的世界形成了鲜明的对比,儿童更倾向于对电视中那些从未见过的景致和有意思的人物与故事感兴趣。监护人也将电视作为"让儿童安定下来"的一种"工具",或者是一种让孩子开心的方式。另外,电视的普及以及电视节目的多样化也吸引了儿童。

儿童在成长过程中,不可避免地会犯错误,如果孩子犯错或者任性,监护人往往会在此时对孩子进行教育,合理的教育方式可以促进孩子身心的健康成长,而过激的教育方式,非但不能起到教育孩子的作用,反而会对孩子的心理产生不利影响。调查发现,自己的孩子犯错或者任性时,4—6岁儿童的监护人采用最多的教育方式是训斥、责骂;其次是给孩子讲道理;再次是先满足孩子的要求,事后对其进行教育;其他依次是采取小策略让其服从、打骂、讲故事教育等(见表 3-39)。

表 3-39 孩子犯错或任性时,监护人的教育方式

方式	讲道理教育	讲故事教育	先满足他,事后教育	采取小策略让他服从	训斥、责骂	打骂	其他
频数	74	15	30	23	84	21	1
百分比(%)	29.8	6.0	12.1	9.3	33.9	8.5	0.4

3. 7岁以上年龄段儿童监护人的教育方式

7岁以上学龄儿童的生活中心开始逐渐从家庭转移到学校。儿童自己的生活空间逐渐增加,这段时间儿童与监护人的交流变得尤为重要。监护人与儿童正常的交流互动不仅可以增进亲子间的相互了解,而且还能够帮助儿童顺利地社会化。调查发现,在受访家庭中,监护人每天都会主动和孩子进行交流的占20.4%、经常主动进行交流的占25.9%,偶尔主动进行交流的占27.7%,很少或者从来不主动和孩子进行交流的占26.0%。而孩子主动和监护人进行交流的情况为:每天都会主动和监护人进行交流的占

20.9%，经常主动和监护人交流的占 28.8%，偶尔主动和监护人交流的占 25.5%，很少或从来不主动和监护人交流的占 24.8%。

表 3-40 监护人与孩子的交流情况

交流情况		每天	经常	偶尔	很少	从来不
监护人是否经常主动和孩子交流	频数	112	142	152	117	26
	百分比（%）	20.4	25.9	27.7	21.3	4.7
孩子是否经常主动与监护人交流	频数	114	157	139	112	23
	百分比（%）	20.9	28.8	25.5	20.6	4.2

有学者认为："亲子互动与父母的教养方式、父母的人格特征、父母的受教育水平、儿童的特征存在一定关系。这一过程还处于父母的社会网络和社会支持系统这一更广阔的社会环境中，并且受到它们的影响。同时，亲子互动过程还会对儿童的心理和行为发展产生一定的影响。而且，以上这些因素之间还存在一定的相互关系，从而形成了一个复杂的相互作用的循环系统。"[1] 从调查数据中可以看出，无论是监护人还是儿童，在与对方进行互动的主动性上都不强，这与贫困地区农村儿童及其监护人的个人特质有一定关系。

在孩子犯错误或者任性时，监护人的教育方式对孩子的心理成长会产生较大影响，"打骂"等恶性教育方式会对孩子的身心健康产生很大的不利影响。在受访儿童监护人中，有 3.3% 的监护人几乎每天都会打骂孩子；7.3% 的监护人经常打骂孩子；32.5% 的监护人会偶尔打骂孩子；有 56.9% 的监护人很少或者从来不打骂孩子。从调查数据可见，对于少部分学龄儿童监护人来说，"打骂"等恶性方式成为教育孩子的主要方式。实地调研发现，采取"打骂"等方式对孩子进行"教育"的情况，更多地出现在家庭结

---

[1] 侯静、陈会昌、王争艳等：《亲子互动研究及其进展》，《心理科学进展》2002 年第 2 期，第 185—190 页。

构出现变故、家庭关系不和谐等家庭中。

　　监护人对儿童的教养方式是监护人的教养观念、教养行为及其对儿童的情感表现的一种组合。这种组合方式是相对稳定的，不随情境的改变而变化，它反映了亲子交往的实质。[①] 家庭教养方式是影响儿童的智力因素和非智力因素。说服、民主、鼓励、宽容、情感的教养方式有利于儿童的智能开发，而惩罚、打骂、羞辱、拒绝、专制和过度保护、包办、溺爱、不问不管等方式造成儿童社会性退缩、急躁、任性等非智力因素问题发生率高。[②] 关颖等专门探讨了父母教育方式与儿童社会性发展的相关性，研究发现，父母采取民主型教育方式的，儿童社会性得高分的比例大大高于宽容型和专制型的教育方式，从此可看出在亲子关系上的民主、平等、和谐使孩子在良好的气氛中接受教育，对儿童的社会性发展有积极的影响。[③] 但是连片特困地区农村留守儿童由（外）祖父母照料的情况较为普遍，隔代亲属在对孩子照看的过程中更多的是迁就、宠爱，这往往会对孩子的社会性发展造成不利影响。

案例 3-36：疼爱孩子的大娘

　　张大娘说着就把胳膊上的衣服撸起来给我们看，她胳膊上还渗着带血迹的伤疤，说是孩子咬的。我们问大娘有没有教育或者是惩罚孩子。大娘笑嘻嘻地说："孩子太小不懂事。"我们跟大娘热切交谈的这段时间，小孩子不时地拿着她的玩具跑过来想引起我们的注意，一会是气囊狗，一会是毛绒玩具等，还在院子里面的水箱上爬呀跳呀的，张大娘一边聊一边注意孙女的行踪，生怕孩子离开了自己的视线。

[①] 张文新：《儿童社会性发展》，北京：北京师范大学出版社，1999，第98页。
[②] 薛慧、于倩、孙莉等：《家庭教养方式对儿童智力发育和非智力因素的影响》，《中国公共卫生》1998年第4期，第212—213页。
[③] 关颖、刘春芬：《父母教育方式与儿童社会性发展》，《心理发展与教育》1994年第4期，第47—51页。

监护人对于孩子过分的宽容或者专制，对儿童的发展必然是不利的。监护人关于儿童的早期教育的知识主要来自长辈，传统的打骂教育也是中国式家庭教育中不可缺少的一部分。调查发现，监护人对于打骂孩子的教育方式呈现两种较为明显的态度（见表3-41）。支持打骂教育的监护人占45.2%，他们认为孩子做错了事，父母就应该要打骂或好孩子是打出来的。46.3%的监护人不支持"打骂"教育方式，认为父母不应该打骂孩子，而是应该更多地对孩子进行说教与引导。还有少数监护人对于"打骂"教育方式是否合适表示不清楚。

表3-41 监护人对打骂孩子的看法

看法	做错了事，父母就应该打骂	好孩子是打出来的	父母不应该打骂孩子，应更多地依靠说教	不清楚
频数	203	46	255	47
百分比（%）	36.8	8.4	46.3	8.5

有学者认为，家庭教育观念与家庭的经济背景、监护人的受教育程度相关，也受社会环境、时代背景的影响，具有很强的时代性。[①] 然而在经济和交通发展都比较落后的农村地区，各个方面都与城市社会的发展有一定程度的脱节，在教育这一方面也不例外。例如，监护人采用数木棍的方式来决定是否送孩子上学，这样的想法听起来令人瞠目结舌，但是在农村地区确定存在。

案例3-37：山区孩子的家庭教育

甘肃山区村庄，姐弟三人。姐姐从小在乔川长大，最远就到过乔川乡上学。而哥哥和弟弟因为出生在银川，并且在那里生活了一段时间，所以那是他们去得最远的地方。但是

[①] 刘秀丽、刘航：《幼儿监护人家庭教育观念：现状及问题》，《东北师大学报》（哲学社会科学版）2009年第5期，第192—195页。

哥哥认为他去得最远的是华池县城，因为爸妈曾经带他去过那里的医院。在他上幼儿园的时候，一次和小朋友玩，不小心摔倒在石阶上，把额头磕破了一个口子，因为这个事情，爸妈直接让他退学，不再去上幼儿园，一直等到7岁，他直接上小学一年级。爸妈在家时经常教给孩子们一些简单的算术。而且他们也想出了一个决定孩子是否上小学的方法，那就是让他数木棍，从1数到100，一次数完就可以送去上小学。哥哥一次就数完了100个木棍，然后就被爸妈送到乔川小学上一年级。弟弟已经7岁，暑假结束后就可以上小学，但是妈妈不打算把他送去上小学，因为他最多只能数到10个木棍，还没有达到爸妈的要求，可能还要继续在幼儿园待一年。但是对于只能数10个木棍的说法，弟弟并不赞同，他自己认为他能够数到20个木棍。

4. 儿童玩具来源与家庭支出

从调查情况来看，儿童所拥有的玩具主要来源有：父母花钱买的；哥哥姐姐以及其他人玩过之后不再玩的；祖父母/外祖父母买的；其他的亲戚朋友送的；手工制作的；其他社会人士捐赠的；自己攒钱买等。还有小部分儿童没有玩具。

表3-42　儿童玩具来源

来源	父母花钱买	祖父母/外祖父母	其他亲戚朋友买	手工做的	哥哥姐姐及其他人玩过后不再玩的	捐赠	其他	无
频数	597	65	69	52	96	16	27	35
百分比（%）	62.3	6.7	7.2	5.4	10.0	1.6	2.8	3.6

调查发现儿童玩具最主要的来源是父母花钱买。统计发现，家庭在购买儿童玩具方面的支出平均约为每年131.04元（见表3-43）。随着儿童年龄的增加，家庭在儿童玩具方面的支出越来

越少。如表 3-43 所示,在儿童玩具方面的家庭支出最多的年龄段为 0—3 岁,平均每年 210.69 元,其他依次是 4—6 岁 (161.88 元)、7—9 岁 (126.12 元)、10—16 岁 (73 元)。

表 3-43 一年内各年龄段家庭在儿童玩具方面的支出(元)

年龄段	均值
全体	131.04
0—3 岁	210.69
4—6 岁	161.88
7—9 岁	126.12
10—16 岁	73.00

5. 儿童书籍来源与家庭支出

如表 3-44 所示,和儿童玩具的主要来源一样,儿童的书籍(除学校统一发的教科书以外)最主要来源也是监护人花钱买,其次是哥哥姐姐们看过的旧书,再次是祖父母/外祖父母买、其他亲戚朋友买、社会人士捐赠以及一些其他途径等。调查发现,受访在校儿童中有 2.7% 没有自己的书籍。

表 3-44 儿童所拥有书籍的来源

来源	父母花钱买	祖父母/外祖父母买	其他亲戚朋友买	哥哥姐姐看过的旧书	捐赠的	其他	无
频数	520	41	30	121	21	71	23
百分比(%)	62.9	5.0	3.6	14.6	2.5	8.7	2.7

连片特困地区在儿童书籍方面的家庭支出平均为每年 99.83 元/年。在儿童书籍方面家庭支出最多的年龄段为 10—16 岁,平均为每年 132.53 元,其他依次是 7—9 岁 (99.44 元)、0—3 岁 (77.15 元)、4—6 岁 (70.28 元)。

表3-45 家庭在给儿童买书籍方面的投入（元）

群体	均值
全体	99.83
0—3 岁	77.15
4—6 岁	70.28
7—9 岁	99.44
10—16 岁	132.53

将监护人对于儿童玩具的花费和书籍的花费做对比，我们可以发现，从玩具花费上来说，随着年龄的增长监护人对于儿童玩具的花费越来越少，对于书籍的花费越来越多。而从同年龄段儿童玩具和书籍的花费可以看出，在儿童未识字阶段，对于玩具的花费要远远高于书籍的花费，但是当儿童入学以后，对于书籍的花费逐渐高于玩具的花费。

二 贫困儿童教育救助政策：国际做法与国内实践

教育在提升贫困群体的自身发展能力，打破贫困代际传递等方面起到关键性的作用，因此，各国在反贫困实践中都非常重视教育扶贫。中国也在20世纪80年代颁布《义务教育法》，从法律层面保障适龄儿童接受教育的权利。同时，中国政府针对贫困儿童也出台了一系列教育救助政策，以保证他们能够获得受教育机会。但是由于教育资源分配不均衡、家庭贫困等原因，连片特困地区农村儿童在接受教育方面依然面临诸多的困境，如何进一步促进连片特困地区农村儿童教育事业的发展应该是新时期政府工作的重点之一。

(一) 贫困儿童教育救助政策：国际做法

1. 美国贫困儿童的教育救助

美国的经济较发达，是率先将义务教育扩展到学前阶段的国家。美国将发展农村学前教育作为其政府的重要任务，通过制定专项政策确保农村适龄儿童的入学率，设立专项资金完善农村学前教育机构设施，采取专项措施保障农村学前教育优质师资，这一系列措施对提升美国农村地区贫困人口的人力资本素质起到了重要的作用，加速解决了二元经济收入差距带来的矛盾，政府的教育投入对整个社会的转型和发展产生了四两拨千斤的巨大效果。

首先，设立公立幼儿园。美国政府对儿童的基础教育资助力度非常大。美国的公立幼儿园是最大的政府资助项目，其功能主要是为儿童进行学前教育做准备，设有数学、体育和读写等课程。此外，美国还有一种专为贫困家庭儿童设立的幼儿园，教授儿童学习一些基础的知识和技巧。除了直接资助和开办公立学校外，美国政府还采用教育券的方式帮助贫困学生购买他们所选择的学校教育。

其次，帮助贫困儿童父母接受更高水平的教育。家庭经济困难是导致儿童贫困的首要原因，家庭收入没有保障，对儿童早期教育的投入就无从谈起。因此，若要增加贫困儿童接受早期教育的机会，改善其受教育质量，除了有针对性地增加早期教育投入外，还必须加大力度改善贫困儿童家庭的经济状况。其中，帮助贫困儿童父母接受更高水平的教育是提高家庭经济收入的有效方式之一。美国联邦政府和各州政府采取以下措施帮助贫困家庭的父母有更多机会进一步接受教育：第一，增加向接受教育的贫困儿童父母提供财政支持的途径；第二，为正在接受教育的贫困儿童父母分担儿童保育费。此外，各州政府还制定并实施了多种支持性政策，比如，美国有36个州已经免除了贫困单亲家庭的个人所得税，有28个州为绝大部分贫困家庭免除了占家庭总收入10%

的儿童保教费用。

最后，为贫困儿童学校培训师资。有调查显示，近1/3的移民家庭中没有14岁以上英语较好的人，近二成的移民儿童不会说流利的英语。因此，设立多语种早教中心、聘请双语教师等成为基础设施建设的重要内容。另外，高素质的师资队伍是保证高质量教育的关键，但是美国现有的面向贫困儿童的良好师资非常有限，而且教师流动性很大，致使学生的成绩很不稳定。为了解决这些问题，美国洛杉矶等城市纷纷制订并实施了为贫困儿童学校培训师资的计划，旨在促进贫困儿童全面发展。美国贫困儿童数量日益增多的趋势反映美国社会救助制度与福利政策上的缺陷。不过美国政府为改变这一现状，积极采取多种措施，旨在通过积极的关注、合理的政策和理智的投入，尽可能为贫困儿童的发展提供机会，力图促进千百万贫困儿童健康成长。美国政府在解决贫困儿童问题上的种种努力，值得我们借鉴。

2. 英国贫困儿童的教育救助

英国则采用"差别原则"实施"教育优先区"方案和"教育行动区"计划。贺尔西教授（1967年）在《普劳顿报告》中提出了"教育优先区"方案，即以"积极差别待遇"理念为指导，建议英国政府采取主动干预的方式，选择经济上最贫困的地区，给他们进行特别补助和优厚待遇，优先改善其校舍和小区环境，以达到教育机会的均等化。之后"教育优先区"计划被英国政府采纳，并以政策的方式组织实施。"教育行动区"是英国政府为提高基础教育质量所采取的一项创新性举措，截至2001年英国共建有大小"教育行动区"110个。

20世纪70年代，英国政府提出要关注学前儿童的早期健康和发展，发现儿童早期发展存在的困难，并强调儿童监护人及专家参与的重要性，认为训练者应从儿童的利益出发，与儿童监护人合作，同时从其他专家处寻求帮助及引导。1978年《沃诺克报告》的提出使融合教育成为英国特殊教育的核心政策。

由于政府的忽视，英国的学龄前儿童教育服务长期落后于其他国家。20世纪末，英国"稳固开端计划"诞生，其目的是通过施加适当的教育影响，打破"代际循环"造成的贫困儿童发展滞后以及贫困儿童成年后的生活贫困。该计划旨在在贫困儿童集中程度高的社区实施教育创新，为贫困儿童提供有针对性、高质量的教育服务。英国政府在2005—2006年度提供了50亿英镑的财政预算资助此计划，力图使每位3—4岁的儿童都能进入保育所，到2008年4月，英国成立了2900家"稳固开端计划"儿童中心，向近300万幼儿及家庭提供服务，还在落后地区试点，为12000名2岁儿童免费提供早教服务。

3. 日本

从实践层面看，日本的教育扶贫实践最为典型并具有借鉴意义。20世纪初，随着日本工业化的飞速发展，大量农村居民涌向城市，盲目的人口流动使得东京人满为患，大量的失业、无业人群聚居在东京的城郊。按照当时的统计，东京的儿童入学率在全国排在最后一名，成为当时比较严重的社会问题。鉴于此，日本政府通过财政投入实施了以下几个主要教育扶贫政策。

第一，在特殊地区尤其是贫困人口聚集的地区建立贫困学校。

贫困学校由政府全资建成，到20世纪20年代初，共建成此类学校11所，学生在这些学校里免收学费并获得赠送的学习用品，上课时间分上午、下午和晚上。学校注重对学生的技术培训，经过一段时间的培训如果学生掌握了一定的技术并能完成一些简单的工作，学校将给予一定的经济报酬。对于贫困学校的教师，政府拿出一笔特殊的财政资金进行补贴以确保贫困学校的老师工资高于一般的普通学校教员。

第二，在收容所设立附属小学。

附属小学课程设计相对简单易懂，在保证社会最底层儿童接受的教育达到国家规定的小学水平之外，还讲授职业课程、培养专业技能，为将来贫困孩子借助技术技能找到就业岗位提供保障，进而摆脱贫困。

第三,重视偏远山区的教育扶贫。

第二次世界大战后日本教育发展十分迅速,在九年义务教育政策下,1979年小学升初中入学率达99.98%。当时的日本经济低迷,政府财政十分拮据,在此情况下日本仍对偏远地区的教育经费给予补助,按地区偏远程度将全国贫困偏远地区划分为七个等级(特别地区、5级、4级、3级、2级、1级、准偏远地区),这些地区的学校教学条件差、设备不足,除了正常教育投入外,国家和地方政府逐年增加额外的教育投入,并规定这些投资只限用于购买设施设备、提高教师待遇和改善学习条件。

4. 瑞典

在教育方面,针对不同情况,瑞典有不同形式的政策。

第一,6个月以上的儿童可以进入不同形式的托儿所。

第二,低收入家庭或多子女家庭可少交或免交伙食费和管理费。

第三,6—7岁的未成年人每天可接受不少于3小时的学龄前教育。

第四,瑞典绝大多数地方政府雇有专职的儿童看护员:当孩子生病而父母因故不能亲自照顾时,都可请看护员帮助,这项费用由国家补贴。

第五,中小学教育完全免费。

学生可以免费使用文具,并可免费在学校吃一顿午餐。在外寄宿的学生每月可以得到住房补贴。住处离学校较远的走读生,一般由学校代买交通月票。学校离家6公里以上的学生,当局或为其提供车辆,或每月发给其交通补助。年满16周岁以后,完成九年义务教育的青年,如继续深造可获得学习津贴。

5. 俄罗斯

在幼儿学前教育方面,联邦政府从2007年开始为学龄前儿童提供学前教育补贴。补贴金额根据家庭儿童数量的不同有所调整,有一个儿童的家庭可获得20%的学前教育费用补贴,有两个儿童的家庭可得到 50% 的补贴，政府为有 3 个以上儿童的家庭补贴的额度达到 70%。

6. 法国

法国的公立幼儿园对 3 岁半至 6 岁的幼儿实行全日制开放的免费教育，且招收对象面向全国儿童，贫困家庭的儿童一样可以享受公立幼儿园所提供的高质量教育，这不仅减轻了贫困家庭幼儿父母的负担，也为这类幼儿提供了平等的受教育机会。随着法国单亲家庭数量增多、酗酒和吸毒等社会问题的严重化，国家贫困儿童数量不断增多，法国政府除对这些儿童除提供免费的早期教育以外，还提供了一些免费资助或政府支付额度较大的儿童抚育资助项目，并且提高在收入补贴方面的支持力度。

7. 小结

通过对上述各国针对贫困儿童教育政策的梳理，我们发现各国在贫困儿童教育方面都做了诸多的制度安排，从早期教育、学前教育到学龄教育都被纳入政策覆盖范围。虽然各国在保障水平上存在差异，但是都体现了儿童教育优先的原则，尤其是英国的"教育优先区"方案，更是从制度与实践层面将更多的教育资源投放到贫困地区，优先保障贫困地区儿童教育事业的发展。在注重儿童本身教育的同时，美国还注重贫困儿童家庭教育水平的提升，这样既提升了贫困儿童家庭的自我发展能力，还为儿童提供了一个好的家庭教育环境。

（二）国内贫困儿童教育救助制度

中国在 1986 年开始实施《义务教育法》，从法律层面保障适龄儿童的受教育权。但是，一些困难家庭儿童依然难以获得受教育机会。2004 年，我国政府对农村特殊困难未成年人的教育救助做出了正式的制度安排，保障农村贫困儿童的受教育权益。2008 年，我国农村全面实施"两免一补"政策，极大地减轻了农村贫困家庭的教育负担。近年来，政府与社会各界对留守儿童的关注越来越多，妇联也在各地开展留守儿童关爱与教育活动。农村学前教育未纳入义务教育范围，贫困家庭儿童入园存在诸多问题，一些地区开始试点学前教育救助制度，以确保贫困家庭儿童顺利入园。

1. 城乡特殊困难未成年人教育救助制度

为解决特殊困难未成年人上学难的问题，2004年8月，民政部、教育部发布《关于进一步做好城乡特殊困难未成年人教育救助工作的通知》，对农村特殊困难未成年人的教育救助做出了相应的规定。这是国家对城乡贫困儿童教育救助所做的一个指导性的制度安排。同时城乡特殊困难未成年人教育救助制度与农村最低生活保障制度、"两免一补"政策、农村五保供养制度等相关救助制度衔接，以保障农村特殊困难未成年人的基本受教育权利。

城乡特殊困难未成年人教育救助制度的政策主体主要包括：政府、社会组织以及其他社会成员。政府是政策的制定者、组织者和推行者，主要进行相关救助政策的组织与落实，协调各方面的救助资源，同时也是教育救助资源的主要提供者。具体来讲，各级民政部门主要负责确定教育救助对象、组织教育救助活动、整合救助资源等方面的工作；各地教育行政部门主要根据国家有关法律法规，结合本地实际，研究落实城乡特殊困难学生教育救助政策。社会组织和其他社会成员作为重要的协助者，参与到特殊困难未成年人的教育救助中，为困难未成年人教育救助提供物资等。

城乡特殊困难未成年人教育救助制度所覆盖的农村困难未成年人主要包括三类：持有农村五保供养证的未成年人；农村低保家庭未成年子女；当地政府规定的其他需要教育救助的对象，如流浪儿童、弃婴等。政策目标：对持有农村五保供养证和属于城市"三无"对象的未成年人，基本实现普通中小学免费教育；对持有城乡最低生活保障证和农村特困户救助证家庭的子女在义务教育阶段基本实现"两免一补"（免杂费、免书本费、补助寄宿生活费),高中教育阶段要提供必要的学习和生活补助。

城乡特殊困难未成年人教育救助制度的政策资源主要包括救助资金、教育设施、物资等。救助资金主要来源于各级政府财政、社会捐助等。教育设施主要是由政府出资建设以及社会捐建的,如"希望工程""春蕾计划"等捐资助学项目捐建的学校、捐助的教学设备与物资等。

2. "两免一补"政策

为解决贫困地区农村贫困家庭儿童上学难的问题,保障贫困地区农村儿童接受义务教育的基本权益,2001年,国务院办公厅转发了《国务院关于基础教育改革与发展的决定》,提出了对我国贫困地区义务教育阶段贫困家庭学生进行资助的"两免一补"政策。2005年,经国务院同意,财政部、教育部发布《关于加快国家扶贫开发工作重点县"两免一补"实施步伐有关工作的意见》,对贫困地区"两免一补"政策的实施提出了具体的要求。同年12月,国务院发布《国务院关于深化农村义务教育经费保障机制改革的通知》,计划2006年在西部地区全部免除义务教育阶段学杂费;2007年,这一措施在全国农村全面实施。2007年11月12日,教育部办公厅发布了《关于义务教育阶段农村地区中小学校不得收取2008年春季教科书费的紧急通知》,通知中明确规定义务教育阶段农村地区中小学校教科书将由国家免费提供。到2008年春季,全国农村义务教育已经完全实现了"两免"(免学杂费、免教科书费)。

"两免一补"政策的政策主体主要包括:政府、学校。政府是政策的组织者、推动者及资源的提供者。具体来讲,财政部门主要负责分配管理中央免费教科书专项资金,筹集和管理地方免杂费和补助寄宿生生活费的资金;会同教育部门确定贫困家庭学生的标准和范围,加强对资金使用的监督等。教育部门主要负责收集涉及"两免一补"政策的相关基础数据、组织确定资助对象以及组织发放教科书;会同财政部门确定免费教科书种类、版本等。

省级教育部门和财政部门负责组织免费教科书政府采购工作。而学校则具体负责进行本校受资助学生的确定、发放教科书、免除学杂费,并向县级教育、财政部门上报备案。

"两免一补"政策所保障的对象范围随着政策的完善不断扩大。政策实施初期,受保障对象主要是贫困地区农村贫困家庭义务教育阶段的中小学生。2005年,在592个国家扶贫开发工作重点县中,共有1700多万名贫困生享受了"两免一补"。2007年,在全国范围内免除农村义务教育阶段中小学生的学杂费。2008年,全国范围内免除农村义务教育阶段书本费。2008年以后,"两免一补"政策中,"两免"的政策保障对象为全国农村义务教育阶段学生;而"一补"的政策保障对象为农村义务教育阶段贫困家庭寄宿学生。

"两免一补"的政策资源主要包括:救助资金、教科书以及免费教育服务等。政策资源的供应模式是需求导向型。救助资金主要由各级政府财政共同承担,主要用于统一购买义务教育阶段学生教科书、支付受救助学生的学杂费、补贴贫困家庭寄宿学生的生活费等。教科书主要由国家免费提供。免费教育服务则是由学校向义务教育阶段中小学生提供。免学杂费资金由中央和地方按比例分担,西部地区为8∶2,中部地区为6∶4;东部地区除直辖市外,按照财力状况分省确定。免费提供教科书资金,中西部地区由中央全额承担,东部地区由地方自行承担。补助寄宿生生活费资金由地方承担,补助对象、标准及方式由地方人民政府确定。

根据《国家基本公共服务体系"十二五"规划》中的相关要求,目前,"两免一补"政策的保障标准为:(1)免费教科书:每生每学期按实际书款减免;(2)免杂费:农村中小学年生均公用经费标准,普通小学不低于500元,普通初中不低于700元;(3)补助贫困寄宿生生活费:小学每人每年1000元,初中每人每年1250元。

"两免一补"政策的资源传递模式为政府直接提供服务,包括两个方面：一是政府直接向贫困学生发放教科书，提供生活补助；二是依托教育机构向受保障学生提供教育服务。

2001年起国家在义务教育方面的投入越来越多。2001年，中央财政安排资金1亿元，用于向未普及九年制义务教育的国家扶贫开发工作重点县的农村贫困中小学生免费提供教科书。该专项资金2002年增加到2亿元，2003年增加到4亿元，2004年达到11.7亿元。2005年，中央和地方加大了"两免一补"工作力度，对中西部地区安排"两免一补"资金72亿元，包括免费教科书资金30.4亿元、免杂费资金30.6亿元、寄宿生生活补助资金近11亿元。① 2006年全国农村实现免费义务教育。目前，全国城乡实现九年义务教育全免费，惠及1.6亿学生。②

"两免一补"政策的实施在提高农村义务教育阶段儿童受教育比重、保障儿童基本受教育权等方面发挥了重要作用。《2011中国农村贫困监测报告》的数据显示，2010年，全国农户7—15岁儿童在校率为98%，比2000年提高3.9个百分点。其中7—12岁儿童在校率为97.7%，比2000年提高1.3个百分点；13—15岁儿童在校率为98.6%，比2000年提高8个百分点（见表3-46）。2010年，农村贫困户7—15岁儿童在校率为96.7%，其中，7—12岁儿童在校率为97.2%；13—15岁儿童在校率为95.6%。③

表3-46 不同年份农村适龄儿童在校率（%）

不同年龄段儿童	2000年	2005年	2010年
7—15岁儿童	94.1	97.2	98.0

---

① 教育部：《实行"两免一补"政策》，http://www.gov.cn/ztzl/fupin/content_396672.htm。
② 温家宝：《2013年政府工作报告》，http://news.xinhuanet.com/2013lh/2013-03/18/c_115064553.htm。
③ 国家统计局住户调查办公室：《2011中国农村贫困监测报告》，北京：中国统计出版社，2012，第17—18页。

续表

不同年龄段儿童	2000 年	2005 年	2010 年
其中：7—12 岁	96.4	98.5	97.7
13—15 岁	90.6	95.5	98.6

注：表格数据来源于《2011 中国农村贫困监测报告》第 18 页。

在国家扶贫重点县，农村义务教育阶段儿童的在校率也得到了较快的提高。2010 年，扶贫重点县 7—15 岁学龄儿童在校率为 97.7%，其中，7—12 岁儿童在校率为 98.3%，13—15 岁儿童在校率为 96.8%（见表 3-47）。从 2002 年到 2010 年，8 年间 7—15 岁学龄儿童在校率提高了 6.7 个百分点，平均每年增长 0.8 个百分点，特别是 13—15 岁儿童的在校率，8 年提高了 11.4 个百分点。与全国平均水平相比，扶贫重点县 7—15 岁学龄儿童在校率仅低 0.3 个百分点。[①] 这说明国家在贫困地区实施的义务教育阶段救助政策有效地促进了贫困地区适龄儿童受教育权的实现。

表 3-47 不同年份国家扶贫重点县分年龄段儿童在校率（%）

不同年龄段儿童	2002 年	2005 年	2010 年
7—15 岁儿童	91.0	94.6	97.7
其中：7—12 岁	94.9	96.9	98.3
13—15 岁	85.4	91.7	96.8

注：表格数据来源于《2011 中国农村贫困监测报告》第 32 页。

3. 留守儿童关爱与教育

目前，政府与社会各界对留守儿童的关注越来越多。2006 年 7 月，全国妇联发布《关于大力开展关爱农村留守儿童行动的意见》，要求各级妇联以关注家庭教育为重点，通过各种途径和方式关爱留守儿童，保障他们的基本生存和发展权利。2011 年 4 月，温家宝《在全国妇联开展"农村留守妇女儿童关爱行动"电视电

---

① 国家统计局住户调查办公室：《2011 中国农村贫困监测报告》，北京：中国统计出版社，2012，第 32 页。

话会议上的讲话》中指出，要尽最大努力解决好农村留守妇女、留守儿童及其家庭存在的困难和问题。①各部门、妇联随即开展针对农村留守妇女、儿童的调研与工作，社会各界也采取各种方式积极参与到农村留守儿童的关爱活动中。2013年初，教育部、全国妇联、中央社会管理综合治理委员会办公室、共青团中央、中国关心下一代工作委员会等部门印发了《关于加强义务教育阶段农村留守儿童关爱和教育工作的意见》，要求进一步做好农村留守儿童的教育与关爱工作，构筑留守儿童服务与关爱机制。我国对于留守儿童的关注也被纳入政府的正式制度安排。

从政策主体来看，留守儿童关爱与教育政策的相关政策主体主要包括：政府、群众团体、志愿者组织、社区组织、学校和家庭等。在留守儿童关爱与教育行动中，政府处于主导地位，并将留守儿童关爱纳入正式的制度安排，是关爱行动的主要推动者、组织者以及资源的提供与整合者。教育部门在政策实施过程中具体负责相关工作；各级综治组织通过社会管理创新，为留守儿童营造良好的社会环境。群众团体主要是指妇联、共青团、关工委等，各群众团体是政府部门的主要协助者，主要任务为发动社会力量、整合社会资源、为留守儿童营造良好的成长环境。志愿者组织则为留守儿童提供直接关爱服务的主体。社区组织，如乡村少年宫、青少年活动中心、妇女儿童之家等，主要为留守儿童提供全托管或者半托管方式的社区照料。学校是留守儿童关爱与教育行动中的关键主体，对留守儿童开展文化教育、心理教育、安全教育等工作。家庭主要是协助相关部门、组织机构开展关爱行动。

关爱与教育行动的对象——农村留守儿童是指父母双方或一方外出到城市打工，而儿童留在农村生活的、处在义务教育阶段

---

① 宋秀岩：《在全国妇联开展"农村留守妇女儿童关爱行动"电视电话会议上的讲话》，http://roll.sohu.com/20110408/n305525738.shtml。

的未成年人。据相关统计，我国留守儿童的数量约为 5800 万。①

从关爱与教育的内容来看，留守儿童关爱与教育行动的主要内容包括：家庭教育、学校文化知识教育、心理教育、安全教育、社区照料以及夏令营、冬令营等社会关爱活动。其中，最重要的是孩子的家庭教育与照料。

从政策资源来看，留守儿童关爱与教育行动的资源主要包括学校教育与关爱、志愿者服务、社区照料与关爱以及社会关爱活动等关爱与教育服务；基础教育设施、社区关爱场所等硬件资源；营养改善计划等基本生活保障项目。各级教育部门和群众团体则是按照"政府主导、家校联动、社会参与"的原则，积极整合各类社会资源，推动留守儿童关爱行动。

自全国妇联开展农村留守儿童关爱行动以来，社会各界采取各种形式开展留守儿童关爱活动。如 2012 年中国少年儿童文化艺术基金会成立了关爱农村留守儿童专项基金，并在全国开展了关爱农村留守儿童"爱助成长"计划。关爱农村留守儿童专项基金管理委员会先后组织了数十支志愿者队伍深入边远地区的学校对留守儿童开展支教活动，组织爱心企业对特困和因伤因病辍学留守儿童进行"一对一"帮扶。② 目前，社会组织、志愿者组织等社会主体是农村留守儿童关爱行动中的重要参与者。

4. 幼儿学前教育资助制度

为解决适龄儿童"入园难"问题、满足适龄儿童入园需求，2010 年 11 月，国务院发布《国务院关于当前发展学前教育的若干意见》，提出了学前教育三年行动计划和学前教育重大项目，其中包括"幼儿资助类"项目。2011 年 9 月财政部和教育部发布《关于加大财政投入支持学前教育发展的通知》，就加大学前教育的财

---

① 中国妇女网：《全国农村留守儿童状况研究报告》，http://www.women.org.cn/allnews/02/1985.html。
② 新华网：《"爱助成长"计划 2012 关爱农村留守儿童公益活动在京启动》，http://news.xinhuanet.com/gongyi/2012-08/21/c_123611394.htm。

政投入进行了详细的说明。《财政部、教育部关于建立学前教育资助制度的意见》同时出台，对学前教育资助进行了具体的制度安排，学前教育被纳入国家政策保障范围，农村贫困儿童的学前教育问题也将得到进一步的解决。

学前教育资助制度主要面向家庭经济困难的儿童、孤儿和残疾儿童，主要解决的是资助对象的入园资金问题。提供资助的主体主要有：政府、普惠性幼儿园、企业、社会组织和个人。地方政府对在普惠性幼儿园接受学前教育的贫困家庭儿童、孤儿和残疾儿童给予资助；幼儿园拿出收入的3%—5%用于减免收费、提供特殊困难补助；企业、社会团体及个人等捐资用于帮助家庭经济困难儿童、孤儿和残疾儿童接受普惠性学前教育。

各省份对中央的政策安排做出了积极响应。辽宁省从2011年秋季学期开始建立以市县政府投入为主的学前教育资助制度，对全省范围内学前三年在园的家庭经济困难儿童给予资助。城市家庭经济困难儿童入园资助金参考标准按每人每年2400元（每人每月200元，全年按12个月计算）；农村家庭经济困难儿童入园资助金参考标准按每人每年1200元（每人每月100元，全年按12个月计算）。孤儿和残疾儿童等国家规定的特殊群体，同等条件下优先享受入园资助金。[①] 宁夏从2012年春季学期开始，对六盘山区、西吉县等10个市、县（区）级以上教育行政部门所批准设立的公办及普惠性民办幼儿园的家庭经济困难儿童、孤儿和残疾儿童等，每人每年补助1000元保教费。[②] 陕西省则建立了学前一年家庭经济困难幼儿补助制度，实行"一免一补"，"一免"即免除在公办幼儿园就读的学前一年幼儿保教费，对在民办幼儿园就读的学前一年幼儿按照同级同类公办幼儿园保教费标准予以减免；"一补"

---

① 人民网：《辽宁建立学前教育资助制度》，http://edu.people.com.cn/h/2011/1217/c227696-426745205.html。

② 新华网：《宁夏建立从学前教育到高等教育全覆盖财政资助体系》，http://www.nx.xinhuanet.com/newscenter/2012-08/23/c_112818605.htm。

指建立学前教育资助制度,对家庭经济困难幼儿、残疾幼儿、孤儿补助生活费,一年按 250 天计算,每生每天 3 元,同时,免除烈士子女、残疾儿童和孤儿的保教费。①

5. 小结

不管是城乡特殊困难未成年人教育救助政策,还是后来在全国农村推行的"两免一补"政策,都极大地促进了贫困儿童群体教育状况的改善。随着农村经济社会的转型,留守儿童的关爱与教育也逐渐进入了政府与社会各界关注的视野。同时,中国各地方政府也在探索保障贫困家庭儿童接受学前教育的有效措施。但是,通过与其他国家在此方面的实践进行比较,我们可以发现中国在贫困儿童教育救助方面需要做的工作还有很多,如儿童早期教育和学前教育的救助力度需要加强;在撤点并校的形势下,如何保障偏远山区的儿童平等地接受教育等。

(三) 连片特困地区农村贫困儿童教育救助政策实施状况

城乡特殊困难未成年人教育救助制度和"两免一补"政策在提高农村义务教育阶段儿童受教育比重、保障农村贫困儿童基本受教育权等方面发挥了重要作用。此处对两种制度在连片特困地区的实施状况进行分析。

1. 实施状况

在农村贫困地区,监护人都希望自己的子女能够通过接受教育脱离贫困,他们也尽全力支持自己的子女接受教育。但是在问卷调查中,我们发现连片特困地区农村儿童监护人对教育救助制度的了解程度非常低(见表 3-48、表 3-49)。这不利于农村特殊困难儿童顺利接受教育。

---

① 人民网:《陕西实施学前一年免费教育、家庭经济困难幼儿获补助》,http://edu.people.com.cn/h/2011/0902/c227696-1362252303.html。

表 3-48　监护人对教育救助政策的了解程度统计表

变量	N	均值	标准差	赋值
城乡特殊困难未成年人教育救助制度的了解程度	783	0.96	0.857	没听说过——0 分 不太了解——1 分 了解一些——2 分
"两免一补"政策的了解程度	781	1.61	1.217	比较了解——3 分 非常了解——4 分

表 3-49　监护人对教育救助政策的了解程度

		没有听说过	不了解	了解一些	比较了解	非常了解	合计
城乡特殊困难未成年人教育救助制度	频数	252	355	130	44	2	783
	百分比（%）	32.1	45.4	16.6	5.6	0.3	100
"两免一补"政策	频数	177	195	229	116	64	781
	百分比（%）	22.7	25.0	29.3	14.9	8.2	100

受访家庭的儿童享受救助政策情况如下（见表 3-50）。受访家庭儿童中享受城乡特殊困难未成年人教育救助制度的有 12 人，占回答此问题总人数的 1.6%。虽然目前我国已在农村全面实施"两免一补"政策，但是受访监护人认为自家学龄儿童享受到该政策的仅有 30.7%。这与监护人对于该政策的了解程度较低有一定的关系。在实地调研中，我们发现很多监护人虽然知道自己的孩子在接受义务教育时不需要缴纳学费和书费，但是不知道政府推行的这项政策的具体内容和名称。

表 3-50　受访家庭儿童是否享受该项政策

		是	否	合计
城乡特殊困难未成年人教育救助制度	频数	12	752	764
	百分比（%）	1.6	98.4	100
"两免一补"政策	频数	235	530	765
	百分比（%）	30.7	69.3	95.6

受访监护人对政策实施状况的满意程度如下（见表3-51）。监护人对教育救助政策的实施状况满意程度较低。受访者对城乡特殊困难未成年人教育救助制度的满意程度处于"不满意"和"基本满意"的中间水平，对"两免一补"政策的满意度相对较高，处于"基本满意"和"比较满意"的中间水平。

表3-51　监护人对教育救助制度实施状况满意程度统计表

变量	N	均值	标准差	赋值
城乡特殊困难未成年人教育救助制度的满意程度	12	1.33	1.303	不清楚——0分 不满意——1分 基本满意——2分 比较满意——3分 非常满意——4分
"两免一补"政策的满意程度	229	2.67	1.110	

表3-52　监护人对教育救助制度实施状况满意程度

		不清楚	不满意	基本满意	比较满意	非常满意	合计
城乡特殊困难未成年人教育救助制度	频数	4	3	3	1	1	12
	百分比（%）	33.3	25.0	25.0	8.3	8.3	100.0
"两免一补"政策	频数	13	11	80	60	65	229
	百分比（%）	5.7	4.8	34.9	26.2	28.4	100

第一，城乡特殊困难未成年人教育救助制度。

为解决特殊困难未成年人上学难的问题，2004年8月，民政部、教育部发布《关于进一步做好城乡特殊困难未成年人教育救助工作的通知》，对特殊困难未成年人的教育救助做出了相应的规定。这也是国家对城乡贫困儿童教育救助所做的一个指导性的制度安排。同时城乡特殊困难未成年人教育救助制度与农村最低生活保障制度、"两免一补"政策、农村五保供养制度等相关救助制度衔接，以保障农村特殊困难未成年人的基本受教育权利。

调查发现，连片特困地区农村儿童监护人对于城乡特殊困难未成年人教育救助制度的了解程度非常低。在受访监护人中，受访者没有听说过此项制度的占32.1%，对该制度不了解的占45.4%。只有22.5%的监护人对该项教育救助制度表示了解（见表3-49）。

城乡特殊困难未成年人教育救助制度所覆盖的农村困难未成年人主要包括农村五保儿童、农村低保家庭儿童、流浪儿童和弃婴等。问卷调查发现，受访家庭中儿童享受到该项制度的只有1.6%（12人）。但是享受该制度的儿童监护人对于该项制度实施状况的满意程度并不高，有1/3的人对该制度的实施状况表示"不清楚"，1/4的人明确表示"不满意"（见表3-52），这值得引起政府和社会的关注。

第二，"两免一补"政策。

虽然该政策惠及义务教育阶段的所有农村儿童，但是调查发现，连片特困地区农村儿童监护人对"两免一补"政策的了解程度很低。在受访监护人中，"没有听说过"该政策的占22.7%，对该政策"不了解"的占25%，52.3%的监护人对该政策有所了解（见表3-49）。

受访儿童中享受"两免一补"政策的有30.7%。受访监护人对该政策实施状况的满意度相对较高，89.5%的监护人对该政策的实施表示"满意"。这主要是因为"两免一补"政策的实施减轻了农村贫困家庭的教育负担。

案例3-38：享受贫困儿童补助金的单亲家庭姐妹俩

据王奶奶说，学校知道自己家里的情况，很多照顾政策都会给她家。学校的营养餐以及一些贫困补助都会优先考虑张亚荣。本来学校的学前班对于5岁以下的小孩子是要收费的，村里的老师们最终同意张靖丽去上学，也没有说要收取费用。王奶奶说学校对孩子们很照顾，2012年的时候，学校给家里两个孩子一共发放补助1500元，后来才知道这是国家对贫困儿童的补助金。对于国家对自己家小孩子的照顾，王奶奶非常感激:"要是没有国家,没有社会,家里难,根本供不起孩子念书。"为照顾两个孩子读书,村主任准备在村里发起捐款行动,但"村里大家都难,谁能帮上谁啊"。后来捐款组织不起来,村里也就没有再提这事了。

案例 3-39:每学期可以得到 600 元补助金的单亲男孩

剑麒父亲去世了,和母亲相依为命。父亲去世后,村里把剑麒列入低保救助名单中。家中收入除了母亲每月在砖厂打工赚的 100 多元外,还有低保救助收入。家里最大的支出就是兄弟俩读书。现在剑麒和弟弟都寄宿在学校,虽然现在学校不收学费和书本费,但是住宿费和两个人的生活费基本上花光了家里的全部收入。学校了解到他们家的情况后,为两个人申请了每人 600 元/学期的寄宿补贴,减轻了家里的经济负担。

案例 3-40:政府的补助金减轻了家庭的经济负担

许大哥,今年 38 岁,家里一共四口人,除一个孩子在上小学外,还有父母,父亲 75 岁,母亲 73 岁,均无劳动能力。因家庭贫困,妻子与许大哥离婚。因无人照看老人孩子,许大哥只能留在家中,无法出去打工,靠种地维持生活。孩子在读小学,每个学期开学交 830 元,住宿费 650 元,包括书费 83 元,保险 80 元,平时还要每周交 3 斤米,6 元钱。孩子平时还要花一些零用钱,每个月大约需要 300 元。全部算下来,每个学期的花费要 2300 多元。因家庭困难,每个学期结束放假的时候,学校还会给家里退回 500 元钱,是国家补助的。这样每学期孩子上学只需要花大约 1800 元。许大哥说:"现在政策比以前好了,以前上学要借钱上,现在每年都给学生补助金。"

受访监护人明确表示对政策"不满意"的占 4.8%,虽然表示"不满意"的受访者所占比例较少,但是受访者所反映的政策实施过程中出现的一些问题,应该引起政府和社会各界的关注。

案例 3-41:因为户口不在就学地而无法享受生活补贴

丽丽父亲离家出走,母亲因无力抚养孩子,将丽丽寄养在姑姑家。按照规定,只要是来自农村的贫困学生就可以拿到每学期 600 元的补贴。丽丽虽然来自农村,有农村户口,但是她的户口不在本地,无法拿到这笔补贴。这样一来,丽丽一个学期 1500 元的费用(住宿费和生活费)就得不到任何补助。

案例 3-42:监护人对学校收取书本费不解

小杰在学校每学期花费 200 元左右,主要包括部分书本费、人身保险费。小杰妈妈最不能接受的是孩子上学还要交部分书本费,她在电视上看到过书本费全免的新闻,不知道为什么家乡的小学还要收取部分书本费。她问过村里的干部,他们说不知道,让她到学校问问。可是为了孩子在学校能够好好上学,家里人觉得不方便到学校询问这种事情。

2. 贫困儿童接受教育面临的问题

教育是个体实现社会流动的重要机制,也是缓解儿童贫困、破解贫困代际传递的重要机制。教育救助制度和"两免一补"政策的实施为农村贫困儿童通过接受教育实现社会流动提供了制度化的平台。但是监护人对相关政策,尤其是对城乡特殊困难未成年人教育救助制度的了解程度很低,这导致了一些特殊贫困儿童无法获得相关政策救助。制度的实施虽然无法让目标群体全部满意,但是相关制度实施过程中所出现的问题不能忽视。同时,连片特困地区儿童接受教育所面临的问题与困境更需要引起政府与社会各界的关注。

问卷调查显示,连片特困地区农村儿童监护人认为孩子在教育方面所面临的问题依次为:学习无用;学校的住宿条件差;学校为学生提供的伙食不好；学前教育花费太高；孩子对学习没兴趣；孩子学习负担重；学校教学条件差；学校教学质量差；孩子上学路远，不安全；其他（见表3-53）。

表3-53 农村儿童教育方面所面临的困境

困境	百分比
1. 学习无用	95.5%
2. 孩子上学路远，不安全	56.5%
3. 孩子对学习没兴趣	80.4%
4. 学校教学条件差	70.0%
5. 学校教学质量差	61.4%
6. 学校伙食不好	83.7%
7. 学校的住宿条件差	86.3%
8. 学生学习负担重	79.0%
9. 学前教育花费太高	81.3%
10. 其他	12.1%

在儿童监护人所提到的儿童在接受教育方面遇到的问题中，尤其值得我们注意的是"学习无用论"在贫困儿童监护人中的抬头。受教育与就业关系之间的影响，很多儿童监护人开始怀疑"知识改变命运"的论断，在家庭可支配收入本来就稀缺的情况下他们会自然地思考教育的投资回报问题，而很多现实的例子（没文化还能当老板，大学生还卖猪肉）更是让他们对教育产生更多的怀疑。这种"学习无用论"的抬头有其深层的社会与制度原因。因此，在完善教育救助制度的同时应该从深层的社会原因入手，真正解决农村贫困儿童的教育困境。

第一，山区孩子教育成本较高。

在贫困山区调研时，我们发现虽然当地已经实施"两免一补"政策，但是山区贫困家庭在孩子教育方面投入的成本依然很大。

案例 3-43：母亲租房照看上学的孩子

铁角城村是一个山村，村民的家分散在各个山头上，相互之间距离最近的也有 0.5 公里路，山上道路崎岖，下雨天经常出现道路坍塌、山体滑坡等自然灾害。一位母亲告诉我们，孩子在山外的学校上学，因为路途遥远，所以他们在山下村子里租了一间房子，母亲专门在山下照看孩子，方便孩子上学（据了解，父母在学校附近租房子照顾孩子上学这种现象在该地区较为普遍。我们后来下山后到该乡镇学校周围了解到，在学校开学时，乡政府和学校所在地周围的家庭旅馆会住满照看孩子上学的监护人）。租金每月要 30 元，再加上在山外买饭菜，每月的花费要几百元。每月几百元看似不是很多，但是对于靠种地为生的山区家庭来说是一个很大的负担。平时农闲的时候，母亲就在家里照顾孩子，为孩子洗衣做饭。但是一到农忙的时候，他们就不得不把孩子带回距学校 7 公里的家，重新住到山上，孩子每天上下学都用摩托车接送。母亲说，这段时间是他们最辛苦的时候，既要忙着种地，还要为孩子的上学问题操心。

第二，学前教育花费较高。

在绝大多数地区，学前教育没有被纳入教育救助范围。对农村贫困家庭来说，孩子接受学前教育的花费是一个非常大的支出。

案例 3-44：山区上幼儿园的 5 岁儿童

章妈妈有三个孩子，都在山外面的学校上学。孩子上学期间，章妈妈在外面租房子住，照看孩子们上学。三儿子正在上幼儿园，每个学期要交 520 元，除去吃饭外，其他的花销差不多 10 元/天。孩子在幼儿园没有学太多书本上的知识，也没学太多的字。按照章妈妈的说法是："花 1000 多元钱上幼儿园，一年下来只写了不到两页的字。幼儿园只是哄娃娃的，老师教他们写字，会的小孩子就跟着写写，不会写的就坐在那里待一天。""借钱也要让孩子上幼儿园，要不然怎么办？孩子在幼儿园玩，总比在家里好。"

第三，贫困家庭儿童教育负担较重，家庭贫困儿童辍学状况普遍。在调研中，我们发现虽然现在农村已经实施"两免一补"政策，但是孩子上学所花的费用还是很高，学校以各种名义向学生收取费用，这加重了贫困家庭的教育负担，一些家庭贫困的儿童因此而辍学。

案例3-45：初中女孩小谭的上学费用

小谭，12岁，正在读初一。因为家离学校较远，小谭只能住校。虽然现在小谭正在接受九年制义务教育，没有学费、书本费、住宿费，而且有一顿免费营养餐，但是每个学期学校都会向学生收取一些杂七杂八的费用，包括保险费、资料费、伙食费等，每个学期开学的时候一次性交580元。另外，小谭在学校里一个星期的生活费也要100多元。在学校的花费，对较为贫困的家庭来说是个很大的负担。

案例3-46：何叔小女儿的上学花费

何叔告诉我们，他的两个女儿上学一年需要1万多元。小女儿上初中处于义务教育阶段，花钱比较少，但是每天的伙食费需要12元，一个月就将近400元，而且学校还会收一些杂费、资料费、考试费等，住宿免费，保守算下来小女儿一年至少需要6000元。

案例3-47：辍学回家帮父母干农活的小罗

小罗，15岁，初一辍学。小罗在初一上学期的期末考试中考了第二名（全班有三个并列第一）。家人不想让他去上学，但是他自己是想继续上学的，爸爸妈妈说家里种烤烟、油菜，忙不过来，让他回来帮忙，不要去上学了。他说："我还想再上两年。"但是最终他爸爸妈妈还是不让他去。他觉得上学好，上学可以学到很多知识。他爸妈不让他上学，他很难过，很伤心，伤心了两个星期，还偷偷地哭过三次，他说只有这个事情让他哭过。

案例3-48：辍学在家的女孩

杏花，12岁，辍学时刚刚读小学四年级。杏花说她当时不想读书，有两个最重要的原因，一是班级里面的同学总是说她妈妈是越南的，看不起她，二是她问爸爸要上学的费用，爸爸不给她钱，她就没办法继续读书了。杏花说当时她跟爸爸要钱上学的时候，爸爸本来是要给她的，但是妈妈拦着不让爸爸给她，于是杏花就只能辍学在家。杏花说与她同年级的小朋友都已经上六年级了。在两个原因中，爸爸不给她上学的钱是最主要的原因。现在杏花就在家里待着，什么都不干，每天去街上玩。爸妈说的话她有时候听，有时候不听。杏花说，如果现在还可以继续去上学的话，她还是很想去上学的，因为上学是她的爱好。

第四，农村撤点并校带来的影响。

监护人对于农村地区"撤点并校"有很大意见，而且对于校车安全心存疑虑。我们调查发现，现在很多贫困地区政府仍无力配备统一的校车，城乡之间存在很大差异。现有的校车大多是学校或村委会雇的私人车辆，很多地方还是由监护人合租村内私人车辆接送学生，车辆的安全性没有保障。

案例3-49：农村撤点并校所带来的影响

像发生校车事故的江苏徐州丰县首羡镇，如果没有撤并学校，大部分孩子本可以在该镇张后屯村小上学。然而，2005年，在合班并校中，张后屯小学初中部被撤，并入了首羡镇中学。2009年，又一轮合班并校启动，有着70年办学历史的张后屯小学被合并到首羑中心小学。

孩子们上学的路途由此变得漫长而遥远,最远的学生离学校有5公里,许多监护人只能骑电动车接送孩子上学。而且,《中国青年报》驻江苏记者采访发现:"学校没有食堂,中午不管饭,孩子们中午放学后就被学校赶出校门,只能到附近居民办的小饭桌去吃饭。"

上学路途遥远,不论寄宿与否,都会使农村家庭教育成本增加,即使在西部偏远地区,增加额度也在千元以上,这导致一些农村地区产生辍学现象。

《中国青年报》驻云南记者发现,就在2011年,云南文山壮族苗族自治州丘北县天鲜乡发白村完小学校五年级的一个班就有10个学生辍学,"无论老师怎么劝说,监护人和孩子都不愿回学校"。[①]

连片特困地区农村儿童受教育依然面临诸多的困难,造成这些困难的原因主要有两个:一是家庭贫困;二是政府的制度安排。家庭贫困往往是造成儿童教育困境的直接原因,而政府在儿童教育方面的制度安排则是造成这些问题的深层原因。因此,对于连片特困地区农村儿童教育,相关部门需要针对当地的实际情况实施适合当地的教育制度。

三 结语

1. 连片特困地区农村儿童教育面临诸多问题,需要给予更多关注

连片特困地区农村学龄前儿童入园率低,急需政府加大贫困

---

① 中国青年报:《全国农村小学12年减一半 撤点并校引发系列问题》,http://www.chinanews.com/edu/2011/12-24/3556162.shtml。

地区农村学前教育投入，增加贫困家庭儿童接受学前教育的机会。学前教育是幼儿入小学前的准备，为九年义务教育奠定基础。学前教育关系到儿童健康、社会性、情感和认知等领域的长期发展。调查数据显示，儿童的入园率比较低，村中普遍缺少幼儿园，即便有也是条件很差的民办幼儿园，在幼儿早教、饮食健康、路途安全方面都没有很好的保证。

我国已经在农村全面实施免费义务教育，但是学前教育并没有被纳入义务教育的范畴，儿童接受学前教育所需要的支出由儿童家庭承担。调查发现，连片特困地区农村在儿童学前教育的投入为平均每月304元。即便是300元的花费，对于贫困地区的农村家庭来说也是一个非常大的负担。这需要政府出台相应的保障措施，规范幼儿园的办学质量，加大对学前教育的支持力度，保证孩子能够有一个安全舒适的接受学前教育的环境，同时，规范幼儿园收费标准，加大对贫困家庭儿童的学前教育救助力度，让贫困儿童享受到平等的接受学前教育的机会。

连片特困地区农村学龄儿童入学率偏低，辍学现象仍较为严重。调查发现，连片特困地区农村儿童的入学率较低，为96.7%，低于2010年我国扶贫重点县农村7—15岁儿童入学率（97.7%），更低于2012年全国儿童净入学率99.85%；儿童辍学原因多样化，除了直接的经济困难，学生厌学、家庭原因、父母外出打工挣钱以及社会因素也导致了学生的辍学。那些已经辍学的学生，有半数以上仍有继续上学的愿望。由于撤点并校的影响，农村学生开始向乡镇、县城集中，他们上学路途遥远，这也增加了他们家庭的负担。

连片特困地区儿童学习环境急需得到改善。在学生住宿、学校设施、学校餐饮方面，近年来由于国家对于农村基础教育的投入逐渐增加，已逐步得到改善，但是现实中还是存在不少不利于学生成长的因素，尤其是寄宿制学校的住宿条件，往往是十几人，甚至几十人挤在一个宿舍。贫困地区中小学基础硬件设施存在宿舍不足，缺乏配套设施，如浴室、厨房、开水房等问题，基础硬件设施亟须改善。在儿童家庭教育投入方面，小学、初中、高中存在差异，义务教育阶段的家庭教育投入比较低，一般家庭能够承担，但是到了高中及以上阶段，教育投入迅速增加，成了家庭的沉重负担，甚至有学生为此而辍学。在学生的学习方面，贫困地区的儿童大多（74.5%）喜欢读书，但是由于种种条件的限制与影响（缺少辅导与补习、课外书比较少、监护人不会引导、逃课上网等），他们的学习成绩欠佳。

监护人对孩子的教育有重要的作用，是学校、社会所无法替代的。良好的家庭教育是净化孩子心灵的催化剂。但是连片特困地区农村儿童监护人对于儿童的早教并没有太多的关注。因为农村中艰苦的生活环境和条件与电视中纷繁复杂的世界形成了鲜明的对比，儿童更倾向于对电视中那些从未见过的场景和有意思的人物与故事感兴趣。监护人也将电视作为"让儿童安定下来"的一种手段和工具，或者是一种让孩子开心的方式。在孩子犯错误或者任性时，监护人的教育方式对孩子的心理成长会产生较大影响。然而"打骂"等恶性教育方式受到了贫困地区农村监护人的"青睐"，有将近一半的监护人认为"好孩子是打出来的"。因此，如何引导儿童监护人对孩子进行恰当的家庭教育也应该引起政府和社会的关注。

2. 连片特困地区农村儿童教育救助政策需要进行进一步的调整与完善，以满足儿童教育需求

通过对国内外相关贫困儿童教育救助政策措施的梳理以及对国内相关政策在连片特困地区的实施状况的分析，我们可以发现我国在贫困儿童教育救助方面虽然取得了较大的成绩，但是由于教育资源不均衡、家庭贫困以及农村经济社会的转型等原因的存在，贫困地区农村儿童接受教育仍然面临诸多困难。中国需要借鉴世界各国在此方面的经验，更重要的是要根据国内的实际情况采取相应的措施，进一步完善儿童教育体系，保障贫困地区儿童平等地接受教育。

单纯从贫困儿童教育救助层面来看，教育救助政策的覆盖范围需要扩大，尤其是在早期教育、学前教育和高中教育阶段。未成年人的学前教育和高中教育都属于非义务教育，农村贫困家庭儿童在学前教育阶段得不到救助，高中阶段的社会救助范围和资助力度很低，对于高中贫困生的救助目前只停留在临时救助的阶段。由于学前教育费用较高，贫困家庭考虑到幼儿教育的费用，只能让家中长辈照顾孩子，从而限制了未成年人获得学前教育的机会。因此，应将农村贫困儿童非义务教育（学前教育、高中或者职业教育）纳入儿童教育救助范围，确保贫困儿童能够顺利接受学前教育和高中教育，消除农村儿童贫困，打破贫困代际传递。同时，由于贫困儿童父母或者监护人教育水平相对较低，在儿童早期教育方面缺乏必要的知识和能力，因此在注重儿童本身教育的同时，也应该关注儿童监护人在儿童早期教育方面知识的积累和能力的提升，让儿童获得良好的早期教育。

贫困儿童教育问题不是单纯的教育救助政策所能解决的问题，而需要从儿童教育事业的发展规划层面给予更多的关注。要加大针对贫困地区农村教育的投入力度，让贫困地区农村儿童享受更多的教育资源，打破城乡二元教育格局，实现城乡教育一体化。

第四章
连片特困地区农村儿童医疗状况与医疗救助

一 连片特困地区农村儿童医疗状况

长期以来,农村儿童医疗保障问题一直是各界关注的焦点。随着政府对农村医疗投入的加大,农村儿童医疗保障问题也在一定程度上得到缓解。2003年新型农村合作医疗制度的建立,将农村儿童医疗纳入制度性保障体系。但是农村医疗资源短缺、医疗服务水平发展滞后、新农合对儿童特殊性的忽视等因素仍然影响农村儿童医疗资源的可获得性,而贫困地区农村儿童的医疗状况更是令人担忧。本章通过问卷调查与实地访谈,对连片特困地区农村儿童获得医疗服务的情况进行分析,在呈现获得医疗服务状况的同时,对其中存在的问题进行分析。

(一) 儿童卫生保健情况

1. 监护人对儿童健康的认知

在连片特困地区,农村儿童监护人对儿童健康的理解不是各种量化的指标、数字,而是儿童日常生活的行为表现,如能吃、能睡、能跑、能跳等。只要没有明显的病态体征,儿童都被认为是健康的。然而以身高体重这样的量化标准进行衡量时,很多儿童都不符合健康的标准,处于亚健康甚至不健康的状态。此次调查显示的儿童健康状况来自儿童监护人对于儿童身体状况的判断,数据统计显示,绝大部分(77.5%)监护人认为儿童身体是健康的,有严重健康问题的儿童(患大病、残疾等)占受访儿童的1%。但在有关中国农村儿童健康状况的调查中,宋月萍等根据中国健康与营养调查2000年数据,采用世界卫生组织根据儿童身高体重等衡量儿童健康水平的HAZ评分进行回归分析,认为与世界卫生组织推荐的标准人群相比,中国农村儿童健康水平偏低,有55%的儿童生长发育迟缓(HAZ<-1),其中有22.6%的儿童重度迟缓(HAZ<-2)。并且,农村不同性别的儿童在各个年龄段(尤其是在早期生长阶段)生长发育状况都低于标准人群。[①] 同时,在对连片特困地区农村儿童基本生活状况的分析中,我们也能发现连片特困地区农村儿童生长发育迟缓率、低体重率都非常高(详见本章关于儿童生长发育状况的分析)。

当城市中的人们正在享受信息和网络迅速发展所带来的好处时,连片特困地区农村因为现代化信息传播途径的相对匮乏,仍旧以比较传统的方式传播相关医疗健康信息。调查显示,儿童监护人关于儿童医疗健康知识的主要来源有:亲戚朋友传授(33.2%)、电视广播(30.4%)、自身的经验(26.6%)等,只有少部分监护人通过网络(4.1%)、书报杂志(4.3%)了解儿童医疗健康知识以及相关信息,个别监护人通过学校或专家培训(0.4%)获得育儿知识。还有个别监护人对儿童的医疗健康知识不了解。这导致儿童监护人对于儿童保健工作的重要性缺乏正确的认识。

2. 儿童接种疫苗情况

在儿童的成长过程中,接种疫苗能够增强儿童对重大疾病的抵抗能力,对于儿童健康非常重要。调查发现,连片特困地区农

[①] 宋月萍、谭琳:《卫生医疗资源的可及性与农村儿童的健康问题》,《中国人口科学》2007年第6期,第43—48页。

村儿童监护人都表示给儿童接种过疫苗。对于接种疫苗的地点，其中有52.7%的儿童是在乡镇卫生室，28.1%的儿童在村级卫生室，另外有11.6%的儿童需要去县医院接种，还有少数儿童在学校或者防疫站等地方接种疫苗。疫苗接种的地点随着儿童的年龄以及需要接种的疫苗种类不同而变化，但这并不能有效反映村级医疗服务机构是否能够满足儿童的就医及医疗服务需求。另一项有关儿童接种疫苗的统计结果显示，儿童居住地到接种疫苗的医疗站点的平均距离为4.22公里，有32.4%的儿童居住地到接种疫苗的医疗站点的距离在1公里以内，13.0%的儿童居住地到接种疫苗地点的距离在1—2公里，24.1%的儿童居住地与医疗站点的距离在2—5公里，15.3%的儿童居住地距离医疗站点超过5公里。

在调查中我们了解到，监护人对于疫苗的接种都倾向于采取就近接种。此外，对于学龄儿童来说，其所在的学校经常会组织学生注射疫苗，由专门的医护人员到学校给儿童集体注射疫苗。也有一些村里的村干部会定期通知村民到指定的地点给孩子注射疫苗，还有部分村卫生员主动到农户家中给孩子注射疫苗。

调查发现，有19.3%的监护人每次给孩子注射疫苗时都是有人通知的，有24.3%的监护人是经常有人通知之后才去给孩子接种疫苗，但是也有24.8%的监护人很少得到或者没人通知他们去给孩子接种疫苗（见表4-1）。这需要监护人对儿童注射疫苗的相关信息保持较多关注才能保证孩子及时注射相应的疫苗。但是实地调研发现，监护人对孩子注射疫苗的关注度不高，一般都是在别人通知之后才带孩子注射疫苗。

表4-1 是否有人通知接种疫苗的信息

选项	每次都有	经常有	偶尔有	很少有	从来没有
百分比%	19.3	24.3	30.1	15.8	9.0

在受访监护人中，有56.5%的监护人表示，没有给孩子接种

过非免费的疫苗。在这部分监护人中，有 35.7% 的监护人认为除免费疫苗外不知道还有哪些疫苗可以接种，29.8% 的监护人认为没有必要，11.5% 的监护人认为不知道去哪里接种，还有 7.6% 的监护人认为家里没钱给孩子接种其他疫苗。由此可见，农村地区的儿童保健宣传工作还不是很到位。儿童监护人大多被动地选择是否接种疫苗。但是我们的调查也了解到，距离远近和宣传是否到位不是监护人给儿童接种疫苗最重要的权衡标准，最关键的因素还是疫苗是否收费，过高的疫苗接种价格对于贫困地区的家庭来说难以承受，无法给儿童接种。

案例 4-1：只注射免费的疫苗

云南省的 13 岁男孩 LL 说："学校要打的预防针我都打过，有预防感冒的，有预防甲肝、乙肝之类的，我也记不太清楚，像预防感冒的是免费的，其他一般都是要花钱的。去年我打过一次预防针，不记得是什么了，花了 50 块钱。有的预防针是要六七十块钱及以上的，有的父母就不让打了，整个学校有 500 多个人，打预防针的只有不到 100 个人。我自己是都会打的。"

案例 4-2：交钱打预防针

云南省的 15 岁男孩 LZZ 说："预防针我打过，会有人来学校打，不用自己去外面打。去年（2012 年）打过两次，不记得叫什么名字，两次预防针都交过钱，有一次交了 75 元，另一次不记得了。要交钱的话，就有很多同学不打了，我们班 46 个人里，只有五六个人会打。"

案例 4-3：需要交钱的预防针就不打

江西的 10 岁女童 TJ 说："学校曾组织过一年级学生注射疫苗，具体是什么疫苗我记不清了，只记得有些需要交钱，有些则不需要，那些免费的我都注射了，需要交钱的我都没有注射。因为如果我注射的话，哥哥和妹妹也同样需要注射，这样又是一笔不小的费用。"

从案例可以看出,在接种付费疫苗时,很多儿童监护人不愿意出钱。我们的调查显示,接种付费疫苗的平均费用是 65 元。按照访谈中得到的数据,有近 4/5 儿童监护人不愿意在儿童身体免疫方面进行额外的支出,原因之一是农村儿童的生活不富裕。很多儿童是留守儿童,父辈仅仅依靠儿女留下来的生活费和自己微薄的养老金维持生活,还有的儿童父母身体不健康,患有急性或者慢性病,或者父母一方/双方不在世,维持基本的生活都是问题,接种疫苗已经变得很奢侈了。

案例 4-4:与爷爷相依为命的单亲儿童
  江西的何大爷儿媳妇去世,儿子在外打工,老人照顾 15 岁的孙子,生活很苦,吃也舍不得吃,穿也舍不得穿,有一点钱都攒下来给孙子花了,已经很久没有吃过新鲜的肉了,有时候老人的血压太高了,需要去挂吊瓶,但是老人不舍得花钱,就吃点药硬撑着,把钱都攒下来。老人和孙子现在分别还欠着村医务室 700 元和 400 元的药费。家里本来收入就不多,打疫苗有时候根本支付不起。

此外,由于接种疫苗属于事前消费,是为了防止疾病的发生而采取的防护措施。对于本来就只能满足基本生活需求的贫困儿童家庭,每一分钱都需要花在最应该花的地方,所以事前消费和预防接种就显得不那么重要。

3. 儿童体检情况

儿童定期体检,可以帮助监护人及时发现孩子在成长过程中出现的问题,做到早发现、早治疗、早干预。在正常情况下,新生儿应该 1—2 周做一次检查;6 月龄以内的婴儿每月一次;6 月龄以上,1 岁以下的婴儿每两个月一次;1—3 岁幼儿半年一次;3—18 岁儿童每年一次。通过调查我们了解到，在受访家庭中，有4.7%的监护人经常带孩子去医院体检，有36.8%的监护人偶尔带孩子去医院做体检，另外，有56.9%的监护人在孩子出生后没有专门带孩子去做过体检。未主动带孩子去体检的监护人中，有53.8%的监护人认为自己的孩子非常健康，没有必要做体检；29.5%的监护人不知道去哪里做体检；8.8%的监护人因为家里没钱而没带孩子做体检。另外，结合案例可以发现（案例4-5），由于学校做过体检、没有体检的条件、医疗点不满足体检需求、监护人没意识到等原因，部分家庭未能及时给孩子做体检。

案例4-5

云南省的LLS有一个4岁的儿子，说到体检的事情，他说："前年（2011年）在临沧做了一次体检，因为生病了一次，感冒发烧得厉害，就做了一次全身体检，花了72元钱，以后就再没做过检查。"

案例4-6

陕西的8岁女孩FYX身高1.2米，体重42斤，身体一直很健康，谈到体检，她母亲说："村里医疗办去年（2012年）组织村里的小孩子进行过体检，孩子各项检查结果都很好。一般我们自己不会主动给孩子去做体检。"

本次调查发现，连片特困地区农村儿童的监护人对于儿童体检的敏感度总体较低，在大多数情况下只做医疗部门组织或者学校组织的、面向集体的、免费的体检。农村监护人几乎没有主动带着孩子接受付费体检的，除非是遇到上述案例中所描述的因为生病而需要进行身体的常规检查。虽然监护人对于儿童保健的需求很高，但是并没有表现在实际行动上。闫淑娟等认为原因主要包括：保健服务宣传渠道单一；保健意识低，很少主动寻求保健服务；儿童保健服务为有偿服务，办卡、访视、体检均有花费等。[①] 这与我们调查的有 53.8% 的监护人认为自己的孩子非常健康，没有必要去做体检的情况相符合。在连片特困地区农村，不论是由父母带到城市中生活的流动儿童，还是由祖辈在家抚养的留守儿童，抑或是由父母在家中陪伴的儿童，在儿童父母的眼中，体检或是接种疫苗这种事前的预防并不是生活的必需品，生病这样的事后治疗才是其最关心的问题。对于孩子父母来说，孩子不生病，活蹦乱跳的，就是最欣慰的事。

（二）儿童看病情况

儿童身体健康是父母或者其他监护人最大的心愿，但是儿童在成长的过程中不可避免地会受到疾病的侵扰或者意外伤害。通过调查我们了解到在受访家庭中，儿童过去一年的生病次数平均为 1.64 次。有 66% 的受访儿童过去一年至少看过一次病，没有看过病的儿童共有 325 人，占全部受访儿童的 34.0%。

调查发现，有少部分（3.3%）受访家庭出现孩子生病未能及时就医的情况，儿童没有及时就医的原因主要包括：看病地点远、家庭贫困、没有可以带孩子看病的人、儿童监护人没有及时发现、本地医院医疗水平低等。

表 4-2　孩子未能及时就医的原因

原因	百分比（%）
家里没有能够带孩子看病的人	25.0
未及时发现	15.0
家庭贫困	25.0
看病太远	30.0
本地医院医疗水平太低	5.0

[①] 闫淑娟、陈欣欣、段建华等：《北京市 5 岁以下流动儿童保健状况与需求分析》，《中国儿童保健杂志》2008 年第 5 期，第 542—543 页。

调查发现受访儿童所生疾病主要是感冒、发烧、腹泻等常见病。少数儿童患有疹类、肺炎、支气管炎、痢疾、手足口病、先天性白血病以及其他疾病等，另有个别儿童发生意外烫伤（见表4-3）。由表4-3中的数据可以看出，常见疾病所占的比例占绝大多数。很多儿童监护人也表示，儿童在换季的时候感冒是最常见的。

表 4-3 受访儿童生病种类

	选项	频数	百分比（%）
疾病名称	感冒	818	71.2
	发烧	133	11.6
	腹泻	88	7.7
	疹类	15	1.3
	痢疾	5	0.4
	肺炎	12	1.0
	手足口病	2	0.2
	支气管炎	1	0.1
	烫伤	4	0.3
	先天性疾病或白血病	4	0.3
	其他	67	5.8

结合案例调查发现（案例4-7、案例4-8），儿童看病所去的医院主要是村卫生所和乡镇卫生院，少数儿童去县城医院看病，还有个别患特殊病种的儿童去省城医院或者外省医院看病。因为大部分患病儿童所患疾病较为常见，监护人一般会就近给孩子看病，所以村卫生所和乡镇卫生院是孩子看病的主要地方。与本次调查的结果不同的是，赵东辉等通过比较农村5岁以下的儿童的住院人次流向，发现农村5岁以下儿童住院主要到县级医疗机构。农村儿童对乡级医疗机构服务利用较少主要受其服务能力影响，县级医院普遍具有较强的儿科服务能力，而乡镇卫生院普遍服务能力较弱，每所乡镇卫生院能够提供儿科服务的医生和护士平均

人数也远低于县级医疗机构,因此到乡级医疗机构住院的农村儿童相对较少。① 但是本次调查结果显示,由于儿童疾病一般起病较急,连片特困地区农村儿童监护人通常都是就近治疗,只有极少数患大病的儿童才会去县医院就诊。并且由于贫困地区经济水平不高,监护人一般倾向于就近就医,以减少给孩子看病的支出。

案例 4 - 7

云南省的 12 岁男孩 LGJ 的爷爷说,孙子 2012 年生了三次病,都是感冒,第一次比较严重,在镇医院输液打针,花了 300 元,第二次和第三次分别花了 60 元和 50 元。生病时一般是妈妈带他去看病的,去镇医院大概需要 15 分钟。

案例 4 - 8

云南省的 16 岁男孩 LJG 说,以前生病的时候经常是父亲背着他走路去乡卫生院看病,从家到乡里有 6 公里的路程,走得快的话得要 1 个多小时才能走到。2012 年,他生过一次病,头痛,也是父亲背着去的,输液花了 70 元钱。

在儿童看病花费方面,受访家庭给孩子看病 2012 年全年平均花费为 536 元,给孩子看病全年花费最多的为 50000 元;单次看病花费平均值为 402 元。2012 年,家庭给孩子看病花费在 100 元以内的有 43.3% 的家庭,101—200 元的占 21.6%,201—600 元的占 22.3%,超过 600 元的占 12.7%。

表 4 - 4　看病费用的来源

选项	百分比(%)
自家出	92.6

---

① 赵东辉、汪早立、杨志勇等:《农村 5 岁以下儿童在新型农村合作医疗中的受益情况分析》,《中国卫生经济》2012 年第 10 期,第 33—35 页。

续表

选项	百分比（%）
向亲戚借	4.2
社会捐助	1.3
政府救助	0.2
其他	1.8

绝大部分家庭给孩子看病的费用可以完全从自己家里支出，少部分家庭需要向亲戚朋友借，还有少数家庭接受社会捐助，个别家庭享受政府救助。由表4-4可以看出，在给孩子看病时，有92.6%的家庭没有借钱。借钱给孩子看病的家庭中，平均借钱金额为3239元，借钱金额最多的超过30000元。虽然有高达90%以上的监护人表示没有在看病上向亲戚借钱，但是当儿童生病，尤其是突发意外或者是得重大疾病的时候，亲戚和邻里之间的帮助（不仅仅是经济支援）就变成他们的依靠，有的时候甚至能够挽救生命。

案例4-9：在亲戚帮助下得到及时救治的生病儿童

甘肃贫困家庭的WXP3岁那年"在鬼门关转了一圈"。一天晚上，WXP的妈妈和爸爸吵了一架，妈妈一气之下回娘家去了，爸爸则因为心情不好到外面散步。爸爸回到家里的时候，发现女儿正躺在床上一动不动。他立即跑上前去，发现孩子叫也叫不应，掐也掐不醒。爸爸这才想起女儿白天拉了肚子，身体一定是出现了异样。他赶紧打电话给WXP的妈妈。妈妈二话没说就把孩子带到镇里的保健医院去治疗。到了医院，她才意识到自己兜里一分钱都没有，医生不愿意提前治疗。于是她又抱着孩子折返到娘家的姑姑家求救。姑姑的儿子从楼上下来，以为孩子已经死了，劝说她放弃。姑姑听了这话扇了儿子一巴掌，叫儿子赶紧找其他几个兄弟凑钱去医院救人。最后，姑姑的每个儿子出了2000元钱，火速赶回医院。到了医院以后,医生认为这孩子肯定是救不活了,也劝说他们放弃。医生的话惹恼了姑姑的儿子,他以武力相逼,告诉医生说孩子要是活不成他也活不成了。起了一阵冲突之后,医生才勉强答应尝试救人,但是他事先说明了治疗的风险极大,如果救不了不能责怪他。姑姑的儿子也明事理,说实在救不了就算了。那晚的治疗持续了好几个小时,WXP的妈妈和其他亲戚全部守在手术室外面。终于,在接了24小时氧气之后,WXP苏醒过来。在这24小时内,WXP输了十几袋的血,原先想在手脚上输入,但是因为她的静脉太细失败了。当时医生说,如果头上再输不进去的话,孩子的性命就真的不保了。万幸的是,WXP抓住了最后一根救命稻草。在WXP住院的几天,每晚都是妈妈的姑姑和她的几个儿子陪同看护,没有离开过一步。

案例4-10:借钱给孩子看病

广西的12岁女孩TFL的体质一直都很好,没有得过什么大病。令她印象最深刻的是三四岁时一次得肺炎的经历。妈妈告诉她,当时她肺炎发作的时候觉得手特别酸,后来严重时手脚都动不了。妈妈见状立即让舅舅开着摩托车把她送到镇里的卫生院。回到家以后她还是非常虚弱,在卫生院配了很多中药慢慢调理,好几个月才逐渐恢复过来。这些中药也花费了家里几千元,爸爸妈妈东拼西凑,借了很多钱才把女儿治好。

在"差序格局"之下,农村社会的众多活动是按照血缘和地缘进行的,以血缘关系为纽带的家庭扮演了重要的角色,构成了人与人之间的主要关系网络,提供情感支持、经济支持和社会支持。[①] 对于单个的农村家庭,由于经济能力有限,几乎没有资金储

---

① 袁小平、吕益贤:《关系网络与中国乡村社会关系变迁》,《安徽农业科学》2008年第3期,第1275—1278页。

备，抵御突发风险的能力较差。政府救助很难快速到达的农村地区，家庭关系网络是其遇到紧急事件时最有效的保障。

（三）儿童生病对家庭的影响

1. 儿童生病导致家庭陷入贫困

儿童是家庭的希望，他们能够健康成长是监护人的基本愿望，当儿童生病时监护人会想方设法为孩子治病。但是由于家庭贫困等原因，连片特困地区农村儿童生病不能得到及时治疗的情况时有发生。

案例 4-11：身体状况较差的姐妹俩

陕西的女孩 YR 7 岁，妹妹 JL 4 岁。家里经济条件不好，从外貌上看，姐妹俩显得瘦小。她们的奶奶说，YR 小时候就被发现双耳有点耳背，在学校要坐在前排才能听得到老师讲课，拮据的经济条件没能让 YR 到医院检查治疗，目前孩子的病还是一直拖着。JL 没有生过大病，不过也是感冒咳嗽不断，小孩子长得很瘦，皮肤黝黑，乌黑的大眼睛在瘦小的脸上显得特别大。两个孩子的父亲身体也不好，需要经常看病吃药，家里没有足够的钱给两个孩子看病，生活很困难。

案例 4-12：经常身体不舒服的小女孩

江西的 TJ 10 岁。TJ 说自己很瘦是因为平时不怎么认真吃饭，并不是她不想吃，而是她吃不下。她每天要在学校吃一顿午餐，是早上奶奶做好后放在饭盒里让她带到学校的，中午学校的同学是统一在一起吃午餐的，学校负责把学生早上带来的午餐加热。TJ 说其他的孩子经常会吃鱼吃肉，而奶奶为她准备的却是万年不变的萝卜、辣椒或其他青菜，她本来就不喜欢吃这些，所以在吃午饭时经常把饭剩下，因为就着这些素菜吃饭她实在吃不下。有时她的同学看到她不吃饭会把自己的一些好吃的分给她一些，但她觉得很不好意思。后来老师说只能吃自己带的食物后，TJ 再也不吃其他同学的菜了。TJ 平时还喜欢吃一些零食，比如面包、辣条等，这让她吃饭时更加吃不下了，奶奶说 TJ 的身体一直不好，因为营养跟不上。TJ 说自己经常在早上起床时头痛，有时痛得严重时甚至会哭，前几天的头痛今天刚刚好一些。此外，TJ 还会经常腿痛、脖子痛。因为经常会感到身体有些地方疼痛，TJ 不经常出去和附近的同龄小伙伴一起玩，平时只和妹妹互相作伴，每当感到身体不舒服时，她大多数时候选择自己忍住，不告诉爷爷奶奶，因为她不想因为自己而增加爷爷奶奶的负担。

在连片特困地区农村，高昂的医疗费用对于普通的农村家庭来说是很沉重的负担，很多农村家庭因病致贫或者因病返贫。同时，一些农村地区乡镇医疗普遍存在过度治疗、滥用激素的问题，输液动辄上百的费用除了给农户造成沉重的经济负担之外，还往往会造就一批"易感冒儿童"，他们反复生病，体质下降，进而增加医疗费用，家庭陷入因病致贫的怪圈。儿童患病对于家庭来说是沉重的负担，这一负担不仅仅在于需要频繁在医院之间奔波、一次又一次地请求亲戚朋友的经济支援，更为严重的是，传统养儿防老的信念难以支撑这些朴实的农村监护人挺过最艰难时期的心理防线。

2. 儿童生病引发家庭矛盾

儿童的重大疾病（或者伤残）对于家庭的影响是有代际延续性的。这表现在儿童疾病不仅仅会影响到其监护人的日常生活，还有可能会影响到其同辈或者是下一辈的生活。这对于本来就缺少经济资源和社会资源的普通农村家庭来说无疑是雪上加霜。即便没有造成延续性的问题，因为缺少医疗资源，缺少看病所需的费用，也会造成家庭关系的不和谐，使本来就不太健康的儿童在心理层面上缺少温暖的成长环境。

案例 4-13：为了给孩子治病，夫妻俩经常吵架

宁夏的 WWH 夫妇的女儿在 3 岁时还不能走路，已经花了不少钱治病，但是没有效果。医生诊断其为腿部神经的问题，但是医院的药并没有让女孩像其他孩子一样站起来走路。后来夫妻俩在四方打听中得知：附近的乡镇有一位姓马的医生，60 多岁，医术高明。他们便带着小女孩去看病，老中医开了一服中药，100 元，一个月吃一服药。小女孩在吃了第一服药后，便能站起来走三四步了。吃完四服药后，小女孩就能勉强走路了。孩子现在每个月都要用药，已经吃了两年了。现在孩子的药钱已经成为家里最大的开支，夫妻俩经常因为这个吵架，甚至打架。

家庭是儿童社会化最重要的场所，在日复一日的家庭生活中，长辈的言传身教，能潜移默化地把生活技能、文化传统、道德标准传递给儿童。儿童在与家人进行语言交流、情感沟通的过程中完成了社会化的重要步骤。父母是孩子最初的老师，父母的抱怨、无奈和鼓励都印在儿童的脑海中。

（四）儿童参加新农合情况

新型农村合作医疗制度是近年来我国农村医疗卫生体系的一个重大变革。目的是"重点解决农民因大病出现的因病致贫、返贫的问题"，基本制度设计是"自愿加入""大病防治为主"，为参合者提供医疗补贴。自 2003 年新农合在我国部分县市试点以来，参加人数以年均 34% 的速度迅猛增长。截至 2009 年年底，开展新农合的地区已达 2716 个，参合人数达 8.33 亿，覆盖人群高达 94%。国家及各级财政仅 2009 年度的新农合补助资金就超过 740 亿元，占整个新农合筹措基金的 79%。[1]

---

[1] 卫生部：《2009 年我国卫生事业发展统计公报》，2010 年 4 月 9 日，www.gov.cn。

调查发现，受访家庭中有13.0%的儿童没有参加新农合，8.2%的儿童虽然参加了新农合，但是所看病种不在新农合保障范围内，66.6%的儿童在看病时能够享受到新农合待遇。另外，9.0%的监护人不清楚孩子是否能够享受到新农合待遇。而在调查中我们也了解到一些儿童参与新农合存在的问题。

表4-5 孩子生病后能否享受新型农村合作医疗待遇

选项	没有参加新农合	不能	能	不清楚	合计	缺失值	合计
频数	124	78	637	86	925	32	957
百分比（%）	13.0	8.2	66.6	9.0	96.7	3.3	100.0

1. 新农合在实施过程中所存在的问题

一是新农合的缴费标准不一，使得不同地区农民的负担有所差异。以下是在宁夏调研过程中两位村民对于新农合情况的回答。

> 50元/人，家里八口人，一共400元。一般是去能够刷医保卡的医院直接买药，然后能报销70%的花费。大病就到大医院（县医院）治疗；小病到能刷卡的医院拿药，就能报销。不过用医保卡取药的时候没有好药。拿着取药和看病的一些手续，就能到医院报销70%的费用。如果家中有低保证或者残病证，拿着医院开的证明，就可以到民政局报30%的费用。
>
> 2006年办的医疗证，2006年至2007年每人交10元钱，2008年到2010年每人交20元钱，2011年以后有低保证的家庭每人交40元钱，无低保证的家庭每人交50元钱。家里的孩子老人身体都比较健康，平时的小感冒等就会去私人药铺买药，没有任何医疗报销，所以不清楚报销的具体比例。

以下是在甘肃调研过程中一位村民对于新农合情况的叙述。

家里有几口人就交几份钱。每年是 100 元/人，去年交了 600 元。开学以后，学校里也会有医保。一般孩子要是感冒发烧或者打吊瓶，都不担心医药费的问题。

由以上信息可以了解到，新农合的收费标准因地区以及时间的不同而不同。同样作为西部省区，宁夏地区每年参保费用为 50 元，陕西为 60 元，甘肃为 100 元。且甘肃地区随着时间的推移还存在逐年上涨的趋势。不同的经济背景也决定不同的参保费用。宁夏地区低保户比普通农户少交 10 元的参保费。

二是报销内容有限，比例不一，这导致农民对于新农合的受益程度认识有所差异，新农合能够带来的积极作用也受到影响。以下是两位受访者对于新农合报销情况的回答，从此可以看出部分地区新农合报销较为烦琐，农民受益不完全。

一般就去附近的村卫生室拿药，也能报销，以 2013 年为例，日常药物报销比例可达到 30%。

报销的时候要拿着户口本、医疗本、住院的单子、大队的介绍信。另外，家中有低保的可以拿着医院的证明到民政局报 20% 的费用。

三是基层医护服务质量不高，这使得部分农民不愿意通过新农合途径获取医疗资源，限制了新农合发挥应有的作用，以下两位受访者的回答体现了这种情况。

平时只有去镇卫生院拿药才报销，平时几元钱的药就在附近村里买。在镇里看病还经常治不好，必须要去县里看才能看好，如果包车去县里的话最少需要 300 元钱。有时候拿的药治不好，还是要去附近店里拿药吃才行。

小谭 2 岁大的妹妹身体不好，经常需要打点滴。去镇卫生院打点滴可以报销70%，可是每次小谭的妈妈带孩子去镇卫生院，那里的医生总是要打好几次针才能打进，这让小谭的妈妈心疼不已。所以现在小谭的妹妹如果生病了，一般都会去镇上的私人诊所。

2. 新农合实施过程中存在问题的原因分析

第一，政策设计与实施方面。

其一，新型农村合作医疗制度是以大病统筹兼顾小病理赔为主的农民医疗互助共济制度。这一政策的主要目的是缓解农民因病致贫以及因病返贫的现象。但是新型合作医疗各地缴费数额不统一、缴费时间不统一、收费人员不统一、收费时是否告知不统一、收费时是否签合同不统一、报销起付线不统一、封顶线不统一、报销比例不统一、报销项目不统一、不予报销的项目不统一、报销所需证据不统一、转院制度不统一、基本药品品种供给不统一、药品定价不统一等一系列的问题使得这一政策显得漏洞百出。其二，关于新型农村合作医疗的制度在顶层只有一般性文件，没有规范性文件，农民查找地方文件很困难，就连工作人员对政策的了解也较为模糊。因此存在在缴费数额、缴费时间、收费人员、收费前是否告知、是否签约后收费、报销起付线数额、封顶线数额、报销比例、报销项目、不予报销项目、报销所需证据的种类、异地报销制度、药品供给种类和价格等的不统一。

第二，农村地区医疗卫生条件滞后。

长期以来，农村卫生基础设施滞后，乡镇卫生院房屋破旧，一些贫困地方的卫生站甚至存在危房；医务人员短缺，且整体素质不高，长期得不到培训，技术骨干严重流失，很难满足农民日益增长的多层次的医疗需求。在农村甚至出现农民到县、乡镇医院看错病进而导致死亡的案例发生。另外，如果农民不去这些县、乡镇医院，而去省或者市一级的好医院，他们面临的又是天价的医疗费用，这使得他们在一定程度上望而却步。所以从这点来看，也严重制约了新型合作医疗的有效运行。

以药品供给为例,调查人员走访了村里的卫生所,卫生所的工作人员告诉我们,即便是自己的孩子生病也不会选择在卫生所看病,他们认为能够以报销的价格卖给自己的药基本不管用,管用的药卫生所不会卖。所以一般看病的监护人都会选择私人诊所,拿药方便、有效,即便不能报销,花费也在可以承受的范围之内。

第三,儿童报销的特殊性。

目前在国家级政策文件中,新农合对农村儿童并未制定特殊补偿政策。赵东辉等的调查表明,与全体人群对比,农村5岁以下儿童住院率明显偏高;由于儿童患病多为呼吸系统、消化系统的常见病,病情比较单纯,而且儿童用药品种少,临床治疗多以成人药品代替,只酌情减量给药,因此儿童总体的用药剂量较小,次均住院费用低于全体人群。如此一来,同样的病症因为儿童用药的特殊性没有达到报销的标准,所以不能报销的事例时有发生,新农合在保护儿童利益方面尚待改进。在这方面,山西、河南、陕西等省已经开展了相关探索,如山西和河南均规定,儿童住院报销的起付线在同级定点医疗机构报销起付线的基础上降低50%;陕西省规定,省级定点三级、二级医院住院执行起报点制度,0—14周岁儿童患者起报点按成人起报点的60%执行。[1]

二 贫困儿童健康与医疗救助政策:
国际做法与国内实践

儿童健康问题一直是世界各国关注的问题,而对贫困儿童健康的救助更是各国在儿童救助领域的重要组成部分。随着儿童权利观的发展,中国社会政策也将儿童作为独立的主体纳入其中。

---

[1] 赵东辉、汪早立、杨志勇等:《农村5岁以下儿童在新型农村合作医疗中的受益情况分析》,《中国卫生经济》2012年第10期,第33—35页。

近年来，中国政府非常重视患病贫困儿童，出台了一系列制度安排，以保障贫困儿童能够获得及时的医疗服务，减轻儿童家庭负担，防止因病返贫或者陷入赤贫等现象的发生。为了进一步促进中国贫困儿童医疗救助工作科学、可持续地发展，我们有必要对国内外相关政策措施进行梳理，并针对政策实施过程中存在的问题，对我国贫困儿童医疗救助政策进行进一步调整提出建议，确实保证贫困儿童的健康权利。

（一）贫困儿童救助和扶持的国际做法

1. 美国贫困儿童的卫生和健康救助

美国联邦政府致力于改善儿童健康和营养状况的经济资助项目主要包括：医疗补助和州儿童健康保险项目；妇女、婴幼儿和儿童营养项目等。

第一，医疗补助项目。医疗补助是依据1965年国会通过的《社会保障法》的修改设立的，该项目主要是为符合条件的低收入个人包括儿童提供医疗保险。医疗援助计划是美国最大的为穷人提供的医疗保险计划，该计划主要是针对符合"抚养未成年子女家庭援助计划"（AFDC）或"补充收入保障"（SSI）条件的人群，并非专门针对儿童，但在贫困儿童医疗保障方面发挥了重要作用；妇女、婴儿和儿童特别补充食品计划（WIC），每月为婴儿和5岁以下的儿童、孕妇和哺乳期妇女提供营养食品，由美国农业部、食品营养服务处和州人文服务局共同管理。

第二，州儿童健康保险项目。该项目根据1966年的《儿童营养法案》设立，是为了对营养不良的低收入怀孕及产后妇女、婴幼儿和5岁以下的儿童提供饮食教育、营养咨询以及卫生保健服务。但是获得资助的条件是受助对象必须被专业的卫生机构诊断为"营养状况存在问题"。

第三，为父母提供身体和心理治疗机会。部分低收入者的身体健康状况较差，巨大的经济压力导致他们心理负担过重，这严重影响了育儿质量和亲子关系，这些问题都可以通过治疗得到改善。该服务保证父母与婴幼儿相处的时间。高质量的亲子关系有益于儿童的成长和发展，因此美国政府致力于以制度形式保证父母与子女相处的时间，为建立高质量的亲子关系提供机会。

美国政府还体察国民生活现状，重新审定国家贫困线标准。美国国家贫困儿童中心副主任南希·金·考森在 2007 年 8 月召开的"美国贫穷测量听证会"上承认，许多收入超过现定贫困线标准的家庭仍然面临多重经济困难。她强调，在重新划分国家贫困线标准时有一个重要事实不容忽视，即各州和各地区之间的显著经济差异。以一个四口之家一年的基本生活需求为例，休斯敦市为 36000 美元，芝加哥市为 40000 美元，哈特福特市需要至少 49000 美元。因此，在重新划分世界贫困线标准时必须考虑地区经济差异这一重要因素。这是一条值得借鉴的重要经验。

2. 英国贫困儿童的卫生健康与安全服务

英国中央政府有三个主要部门负责具有特殊需要的贫困儿童的健康服务：国家医疗保健服务系统、国家社会服务系统、国家教育服务系统。

国家医疗保健服务系统社区服务是为具有特殊需要的贫困儿童服务的主体。社区医疗保健服务系统又被分为不同的系统，如儿童发育中心、社区保健诊所、医生服务系统、OT 服务系统、ST 服务系统等。每个社区所拥有的幼儿园、特殊学校、普通学校的特殊班，都接纳具有特殊需要的儿童并根据所需配备不同的专业人员。

当地政府提供的社会服务包括家庭支持服务，主要是评估有需求的儿童，提供支持服务，包括养育和照料，服务对象包括残疾儿童。儿童可以自愿选择短期或者长期的"住膳"服务，但是父母还是保留完全的责任。在南汉普顿，一个市有三个家庭中心，为儿童提供父母养育支持服务"日托"，当地政府认证、核实和注册保育员、亲子游戏班、托儿所，并为 8 周岁以下儿童提供课余托管儿童保护服务。地方政府强调机构间的合作，遵循1989年《儿童法》中的一起合作原则，指导各个机构开展合作应对儿童虐待，一旦出现儿童虐待，社会服务部门和警方将展开合作调查。地方政府还制定儿童保护登记档案，记录当地尚未解决的儿童保护问题。

英国救助儿童会在其他发展中国家开展了一系列的医疗援助项目，如公共健康、HW/AIDS防治、心理咨询、伤残儿童康复护理等项目，在发展中国家困境儿童救助保护领域做了大量的工作。

3. 拉美地区

20世纪90年代初期，拉美国家制定了一系列旨在保障贫困儿童基本权利的措施和目标。经过10多年的努力，各国在儿童医疗保健等方面都取得了一定成效。但从目标的实现情况来看，只有智利、古巴、哥斯达黎加等少数国家的成效比较突出，大多数国家的成效还不足以对减少并消除儿童贫困产生太大的作用。2000年在巴拿马召开的第10届伊比利亚美洲国家首脑会议对儿童和青少年问题进行了专门的讨论。这说明，拉美国家十分重视改善儿童的生存环境。2001年，第11届伊比利亚美洲国家首脑会议通过了解决儿童贫困问题的新日程安排和行动计划，主要内容有：到2015年，将贫困和赤贫人口分别减少一半；到2010年，婴幼儿死亡率下降1/3，5岁以下患营养不良症的儿童比重下降1/3；根据上述计划，到2015年，拉美儿童和青少年贫困人口将从近1.2亿减少到6000万左右。

4. 小结

在儿童医疗健康方面，美英两国以及一些拉美国家都做了较为系统的制度安排。美英两国在儿童医疗健康方面的举措值得我国借鉴。由上述分析我们可以发现，两国在保证儿童获得基本的医疗服务和救助的基础上，还注重儿童监护人的心理疏导和良好亲子关系的建立。同时，两国注重不同年龄段儿童的营养健康需求，保证儿童在成长过程中能够获得相应的医疗保障。

(二) 国内贫困儿童医疗救助制度

随着儿童权利观的发展，我国也将儿童作为独立主体纳入医疗救助政策，并针对不同类型的贫困儿童群体采取不同的保障措施。在农村贫困儿童医疗救助方面，目前我国农村医疗救助制度将贫困家庭儿童、孤儿、患大病儿童、受艾滋病影响儿童等贫困儿童群体纳入保障范围，同时出台专门针对儿童的大病救助制度，以减轻患大病儿童家庭的负担。两项制度与新型农村合作医疗制度衔接，确保贫困儿童获得基本的医疗服务和救助。另外，孤儿、受艾滋病影响儿童等特殊贫困儿童群体的医疗救助也在相应的救助制度中做出了安排。农村贫困儿童医疗救助的救助方式主要有两种：一是资助贫困儿童参加新型农村合作医疗制度，并在医疗报销方面提高报销比例；二是直接救助患病贫困儿童家庭。同时，政府和社会力量在贫困儿童医疗救助方面进行合作，针对患有特殊病种的儿童开展各种康复保障与医疗救助行动。如"残疾孤儿手术康复明天计划"（以下简称"明天计划"）、"重生行动—全国贫困家庭唇腭裂儿童手术康复计划"（以下简称"重生行动"）等。

1. 农村医疗救助制度

为解决农村居民因病致贫、因病返贫问题，保障农村贫困人口能够享受到基本医疗卫生服务，满足农村贫困群体的医疗需求，2003年11月，民政部、财政部和卫生部联合发布《关于实施农村医疗救助的意见》，要求各地开始试点建立农村医疗救助制度。2005年民政部、财政部和卫生部针对农村医疗救助制度实施过程中出现的问题，发布《关于加快推进农村医疗救助工作的通知》，对建立和完善农村医疗救助制度提出新的要求。2009年民政部发布《关于进一步完善城乡医疗救助制度的意见》，对城乡医疗救助制度的建立与完善做了统一的要求。农村医疗救助制度与新型农村合作医疗进行衔接，确保贫困群体能够获得基本的医疗保障。儿童作为普通的制度保障对象也被纳入农村医疗救助制度的保障范围。

农村医疗救助制度的政策主体主要包括：政府、医疗机构、社会组织。政府是制度的组织者和推行者。民政部门是制度实施的主管部门，负责政策研究制定和组织实施工作，以及医疗救助与社会慈善救助的衔接；财政部门则负责落实安排救助资金，监督检查资金管理和使用情况；卫生部门则负责向困难居民提供医疗服务与管理，并对相关医疗服务机构进行监督检查。医疗机构是医疗服务的直接提供者，这里的医疗机构主要是指政府部门指定的定点医疗服务机构，也包括一些非定点医疗机构，负责向农村困难群体提供直接的医疗救助服务。社会组织可以为救助对象提供医疗费用补助，也可以为救助对象提供直接的医疗服务或者为其购买服务。

农村医疗救助制度的救助对象为农村低保家庭成员、农村五保对象以及其他经济困难的农村居民，就儿童而言，则包括农村低保家庭儿童、农村五保儿童以及其他符合条件的贫困儿童。

农村医疗救助制度顺利实施所需要的主要资源包括：救助资金、医疗服务等。农村医疗救助资金按照需求和财政情况进行预算，由地方各级财政共同承担，中央财政通过专项转移支付对中西部地区进行补贴，同时也接受社会捐助和其他形式的资金。医疗救助资金实行县级统筹，建立县级医疗救助资金专项账户。医疗服务由定点医疗机构向救助对象提供，定点医疗机构在新型农村合作医疗制度规定的范围内确定。

农村医疗救助的资源传递模式主要是政府直接发放救助金、政府购买医疗服务。农村医疗救助资金的发放由民政部门负责。救助对象向村委会申请救助，村委会按照规定程序审核申请人资格并报乡（镇）民政部门，乡（镇）民政部门向县级部门上报医疗救助申请材料，县民政部门审核决定其是否符合救助条件。乡（镇）民政部门具体负责医疗救助资金的发放工作。具体救助办法主要包括：①资助救助对象缴纳参加合作医疗时个人负担的全部或部分资金。如政策规定在开展新型农村合作医疗的地区，资助符合条件的农村五保儿童、低保家庭儿童以及受艾滋病影响儿童等其他贫困儿童参加新型农村合作医疗,享受基本的医疗保障。②患大病个人承担费用过高的,影响家庭基本生活的,再给予适当的医疗救助。③国家规定的特殊传染病救助费用,按照有关规定给予补助。在政府购买医疗服务方面,在已开展新型农村合作医疗的地区,由农村合作医疗定点卫生医疗机构提供医疗救助服务;未开展新型农村合作医疗的地区,由救助对象户口所在地乡(镇)卫生院和县级医院等提供医疗救助服务。医疗机构根据相关规定对救助对象提供减免医疗费用、免费医疗服务等救助服务,并定期与民政部门进行结算。

我国没有对农村儿童的医疗救助情况进行专门的统计,但是全国范围内的农村医疗救助情况,可以从一个侧面反映儿童医疗救助的状况(见表4-6)。据民政部公布的统计数据,2012年全年累计救助贫困农村居民5823.5万人次,全年各级财政共支出农村医疗救助资金133.84亿元,比上年增长11.53%。①

表4-6 2012年全国农村医疗救助情况

人数(万人次)		全年累计救助贫困农村居民	5823.5
	其中	资助参加新型农村合作医疗居民	3915.1
		直接救助农村居民	1908.4
资金水平(亿元)		全年各级财政支出农村医疗救助资金	133.84
	其中	资助参加新型农村合作医疗资金	110.8
		直接救助农村居民资金	23.04
人均资助水平(元)		人均资助参合水平	58.9
		人均救助水平	580.6

注:民政部统计数据,http://files2.mca.gov.cn/cws/201302/20130227085143346.htm,经整理而成。

---

① 《2012年四季度全国社会服务统计数据》,http://files2.mca.gov.cn/cws/201301/20130128174655179.htm。

救助标准。农村贫困儿童医疗救助标准主要是参照新型农村合作医疗制度的相关规定给予救助对象相应的补偿。新农合制度对补偿条件、补偿方式、补偿范围以及起付线、封顶线、补偿比例等都做出了相关的规定。在补偿条件方面,卫生部对补偿条件的规定是:参合农民在定点医疗机构就诊,所发生医药及治疗费用,经经办机构审核,按相关规定给予补偿。在补偿方式方面,卫生部规定,新农合补偿范围为参合农民在规定的就医范围内,因病发生的基本医疗保险目录内的住院、门诊医药费用(包括诊疗项目费用),及计划内正常分娩发生的住院医药费用,医药费用按比例扣除起付线后补偿,且不超过封顶线。在补偿范围方面,新农合补偿方式可以总结为两种:第一种是事后补偿,即参合农民先自行支付所有医疗费用,然后凭相关凭证及材料到新农合经办机构或定点医疗机构报销新农合补偿部分;第二种是即时结报,也就是参合农民在出院时只需支付个人费用部分,补偿费用由新农合定点医疗机构先行垫付,然后由定点医疗机构定期向新农合经办机构申请拨付垫付资金。

新农合的补偿公式为:报销金额=(住院总医药费用-自费项目费用-起付线)×补偿比例,报销金额不得高于封顶线。卫生部对于新农合起付线没有做具体要求,只是规定由各省自行确定。新农合补偿分为门诊补偿与住院补偿两部分,对于门诊补偿,普通门诊应不设起付线,特慢病门诊设起付线且由各省自行确定,各地也根据当地的实际情况设置各自的新农合起付线。据统计,2010年全国各级定点机构起付线标准平均为:乡镇级110元、县级320元、市级620元、省级800元,不同地区的起付线差异较大,东部地区较高,中西部地区较低。各地区新农合封顶线是指新农合补偿的最高支付额,新农合封顶线主要分为门诊补偿封顶线和住院补偿封顶线,当然一些特病门诊及慢性病门诊也设有封顶线(在特病门诊部分介绍)。卫生部在新农合补偿封顶线方面的规定是:门诊补偿封顶线由各省在准确测量的基础上根据各自实际确定，住院补偿封顶线不得低于农民人均纯收入的 5 倍（约 3 万元）。2010 年封顶线全国平均水平约为 5.4 万元，设置最多的是 6 万元，东中西部地区差异较大，东部地区较高，中西部较低。国家对于新农合补偿比例的规定是：新农合政策范围内的住院费用报销比例要达到 60% 左右，住院补偿低费用报销比例与门诊报销比例要相对一致。各地区也根据实际情况设置适合当地发展水平的报销比例。门诊补偿比例方面，2010 年全国各级医疗机构平均水平：村级为 38%、乡镇级为 35%、县级为 33%，呈逐级降低趋势，总体补偿比例不高，这也是新农合"保基本，以大病统筹为主"原则的体现。住院补偿比例方面，2010 年全国平均水平：乡镇级定点医疗机构的补偿比例约为 73%，县级约为 61%，市级约为 46%，省级及以上约为 42%，总体补偿比例较高。对家庭负担过大的患大病的农村贫困儿童，民政部门会另外给予 20% 的补偿。

2. 农村儿童大病医疗救助制度

为减轻农村困难居民医疗负担，提升农村医疗保障水平，2010 年 6 月卫生部农卫司公布了《关于开展提高农村儿童重大疾病医疗保障水平试点工作的意见》，对农村儿童大病医疗救助工作做了相关的规定。农村儿童大病医疗救助制度与农村医疗救助制度和新型农村合作医疗制度进行衔接，保障患大病儿童能够得到医疗服务与救助，同时也在新型农村合作医疗和农村医疗救助制度健康发展并使广大农村居民公平享有的基础上，提高对大病医疗的救助水平。

农村儿童大病医疗救助制度的保障对象为试点地区 0—14 周岁（含 14 周岁）、患急性白血病和先天性心脏病两类重大疾病，包括急性淋巴细胞白血病、儿童急性早幼粒细胞白血病、儿童先天性房间隔缺损、儿童先天性室间隔缺损、儿童先天性动脉导管未闭、儿童先天性肺动脉瓣狭窄 6 种疾病的儿童。2012 年，将患有肺癌、胃癌、食道癌、结肠癌、直肠癌等 14 种危及儿童生命健康、医疗费用高、经积极治疗预后较好的重大疾病的儿童也纳入制度保障范围。目前，保障病种为 20 种。①

农村儿童大病医疗救助制度的政策主体主要包括政府、医疗机构以及社会组织等。政府是制度实施的主要组织者和推行者。民政部门与卫生部门是主要的组织实施、监督管理部门。农村儿童大病医疗救助制度所保障的病种特殊，因此对医疗机构的要求也较高，按照规定可以选为定点机构的为具备诊治条件、诊疗技术水平高的省、市级新农合定点医疗机构；县级新农合定点医疗机构确实具备诊疗条件和能力的，也可选作试点病种的救治医院。社会组织主要包括红十字会、慈善公益组织等，主要在救助资金、医疗救助项目开展等方面参与到儿童大病医疗救助行动中。

农村儿童大病医疗救助制度的政策资源主要包括救助资金与医疗服务。大病医疗救助资金从农村医疗救助资金和新型农村合作医疗基金中开支；医疗服务由定点医院直接为患病儿童提供。

农村儿童大病医疗费用的报销是在新型农村合作医疗和农村医疗救助基金限定费用的基础上，实行按病种付费，提高报销比例。原则上，新农合对试点病种的补偿比例应达到本省（区、市）限定费用的 70% 左右，医疗救助对符合条件的患者再行补偿，补偿比例不低于限定费用的 20%。参合患者在本省（区、市）内相应的定点医疗机构诊疗，享受规定的补偿。在双重补偿下，我国患病参合儿童的实际医疗费用补偿能达到 90% 左右。

农村儿童大病医疗救助的服务传递模式为政府向医疗机构购买服务。具体来讲，医疗机构向患者提供优惠服务，并实行新农合定点医疗机构即时结报等医疗救助"一站式"服务，方便参合人员及时得到补偿。民政部门则简化定点医疗机构的相关结算程

---

① 《卫生部农卫司司长杨青谈"新农合制度实施 10 周年"》，中国政府网，http://www.gov.cn/zxft/ft232/wz.htm。

序,及时结算医疗机构的垫付资金。

据了解,截至2011年年底,提高儿童先心病、急性白血病的医疗保障水平工作已在全国全面推开;2011年全国共救治白血病患儿7200余名,医疗总费用1.45亿元,累计补偿约9400万元(其中,医疗救助补偿750万元),实际补偿比65%;共救治先心病患儿22600余名,医疗总费用5.78亿元,累计补偿4.5亿元(其中,医疗救助补偿6400余万元),实际补偿比78%。[1] 2012年,农村儿童大病医疗保障范围扩大,保障病种达到20种。到2012年,上半年有343641名患者被纳入大病医疗保障制度保障范围,补助了4100多个白血病孩子、1.4万多个先心病患儿,儿童白血病的实际报销比是74.1%,先心病实际报销比是77%。[2]

3. 孤儿医疗救助

在孤儿医疗救助方面,我国政府并没有出台专门的医疗救助政策,但是在孤儿保障制度中对孤儿医疗救助制度做出了规定,将农村孤儿纳入新型农村合作医疗制度、城乡医疗救助制度等医疗保障政策的覆盖范围,保障孤儿获取基本的医疗服务与医疗救助。具体政策情况可见本部分关于农村医疗救助制度的分析。

4. 受艾滋病影响儿童医疗救助

针对不同儿童受艾滋病影响的情况不同,我国在对受艾滋病影响儿童的医疗保障方面进行分类救助。对感染艾滋病的儿童,提供免费的抗病毒治疗和抗机会性感染治疗;而艾滋病致孤儿童则享受孤儿的基本医疗保障;对于其他受艾滋病影响的贫困家庭儿童则资助其参加新型农村合作医疗,提供基本的医疗保障,并纳入农村医疗救助体系。

---

[1] 《2011农村居民重大疾病保障试点 二十余万人受益》,中国新闻网,http://health.people.com.cn/GB/17229799.html。
[2] 《卫生部农卫司司长杨青谈"新农合制度实施10周年"》,中国政府网,http://www.gov.cn/zxft/ft232/wz.htm。

表 4-7 受艾滋病影响儿童的医疗救助方式

儿童类型	救助方式
携带艾滋病病毒或感染艾滋病的儿童	免费的抗病毒治疗和抗机会性感染治疗
艾滋病致孤儿童	提供基本的医疗保障

注：根据2009年民政部《关于进一步加强受艾滋病影响儿童福利保障工作的意见》相关规定整理而成。

5."明天计划"

针对福利机构中残疾孤儿所受的疾患折磨，为帮助他们增强生活自理自立能力，民政部于2004年5月启动了"残疾孤儿手术康复明天计划"（以下简称"明天计划"）。"明天计划"自实施以来产生了深远的社会影响，已经成为凝聚社会关爱的民心工程。2007年，民政部下发《关于建立"残疾孤儿手术康复明天计划"长效机制的通知》，对建立"明天计划"长效机制，做了系统的安排。

"明天计划"的实施主体主要包括政府、医疗机构。"明天计划"的主管机构是民政部门，负责整个计划的组织与实施，中国收养中心具体负责"明天计划"的日常工作。卫生部门在服务对象的确定、定点医院的选择、医疗服务的提供与监督等方面，协助民政部门开展工作。医疗机构主要是指被选为实施"明天计划"的定点医院，由民政部门和卫生部门共同选定。

"明天计划"的服务对象主要是：城乡各类社会福利机构（包括儿童福利院、社会福利院、乡镇敬老院及其他收养性福利单位）中具有手术适应症的残疾孤儿；民政部门监护、应当由社会福利机构集中供养，但因当地未建社会福利机构而分散供养的残疾孤儿。

"明天计划"实施所需要的资源主要包括：资金与医疗服务。"明天计划"资金来源主要是福利彩票公益金和社会捐赠资金，按照服务对象的实际数量与需求决定经费预算。残疾孤儿手术经费原则上由部、省两级分担，有条件的地区也可以由地（市）负担一部分。部、省两级经费分担的比例,东部省份为4:6,中部省份为5:5,西部省份为7:3。部级经费由民政部使用本级彩票公益金,并和中国收养中心、中华慈善总会、中国社工协会共同筹集。省级经费由省级留用彩票公益金、地方财政和省内捐赠等渠道筹集。手术经费由按类型包干调整为按病种包干,部、省两级分担比例不变;康复营养服务费按每位患儿3000元标准包干,其中部资助1200元,省(自治区、直辖市)资助1800元。医疗服务由民政部和卫生部按照一定标准选定的定点医院提供。

"明天计划"的服务传递模式是政府购买服务。政府与医疗机构签订协议,定时进行经费结算。部级资助经费采取提前预拨与年度结算相结合方式。每年第一季度,参照上一工作年度各省(自治区、直辖市)经费支出情况,预拨50%部级资助资金。省(自治区、直辖市)"明天计划"工作机构每年向部"明天计划"办公室报送账表,经审核批准后,结算剩余部级资助资金。

6. "重生行动"

"重生行动—全国贫困家庭唇腭裂儿童手术康复计划"(以下简称"重生行动")是2008年4月民政部与李嘉诚基金会合作启动的一项公益行动,是政府部门与社会力量合作开展的社会救助行动。民政部下发《"重生行动—全国贫困家庭唇腭裂儿童手术康复计划"实施方案》,对公益行动的具体实施做出了指导性的安排。

"重生行动"主要的服务对象是贫困家庭和分散供养的五保对象中患有唇腭裂及相关畸形、年龄在0—18周岁的未成年人。

"重生行动"项目的主体主要包括政府、社会组织、医疗机构。政府行政部门主要是指民政部门,民政部是公益行动的发起者,同时也是项目资金的提供者之一。这里的社会组织就是李嘉诚基金会,它是项目的发起者、推动者以及资源提供者之一。医疗机构是向服务对象直接提供医疗服务的主体,目前全国共设有20家承担"重生行动"的医疗单位。

"重生行动"的经费来源与保障标准由民政部和李嘉诚基金会

共同承担。民政部投入本级福利彩票公益金5000万元,李嘉诚基金会捐资5000万元。①"重生行动"负责全额支付资助对象在项目承办医疗单位接受相关检查、手术治疗和康复指导的费用,补助资助对象及一名陪护人员的食宿、交通费用。项目办公室根据承办单位提供医疗救助服务的实际人数下拨所需要的资金。截至2013年3月,"重生行动"共治愈患者32435名。②

7. 小结

中国在20世纪90年代开始实施《母婴保健法》,其对保障母亲和婴儿健康发挥了重要作用。但是,在贫困儿童医疗健康方面,中国没有专门的法律法规。近年来,中国政府专门针对患病儿童制定了医疗救助政策,也使得儿童作为独立主体被纳入社会政策的保障范围。从制度设计来看,中国针对不同类型的贫困儿童采取不同的医疗救助措施。在医疗救助实践中,形成了政府与社会合作开展医疗救助的工作格局,拓宽了儿童获取救助资源的途径与渠道。中国政府和社会公益机构在儿童医疗救助方面投入大量资源,并取得了巨大的成就。但是,在儿童医疗救助方面,中国缺乏法律保障。同时,虽然有专门针对患大病儿童的救助政策,但对于贫困儿童基本医疗服务方面并没有专门的说明,如何保证贫困地区贫困儿童获得及时有效的医疗服务与救助。确保儿童医疗救助服务的可获得性,将是下一步的工作重点。

(三) 连片特困地区农村贫困儿童医疗保障与救助政策实施状况

1. 贫困儿童医疗救助制度

调查发现,连片特困地区农村儿童监护人对政府出台贫困儿

---

① 《重生行动—贫困家庭唇腭裂儿童手术康复计划启动》,中国政府网,http://www.gov.cn/gzdt/2008-04/02/content_935198.htm。
② 《重生行动—全国贫困家庭唇腭裂儿童手术康复计划》,http://chongsheng.mca.gov.cn/。

童相关医疗救助制度的了解程度较低(见表4-8、表4-9)。"没有听说过"农村医疗救助制度、农村儿童大病医疗救助制度的监护人分别有32.9%和29.3%,"不了解"的监护人也分别达到35.8%和36.9%。对两项制度有所了解的监护人分别为31.3%和33.8%。

表4-8 监护人对相关医疗救助制度的了解程度统计表

变量	N	均值	标准差	赋值
农村医疗救助制度的了解程度	782	1.12	1.041	没听说过——0分 不了解——1分 了解一些——2分 比较了解——3分 非常了解——4分
农村儿童大病医疗救助制度的了解程度	779	1.15	0.974	

表4-9 监护人对相关医疗救助制度的了解程度

		没有听说过	不了解	了解一些	比较了解	非常了解	合计
农村医疗救助制度	频数	257	280	160	65	20	782
	百分比(%)	32.9	35.8	20.5	8.2	2.6	100
农村儿童大病医疗救助制度	频数	228	288	193	59	11	779
	百分比(%)	29.3	36.9	24.8	7.6	1.4	100

在受访家庭中,儿童享受到医疗救助政策的比例较低,享受到农村医疗救助制度的受访儿童占全部受访者的6.2%,享受农村儿童大病医疗救助制度的占8.3%(见表4-10)。

表4-10 儿童是否享受过政策救助

		是	否	合计
农村医疗救助制度	频数	47	715	762
	百分比(%)	6.2	93.8	100
农村儿童大病医疗救助制度	频数	63	695	758
	百分比(%)	8.3	91.7	100

监护人对于农村医疗救助制度实施状况的满意程度总体上处于"基本满意"和"比较满意"之间（见表4-11）。在享受医疗救助的儿童监护人中，有82.6%的监护人对农村医疗救助制度表示"满意"，有84.2%的监护人对农村儿童大病医疗救助制度表示"满意"（见表4-12）。农村儿童医疗救助制度的实施减轻了家庭在儿童医疗保障方面的负担，为贫困家庭带来了实实在在的好处。

表4-11 监护人对相关儿童医疗救助制度实施状况的满意程度统计表

变量	N	均值	标准差	赋值
农村医疗救助制度的满意程度	46	2.70	1.314	不清楚——0分 不满意——1分
农村儿童大病医疗救助制度的满意程度	63	2.17	0.959	基本满意——2分 比较满意——3分 非常满意——4分

表4-12 监护人对相关儿童医疗救助制度实施状况的满意程度

		不清楚	不满意	基本满意	比较满意	非常满意	合计
农村医疗救助制度	频数	4	4	12	8	18	46
	百分比（%）	8.7	8.7	26.1	17.4	39.1	100
农村儿童大病医疗救助制度	频数	4	6	34	13	6	63
	百分比（%）	6.3	9.5	54.1	20.6	9.5	100.0

案例4-14：对报销制度较为了解的儿童父亲

他说："一般是去能够刷医保卡的医院直接买药，然后能报销70%的花费。""大病就到大医院（县医院）治疗；小病到能刷卡的医院拿药，就能报销。不过用医保卡取药的时候没有好药。拿着取药和看病的一些材料，到医院拿到70%的报销。如果家中有低保证或者残病证，拿好医院开的证明，就可以到民政局报30%的花费。"

案例 4-15：监护人回忆新农合缴费情况，低保家庭可享受缴费补贴

2006 年办医疗证，2006 年至 2007 年每人交 10 元钱，2008 年到 2010 年每人交 20 元钱，2011 年以后有低保证的家庭每人交 40 元钱，无低保证的家庭每人交 50 元钱。

案例 4-16：给女儿看病的花费可以报销 70%

王某女儿从小身体不好，经常需要吃药打针，定期到医院住院检查。一次，女儿在医院中住了一段时间，花费 7000 元，最后报销了 5000 元。虽然为了报销的事情，他往医院跑了好几次，但是他认为即使这样，现在报销程序也是非常方便。"报销的时候拿着户口本、医疗本、住院的单子、大队的介绍信，到医院去报销就行了。""另外，家中有低保证拿着医院的证明到民政局还能报销 20% 的花费。""在医院报销的钱，医院直接给打到卡上。"

案例 4-17：失明儿童享受医疗救助

小明小时候因病失明，其家庭属于贫困户，新农合所要缴纳的费用完全由政府承担，虽然可以享受医疗补助，但是家里没有办法给小明看好眼睛。有一次，小明生病打吊瓶花了 100 多元，报销了 90 元。因为村里的小诊所是私人诊所，没法报销，所以他们一般去乡镇医院看病拿药。

农村贫困儿童医疗救助制度的实施减轻了农村贫困家庭在儿童医疗健康保障方面的负担，监护人对于制度的实施状况满意程度较高，但是制度实施过程中所存在的一些问题，也使得部分监护人对制度的实施状况表示"不满意"。由表 4-12 可知，在享受到制度救助的儿童监护人中，有 8.7% 的监护人对农村医疗救助制度的实施状况表示"不满意"，9.5% 的监护人对农村儿童大病医疗救助制度的实施状况表示"不满意"。

问卷调查发现，监护人认为目前农村儿童医疗救助制度实施过程中存在的主要问题依次有:"医疗救助项目的效果不理想""存在城乡差异""保障水平太低""儿童医疗救助要求条件太苛刻,需要到指定的医院才能报销""申请程序太烦琐,不知道该到什么部门申请""儿童疾病救助范围太窄,很多儿童常见病不能获得保障""宣传力度不够,对很多政策不了解"等(见表4-13)。

表4-13 监护人认为农村儿童医疗救助制度实施中存在的主要问题

问题	百分比(%)
1. 儿童疾病救助范围太窄,很多儿童常见病不能获得保障	59.9
2. 宣传力度不够,对很多政策不了解	48.9
3. 申请程序太烦琐,不知道该到什么部门申请	68.3
4. 要求条件太苛刻,需要到指定的医院才能报销	68.7
5. 保障水平太低	75.4
6. 医疗救助项目的效果不理想	83.7
7. 存在城乡差异	76.7
8. 其他	27.5

实地调研中,我们也发现农村儿童在接受医疗保障与救助过程中的一些问题,这也使得监护人对该方面政策的实施状况表示不满意。

第一,指定报销站点较远,医疗报销不方便。

案例4-18:因为报销不方便而放弃去医院报销

受访者说:"家里有几口人就交几份钱。每年是100元/人,去年则交了600元。开学以后,学校里孩子也会有医保。一般孩子要是感冒发烧或者打吊瓶,都不用担心医药费的问题。一年下来,如果家里只有几十元的药费单,也懒得特意拿到县城去报销。因为一来一回就要花1个多小时,时间长,还浪费车费,所以干脆不报销了。只有花了大钱才会选择去县城报销。"

第二，私人诊所诊疗效果好，但无法报销。

案例 4-19：指定医院太远，附近诊所拿药效果好

受访者说："平时只有去金龙镇卫生院拿药才报销，平时几块钱的药就在附近村里买。不然还要去拿本子，而且在金龙镇治还经常治不好，必须要去龙州看才能看好，如果包车去龙州的话最少需要 300 块钱。有时候去金龙镇卫生院拿的药治不好病，还得去附近诊所里拿药吃才行。"

案例 4-20：去镇上医院不方便，就近在私人诊所就医

提到生病，陈大姐说孩子的身子骨不结实，老爱感冒，每次生病在村里打针、吃药，都要花个两三百元，而且都没有报销。至于为什么不报销，陈大姐说："能卖治病的药的医疗室不给报销，能报销的医疗室里面的药少得可怜。由于孩子他爸不在家，去镇上也不方便，一般就在村子里把病给看了。"

第三，统筹层次低，无法实现异地报销。

案例 4-21：儿童在外地住院的费用无法报销

在问及家里面是否有人生过大病的时候，受访者说二儿子 1 岁半的时候右胳膊被热水烫伤了。当时孩子在省会城市的附属医院住了 20 多天，但是由于不是在本县住的院，所以一点医药费都没能报销。当时的 1 万元医药费是从六七个亲戚那里借来的，现在都已经还清了。

第四，报销程序烦琐，要求条件太多。

案例 4-22：住院才能报销的条件不合理

十几天前，子涵流口水比较严重，妈妈带他到营盘镇医院医治，一共花费了将近 60 元，报销了 30 元左右。妈妈觉得医保报销政策很好，可是县医院必须住院才能报销就有点不合理了。

案例4-23：报销过程不顺

由于结婚比较早，宋大姐20岁时就生下了英杰，怀孕期间的营养不良导致英杰天生体弱，刚满百天就被诊断出患有疝气，当时英杰年龄太小，等到2周岁时才做的手术。手术成功地治愈了小英杰的疝气病，可当时麻醉药的副作用以及天生的体弱一直让小英杰摆脱不了病痛的折磨。2岁以后，英杰的免疫系统发育不够完全，每到春冬两季、天气易变的时候，扁桃体就特别容易发炎。而天气变化太快，宋大姐完全不能提前预料，小英杰对天气变化又特别敏感，所以春冬季节几乎每个月小英杰都会扁桃体发炎然后严重发烧。为了防止发烧以及扁桃体发炎引起其他恶性后果，每次只要英杰出现轻微的症状，家里都会在第一时间送他到医院打针吃药，这个治疗通常会持续一个星期，花费600元左右。而这种小病还没有达到住院治疗的程度，每次都是在诊所打针吃药，所以每次治疗的医药费都不能报销很多。尤其是2012年没能报销。当时宋大姐像往常一样前往医药费报销处报销，却被工作人员以电脑不能开启为由拒绝。宋大姐无奈去找以前负责报销的工作人员，可那人却说自己已经不负责这个事了，但是他也没有说明白现在是由谁在负责，所以最后家里没找到人报销医药费，事情不了了之。

案例4-24：不能及时报销

受访者大女儿爱感冒，小女儿身体也不是很好。两个女儿都参加了新农合，但是买药的钱仍然不给报销，原因是"新农合的本本没有下来，所以不给报销"。所以这年的药钱都没有报销。孩子妈妈对此表示不理解。

案例4-25：因为儿童没有户口，家庭承担全部医疗费用

宋妈妈小儿子的孩子出生后，长时间内没有给他上户口，从而也没有及时给他上交医保费。有一次，孩子生病住院花费了 2000 多元，由于没有上户口不能办医保，也就没有享受到医保的报销政策。为了让孩子有医保，宋妈妈后来到村里要求办理医保，村里说不能办，要到县医疗办事处办理，可是家里在县里没有认识的人，不知道县医疗办事处在哪儿，找不到办理这件事的工作人员，队里的队长做事情推三阻四，不帮孩子办理医保，小孩生病都是家里付全部的费用。

2. 专项医疗救助行动

"明天计划"是民政部推动的针对残疾孤儿的专项医疗救助行动，主要是用福利公益金和社会捐赠资金为残疾孤儿提供康复保障服务。"重生行动"是民政部与李嘉诚基金会合作启动的一项公益行动，是政府部门与社会力量合作开展的医疗救助行动，主要的服务对象是贫困家庭和分散供养的五保对象中患有唇腭裂及相关畸形、年龄在 0—18 周岁的未成年人。

问卷调查发现，连片特困地区农村儿童监护人对"明天计划""重生行动"等针对儿童的专项医疗救助行动的了解程度很低（见表 4-14、表 4-15）。在受访者中，"没听说过""明天计划"和"重生行动"的监护人分别占 50.8% 和 50.4%，不了解两项救助行动的分别占 37.7% 和 35.8%。对"明天计划""重生行动"两项专项医疗救助行动有所了解的监护人占全部受访者的 11.5% 和 13.8%。

表 4-14 监护人对专项医疗救助行动的了解程度统计表

变量	N	均值	标准差	赋值
"明天计划"的了解程度	783	0.65	0.786	没听说过——0 分 不了解——1 分 了解一些——2 分 比较了解——3 分 非常了解——4 分
"重生行动"的了解程度	781	0.70	0.867	

表 4-15　监护人对专项医疗救助行动的了解程度

		没有听说过	不了解	了解一些	比较了解	非常了解	合计
"明天计划"	频数	398	295	59	31	0	783
	百分比（%）	50.8	37.7	7.5	4.0	0	100
"重生行动"	频数	394	279	58	49	1	781
	百分比（%）	50.4	35.8	7.4	6.3	0.1	100

受访者家庭中儿童享受到专项医疗救助行动的比例很少，享受"明天计划"和"重生行动"的均占受访者的 1.3%（见表 4-16）。这一方面是因为两项医疗救助行动所针对的儿童群体较为特殊，另一方面则与监护人对专项医疗救助行动的了解程度太低，使得一些有这种特殊需求的儿童无法得到救助。

表 4-16　儿童是否获得过相关救助

		是	否	合计
"明天计划"	频数	10	753	763
	百分比（%）	1.3	98.7	100
"重生行动"	频数	10	747	757
	百分比（%）	1.3	98.7	100

监护人对专项医疗救助行动的满意程度存在差异。监护人对"明天计划"满意程度相对较低，而对"重生行动"的满意程度相对较高（见表 4-17、表 4-18）。

表 4-17　监护人对专项医疗救助行动的满意程度统计表

	N	均值	标准差	赋值
"明天计划"	10	1.50	1.269	不清楚——0 分 不满意——1 分 基本满意——2 分 比较满意——3 分 非常满意——4 分
"重生行动"	10	2.50	0.850	

表 4-18　监护人对专项医疗救助行动的满意程度

		不清楚	不满意	基本满意	比较满意	非常满意	合计
"明天计划"	频数	3	1	5	0	1	10
	百分比（%）	30.0	10.0	50.0	0	10.0	100.0
"重生行动"	频数	0	0	7	1	2	10
	百分比（%）	0	0	70.0	10.0	20.0	100.0

新型农村合作医疗制度、农村医疗救助制度以及农村大病儿童医疗救助制度为农村贫困儿童提供了从基本医疗服务到大病救助的多层次的保障措施。政府和社会组织开展的针对贫困儿童医疗救助的行动进一步对患特殊疾病的儿童给予医疗救助与保障。这些制度的实施可以缓解农村贫困儿童家庭因病致贫、因病返贫问题。但是从上述分析可知，监护人对这些医疗救助制度了解程度较低，同时制度实施过程中所凸显的一些问题（报销难、报销条件多、报销过程不顺利等）也使得部分农村贫困儿童监护人对制度实施状况表示不满与无奈。因此，解决农村贫困儿童医疗救助与保障问题，需要政府对相关制度进行完善与创新，解除农村贫困儿童的医疗困境。

三　结语

（一）连片特困地区农村儿童医疗面临诸多问题

儿童是家庭的希望，监护人对儿童大多会给予其尽量好的关怀，避免儿童生病。但是连片特困地区农村监护人缺乏关于儿童健康的知识，认为"孩子只要能吃能睡，没什么大病就是健康"，不太重视儿童保健以及儿童疾病预防。受地理、经济条件的影响，连片特困地区农村儿童保健工作的开展面临一定的困难。除了学校、医疗站等组织免费接种的疫苗外，连片特困地区农村儿童监护人很少，也不知道该给孩子接种哪些疫苗。因为家庭经济贫困、监护人关于儿童医疗知识的匮乏，绝大多数贫困地区监护人不会主动带孩子体检。调查发现，连片特困地区农村仅有4.7%的监护人经常带孩子去医院做身体检查，有56.9%的监护人在孩子出生后没有专门带孩子做过体检。

在贫困地区，部分儿童（3.3%）生病不能得到及时的救治，主要原因在于：一是监护人未能及时发现；二是家住在偏远山区，交通不便，不能及时获得专业的医疗救治；三是因为家庭贫困，无法迅速筹集到看病所需要的钱，因此耽误儿童治疗。虽然儿童可以参加新型农村合作医疗，但调查发现，有13.0%的贫困地区农村儿童没有参加新农合，8.2%儿童虽然参加了新农合，却因为所看病种不在新农合保障范围内、距离指定医疗机构较远、报销条件较多、程序较为烦琐、报销内容有限等原因，监护人往往放弃报销，或者就近在非指定医疗机构就医。66.6%的儿童在看病时能够享受到新农合待遇。另外，9.0%的监护人不清楚孩子是否能够享受到新农合待遇。

如何保障贫困地区农村儿童能够及时得到良好的医疗服务？监护人对儿童健康状况的关注度需要加强，应及时发现儿童身体的异常并能够及时送儿童接受治疗。更重要的是政府应该加大贫困地区农村基层医疗服务方面的投入，保障儿童能够就近得到及时、有效的医疗服务和基本的医疗保障。

（二）建立专门针对儿童的医疗救助制度

国际上对儿童医疗健康问题给予了很多的关注，尤其是在贫困儿童医疗救助方面。我国政府也将贫困儿童医疗救助纳入社会政策覆盖范围，并通过不断加大政策与资源投入，以改善贫困地区农村儿童的健康状况，缓解"因病致贫、因病返贫"问题。但是社会政策的出台并不意味着政策目标群体就一定能够享受到相应的政策福利。政策的复杂性、政策资源的可及性、目标群体对政策的认知情况等都影响着政策的执行效果。因此，应借鉴国外成功经验，完善贫困儿童医疗救助体系，保障贫困儿童健康权利。

第一，建立专门针对儿童的医疗救助政策。在患大病儿童医疗救助政策的基础上，建立专门针对儿童的医疗救助政策，充分考虑儿童群体（特别是贫困地区农村儿童）的特殊性，从救助对象的确定、救助标准、资金筹集渠道、统筹层次、定点医疗机构的选择、医疗救助服务的提供等方面做出专门规定，提升贫困儿童医疗保障水平。建立儿童医疗保障卡和儿童健康档案，随时了解儿童基本健康状况。设置村级儿童卫生员，为儿童提供基本的医疗服务。同时，要打破城乡二元格局，实现城乡医疗保障体系一体化。

第二，构建政府主导、多元社会主体参与的儿童医疗救助工作机制。在儿童医疗救助政策的发展过程中，政府除了承担主导作用外，应该注重社会力量在筹集资金、提供医疗救助服务等方面的作用，建立"政府主导、多元社会主体参与"的儿童医疗救助工作机制，实现儿童医疗救助制度多元化运作体系。

第三，加大对贫困地区农村儿科医疗资源的投入力度，提升基层社区医疗机构的儿科医疗服务水平，实现贫困地区农村儿科医疗资源的可及性。在儿童医疗服务方面，加大对贫困地区的财政支持，调整资源配置状况，将更多的儿科医疗资源投入贫困地区。尤其要在贫困地区农村基层医疗机构配置更多的儿科药品、基本检查设备、医护人员等，实现儿科医疗资源配置对贫困地区农村儿童的公平性与可及性。

第四，通过多种途径加强儿童医疗救助政策的宣传，提升儿童监护人对政策的知晓程度。政府部门需要转变坐等需求者上门申请的政策执行理念，发动医院、社会组织、志愿者组织、基层社区工作人员等多元主体，积极宣传相关政策，通过网络媒体、电视广播、宣传册等多种方式，将政策信息有效传送给政策对象，提升政策对象对政策信息的知晓程度，增强其主动获取政策资源的能力。

第五章
连片特困地区农村儿童安全、娱乐与社会交往和参与

一 连片特困地区农村儿童安全与保护制度

伴随着疾病谱的变化,伤害已经取代躯体疾病成为发达国家和包括我国在内的一些"社会转型期"国家的青少年首位死因。据全球儿童安全网络调查,与世界其他国家相比,中国0—14岁儿童意外伤害死亡的发生率是美国的2.5倍,是韩国的1.5倍,并且每年还将以7%—10%的速度递增。[1] 2006年全国各地上报的各类中小学校园安全事故中,27.68%发生在城市,72.32%发生在农村。农村中小学的安全事故发生数、死亡人数和受伤人数都明显高于城市,分别是城市的2.9倍、3.9倍和4.2倍。[2] 因此,农村尤其是处于落后贫困地区农村儿童的安全状况应更多加以关注。

儿童安全根据不同标准可分成不同方面,包括身体和心理、家庭和户外、自然和社会等。本次调研在问卷调查的基础上,结

---

[1] 张雪梅等:《儿童安全教育及伤害现状》,《中国妇幼保健》2012年第9期。
[2] 《2006年全国中小学安全形势分析报告》,《人民教育》2007年第8期,第9—11页。

合在甘肃、陕西、宁夏、江西、云南、广西等中西部多个省份的实地调查资料,从学前儿童在家里的安全情况以及监护人对儿童保护的意识、学龄儿童在学校接受安全知识教育情况和儿童所在社区的安全情况三个方面对连片特困地区农村儿童的安全状况展开分析。

(一) 学前儿童家庭生活中的安全

1. 学前儿童家庭生活中的安全情况

学前儿童或婴幼儿,在本次调研中指的是年龄在 0—6 岁的儿童。本研究中,通过 406 份相关问卷,结合个案访谈和观察所得到的资料,展现学前儿童在家庭生活中的安全状况。

由表 5-1 可知,在 406 名儿童监护人中,经常让孩子自己长时间在房间里玩的占 11.6%;偶尔会长时间让孩子自己在房间里玩的占 48.2%;从不让孩子自己在房间里玩的占 40.2%。0—6 岁儿童还没有自理能力与自我保护意识,让他们自己长时间在房间里玩耍可能会造成安全事故的频发。

表 5-1 监护人是否会长时间让孩子自己在房间里玩

选项	经常	偶尔	从不
频数	47	196	163
百分比(%)	11.6	48.2	40.2

儿童玩玩具,一方面可能出现玩具伤害到儿童的情况;另一方面可能出现儿童因兴趣转移而去做其他事情的情况,尤其是在 0—6 岁儿童精力不集中的情况下,更容易因兴趣转移而转做其他事情。因此,0—6 岁的孩子一般需要监护人的时刻保护。而从表 5-2 看,在受访监护人中,孩子玩玩具时一直在旁边看护的仅占 15.8%,会因事而短暂离开的占 55.1%,很少在旁边的占 27.1%,个别监护人在孩子玩玩具时从不在旁边看护。

表 5-2　孩子玩玩具时监护人是否在旁边

选项	一直在	如果有事，就离开一会儿	很少在旁边	从不在旁边
频数	64	224	110	8
百分比（%）	15.8	55.1	27.1	2.0

儿童正处在天性活泼好动的年龄，常常因对周围事物充满好奇而喜欢尝试，其中0—6岁儿童因其对周围事物无法进行有效认知而可能具有更多危险。以攀爬桌椅为例，通过表5-3可知，在受访学前儿童中，13.5%的儿童经常爬，56.9%的儿童偶尔爬，29.6%的儿童从不爬。

表 5-3　儿童爬桌椅等容易倒的家具的情况

选项	经常	偶尔	从不
频数	55	231	120
百分比（%）	13.5	56.9	29.6

儿童在玩耍过程中受点小伤自然可以理解，但0—6岁儿童因年龄太小，一方面认识不到事情的危险；另一方面在出现意外伤害过程中无法有效寻求帮助，因此更加需要监护人的时刻保护。通过表5-4可知，在受访学前儿童中，有4.2%的儿童经常出现上述意外事件，67.2%的儿童偶尔出现上述意外事件，28.6%的儿童从来没有出现过上述意外事件。可见，绝大部分的儿童在玩耍过程中都发生过意外情况。

表 5-4　您的孩子在玩耍时出过意外（如摔倒流血、从床上掉下来、被玩具划伤等）吗？

选项	经常	偶尔	从不
频数	17	273	116
百分比（%）	4.2	67.2	28.6

案例 5-1：村民帮助照看下的 ZH

ZH 4 岁，具有小男孩活泼爱动的天性。ZH，的家紧邻着公路，路上修路运水泥的大汽车总是不停地来回跑，水泥路的另一边则是村里唯一的一条河。ZH 不懂公路和河流的危险，经常会趁妈妈不注意跑到公路上玩耍。即使在访谈过程中，调皮的 ZH 总会突然消失在妈妈的视线里，妈妈不得不在谈话过程中不时花点时间去将 ZH 找回来。ZH 妈妈说她不担心村里的治安问题，只是担心过往的车辆会给小孩子带来伤害。而且 ZH 妈妈在家要忙家务，很难分心照顾孩子。很多时候不得不到邻居家去串门时，其他有小孩子的父母会帮忙照看小孩子。

调研发现在连片特困地区农村的儿童在其日常生活与玩耍的时候缺少父母等监护人的监护与看管，监护人由于事务繁忙，对儿童安全问题不重视，让儿童自己玩耍，造成孩子玩耍时偶尔发生安全事故。

案例 5-2：姐姐照顾下长大的孩子

留守学生 MF，16 岁。小的时候，因为爸爸妈妈不在家，而和 MF 一起在爷爷奶奶家生活的孩子又有七八个，爷爷奶奶无法照顾到每个孩子，他便经常和比自己大 3 岁的亲姐姐在一起玩。父母不在身边，姐弟俩相依为命，好在姐姐对 MF 非常好，有好吃的时，姐姐会马上抢一些让弟弟先吃。其他的孩子欺负他时，姐姐会拼了命帮他讨回公道。

2. 儿童监护人不在儿童身边的危害

"2006 年，全国各省、自治区、直辖市上报的各类安全事故中，溺水占 31.25%，交通事故占 19.64%，两类事故发生数量占全年各类事故总数的 50.89%，造成的学生死亡人数超过了全年事故死亡总人数的 60%。其中，交通事故导致受伤人数最多，占全年受伤总人数的 45.74%。"① 因此，溺水和交通事故是造成儿童伤亡的最主要原因。

案例 5-3：和朋友玩耍的孩子

在调查过程中，访谈人员发现一个 6 岁的小男孩在家门口的场地上和别家的男孩子玩得不亦乐乎。只见他们时不时地摘下树枝扔进猪棚，蹦蹦跳跳地想要逗逗一只老母猪。见到老母猪不为所动，他们几个男孩子又一人拿出一把玩具手枪，时而躲进菜地，时而躲进邻居家的院子。孩子的妈妈说，儿子现在正在村委会边上的小学上学前班，很快就可以上一年级了，他经常在村子里这样玩耍。

案例 5-4：带着孩子在地里干活的妈妈

在甘肃调查时，一位妈妈告诉调查员，因为现在女儿快 5 岁了，会满地乱跑了，也懂点事了，就不需要时时看护着，以前家里小男孩在身边的时候，她每次去地里干活都要领着两个孩子，在空地上铺个毯子，把两个孩子放在毯子上，让他们自己玩，好在孩子都比较乖，告诉他们别乱跑，他们就会一直待在毯子上等到她忙完领他们回家。

无论城市还是农村，意外死亡均为 1—4 岁儿童的第一位死因，死亡率高达 685/10 万—941/10 万，边远地区 5 岁以下儿童意外死亡率甚至达到 1056/10 万。② 同时，"中国疾病预防控制中心与全球儿童安全组织 2012 年联合发布《儿童伤害预防倡导》，其中有调查数据显示，跌倒（跌落）和道路交通伤害仍然排在儿童伤害

---

① 《2006 年全国中小学安全形势分析报告》，《人民教育》2007 年第 8 期，第 9—11 页。

② 曾燕波：《儿童安全教育现状与思考》，《当代青年研究》2005 年第 11 期，第 21—27 页。

的前两位；7~8月是一年中伤害发生的高发期（19.4%）；家中伤害的发生占到近一半（44.5%）。世卫组织和联合国儿童基金会的报告显示，全球每天有2000多名儿童死于意外伤害。而有效的预防措施每天至少可以挽救1000名儿童的生命。也就是说，一半死于意外伤害的生命是可以挽回的。在中国，每年有超过50000名儿童因意外伤害而死亡，即每天近150名。意外伤害是中国1~14岁儿童的首位死亡原因，每三位死亡的儿童中就有一位是意外伤害所导致"。①

同时，"全球儿童安全组织曾经做过一项调查，统计结果显示——

☆ 60%的监护人会把孩子单独留在家中。

☆ 66%的家庭拥有带尖头的用具和小件物品如剪刀、刀具、针等，其中大多数都放在儿童能轻易拿到之处。

☆ 64%的家中低的桌子，如茶几等四边不是圆角。

☆ 超过70%的监护人不会定期对监护人用品布置进行安全检查，其中7%的监护人从不检查。

☆ 近80%的监护人不清楚如何对家居用品进行安全检查。"②

由以上统计数据可知，看似安全的家中仍然充满危险。而通过案例可知，0—6岁几乎完全不具备认知能力的儿童，在家中，在道路和水塘遍布的农村地区，随时可能遇到危险。表5-3则显示有一多半的儿童会遇到爬桌椅等危险情况；表5-4则显示超过七成的儿童在玩耍过程中出现过意外受伤情况。由此可见，需要时刻关注儿童的安全。而通过表5-1可知，超过半数的父母有过长时间让年幼的子女独自在家中玩耍的经历，而表5-2显示有超过八成的父母在儿童玩玩具过程中去做其他事情。结合众多儿童

---

① 《调查显示：意外伤害是中国1-14岁儿童首位死因》，中国新闻网，http://finance.chinanews.com/jk/2012/09-03/4152611.shtml。

② 《调查显示：意外伤害是中国1-14岁儿童首位死因》，中国新闻网，http://finance.chinanews.com/jk/2012/09-03/4152611.shtml。

因监护人没注意而受伤的例子可知,儿童尤其是贫困地区农村儿童的安全需要更多关注。

案例5-5:3岁男孩在玩耍中伤到眼睛[①]

　　3岁的华华安静地躺在西南医院重症监护室的病床上,很安静。医生轻喊他的名字,他坚强地微笑。一门之隔,他的父母和奶奶痛哭流涕。6日下午放学后,奶奶带着华华到邻居家玩,大人聊天时,华华摔了一跤,奶奶连忙跑过去扶起孙子,可眼前的一幕将她吓呆了:一根钩针从华华左眼眼睑斜上插进去了……经过三个科室的医生会诊,5个小时的手术,华华的眼睛终于保住了。

3. 儿童监护人不在儿童身边的原因分析

　　武汉大学法学教授秦前红认为,现行法律并没有出台细则规定监护人应当如何履行职责以照顾或保护儿童。"出台细则能够帮助监护人明确自己的责任,能够有效地规避一些可能发生的意外或伤亡。"例如,一些西方国家法律规定12岁以下的儿童必须时时有人照看,以免发生由于孩子不懂事而带来的危险。离开学校以后,监护人自己不能照顾的话,必须托付给别人照顾。社会学家周孝正认为,儿童福利机构和未成年人保护的不健全、责权不明晰,以及监护人失职应受到的相关处罚不完善,是儿童安全事故频发的重要原因。[②] 我们的调研发现,并不是农村父母不想好好照看年幼的子女,而是大多时候农村父母迫于生活压力,难以长时间照看子女。加上贫困农村地区工作机会较少,为了生计,大量青壮年外出务工,造成留守儿童大量增加。即使是留在家中的

[①] 案例资料来自东方网新闻,http://roll.eastday.com/c1/2014/0308/32720 54976.html.
[②] 李放等:《儿童安全事故频发,凸显监护制度之短》,《新华每日电讯》2013年2月21日。

父母,也因忙于农活而无法长时间照看小孩。于是形成由留守老人照顾留守儿童的隔代抚养。

(二) 学校对学龄儿童的安全教育

目前,我国城乡有 45 万所中小学、9 万个左右的农村教学点,有 2.1 亿中小学生,他们的安全及对他们的安全教育牵动着每一个人的心。然而我国校园安全形势并不容乐观。据央视 2010 年 2 月 24 日报道,仅在 2008 年,我国就有 2 万多青少年非正常死亡。中小学生因安全事故、食物中毒、溺水、自杀等死亡的,平均每天有 40 多人。也就是说,每天有一个班的学生在"消失"。另团中央、教育部、公安部、全国少工委主办的"中国少年儿童平安行动"活动组委会在北京、上海、广东、陕西等 10 个省市进行的关于中小学生安全问题的调查显示,监护人担心孩子受到伤害的地方依次为:学校 51.44%,公共场所 36.32%,自然环境 10.44%,家里 1.8%。这一调查表明,学校已成为监护人最担心孩子受到伤害的地方。[1] 学校是儿童社会化和日常生活学习的场所,学校有义务对学生进行安全教育。我们调研发现,在连片特困地区农村上学的儿童一方面在学校缺乏安全教育;另一方面由于农村地区上学路途遥远,上学路上安全事故频频发生。

1. 学校对学龄儿童的安全教育现状

学校安全一直是学校管理的重中之重,但是长期以来由于教育管理上存在许多漏洞,安全教育面临诸多问题。《中小学幼儿园安全管理办法》的颁布实施,给教育管理者敲响了警钟。抓好学生的安全管理工作,确保儿童的生命安全、身心健康发展是学校、家庭、社会的共同责任。[2] 学校是学龄儿童重要的生活场所之一,

---

[1] 王玉政:《中小学安全教育现状与问题研究——以 J 区中小学为例》,硕士学位论文,南京师范大学,2011。

[2] 张丽琴:《浅谈儿童安全教育》,《现代教育科学》2006 年第 6 期。

学校对儿童的安全教育能够增强学生的自我安全意识。

通过表5-5可以发现,在被调查的学龄儿童中,37%的学生所在学校没有组织过火灾、地震等安全演习,28.6%的学生没有接受过基本的安全知识教育,49.9%的学生没有接受过急救知识教育。

表5-5 儿童在学校接受安全教育情况

选项		是	否
学校是否组织过火灾、地震等安全演习	频数	347	204
	百分比(%)	63.0	37.0
是否上过安全知识课程	频数	393	158
	百分比(%)	71.4	28.6
是否上过急救知识课程	频数	276	275
	百分比(%)	50.1	49.9

2. 学校对学龄儿童的安全教育影响

从调查结果来看,相对于城市和学生的实际需要,连片特困地区农村学校的安全教育情况不容乐观。有专家指出,通过安全教育等措施,提高儿童的自我保护能力,80%的意外伤害将可以避免。[①]因此,对儿童伤害的预防及控制具有极大的现实意义和深远的社会发展意义,贫困地区农村学校的安全教育应该予以进一步加强。

学校是对儿童教育的最直接场所,而生活中的危险则无时无刻不在威胁儿童的生命健康,假如学校开设了安全教育的相关课程,对吞咽危险物品的影响进行了详细说明,相信发生在儿童身上的一些危险是可以避免的。

(三) 儿童就学安全情况

21世纪教育研究院副院长熊丙奇指出,有关调查显示,交通

---

① 曾燕波:《儿童安全教育现状与思考》,《当代青年研究》2005年第11期,第21—27页。

事故和溺水已经成为儿童死亡的重要原因。校车安全条例已经实施，情况正在好转。但是在广大农村地区，绝大多数学生还是步行或者骑车上学。因为每起事故涉及的总是零散的一两人，故未引起大多关注，但总量实际超过校车事故。① 贫困地区儿童上学路途遥远，有的每天上下学需要花费几个小时的时间在路上，在上学的途中面临种种自然风险（恶劣天气、山路不便）、社会风险（交通事故、拐卖儿童）等危害。

1. 儿童在学校和上学路上的受欺负现状

对于学龄儿童而言，学校是儿童活动的主要场所之一，因此学校和上学路上的安全值得关注。

从表5-6看出，受访学龄儿童中，有71.1%的学生在学校里遭受过别人欺负，44.8%的学生很少遭到别人欺负，28.9%的学生从没有遭到别人欺负。

表5-6 在学校是否有人欺负孩子

	天天有	经常有	偶尔有	很少有	从来没有
频数	9	21	115	247	159
百分比（%）	1.6	3.8	20.9	44.8	28.9

通过表5-7可以看出，个别学生在上学的路上每天都遭到别人的欺负，2.2%的学生在路上经常遭到别人的欺负，11.2%的学生偶尔遭到欺负，85.7%的学生在路上很少或者从没有遭到别人的欺负。

表5-7 在上学路上是否有人欺负孩子

	天天有	经常有	偶尔有	很少有	从来没有
频数	5	12	62	222	250
百分比（%）	0.9	2.2	11.2	40.3	45.4

---

① 吴涛、毛一竹：《农村儿童安全监护缺失问题亟待解决》，《中国社会报》2012年5月7日。

通过比较表 5-6 和表 5-7，儿童校园内受到的伤害要略高于上学路上的伤害。

案例 5-6：被劫道的兄弟俩

在河北的小张两兄弟，哥哥上五年级，弟弟上三年级。当被问到在上学路上是否遇到过什么危险和安全事故的时候，哥哥讲到他们两个人在上学的时候曾经遭遇过劫道，因为他们在外村上学，上学途中需要穿过两个村庄和一片农田，有一次上学途中遇到了不认识的外村高年级学生拦路，让他们交出零花钱，还打了他弟弟一巴掌。

2. 儿童在学校和上学路上受欺负的原因

据调查，儿童在学校和上学路上受到欺负的形式主要包括直接身体攻击、言语恐吓两种。受欺负的儿童在学校和上学路上受到欺负原因多样。

第一，个人特质方面的原因。那些平时看起来比较老实、个子小、身体瘦弱或有缺陷、长得不好看、经济情况太好或太差等的孩子相对容易受到欺负。

第二，认为是平时打闹的延续。这种欺负在校内儿童身上比较多见，欺负者和受到欺负者实际上都没有明显的欺负与被欺负的感觉，但因为打闹过程中经常出现过火行为，进而延续成为发生在儿童身上的欺负行为。

第三，儿童的不良习惯等。一些孩子有骂人或者喜欢欺负弱小等不良行为也可能使自己成为被其他孩子欺负的对象，从而使受欺负的儿童增多。

而欺负人的原因则包括：满足自己的需求、朋友义气、错误的解决问题方法、打闹捉弄的延续、维持权威地位或者错误的同伴关系模式等。①

3. 儿童在学校和上学路上的受欺负危害

大量研究表明,受欺负会对学生的身心造成严重的危害。经常受欺负的儿童可能会情绪抑郁、注意力分散、孤独,进而出现学习成绩下降、逃学和失眠等问题,严重的甚至会自杀。尤其值得注意的是,约50%的儿童受欺负后没有告诉监护人、老师或同学,而是在沉默中承受痛苦。因此,受欺负者在很大程度上成了被学校忽视的一个庞大的群体。② 而对欺负者来讲,早期的社会适应不良会对以后的社会适应造成困难,导致其他类型问题的发生,其成年后的犯罪率也比一般人高大约四倍。③

由此可见,欺负问题不仅会对个体产生多方面的危害,还会破坏学校的民主气氛,严重妨碍学校道德教育目标的实现,并降低学生在学校里的安全感以及监护人对学校的信任和信心。④ 从表5-6和表5-7可见,仍然有很多贫穷地区的农村儿童经常受到欺负,因此,儿童在学校和上学路上的受欺负状况必须引起关注。

表 5-8 儿童上学路上的安全隐患

选项	路途崎岖	车流量大,存在交通事故隐患	存在拐卖儿童等犯罪隐患	校车不安全	其他
频数	167	279	17	20	68
百分比(%)	30.3	50.5	3.2	3.6	12.4

4. 儿童上学路上的安全隐患及原因

除了会遭到别人的欺负外,儿童在上学路上的交通安全也让

---

① 赵静:《我国农村地区校园欺负现象研究》,硕士学位论文,中国青年政治学院,2012,第24—25页。
② Sharp S & Smith P. K., *Tackling Bullying in Your School: A Practical Handbook for Teachers*, London: Routledge, 1994.
③ Kemmis, S., "Action Research," *International Encyclopedia of Education*, 1994 (1).
④ 张文新、鞠玉翠:《小学生欺负问题的干预研究》,《教育研究》2008年第2期,第95—99页。

监护人担心。通过调查发现：第一，50.5%的儿童监护人担心因儿童上学路上车流量较大而发生交通事故。第二，30.3%的监护人认为儿童上学路途较远，道路崎岖，存在安全隐患。比如有些偏远村庄的儿童早上天不亮就要起床上学，儿童自己去上学不安全。第三，3.6%的监护人认为现在校车不安全，经常有超载、超速情况出现。第四，3.2%的监护人担心儿童上学路上治安较差，没有安保措施，容易发生拐卖儿童等犯罪事件。

通过调查可知，道路车流量大、存在交通事故隐患和道路崎岖是儿童上学路上安全隐患的两个主要表现。究其原因主要包括：在连片特困地区，交通基础设施较差，车多路窄，加上道路上的交通指示信号等硬件设施不够齐全等容易造成儿童伤亡；贫困地区的农村车辆多为农家车辆和大型货车，加上司机大多没有良好的行车安全意识，容易引发安全事故；在农村地区，孩子上学的路上水渠较多，而且很多水渠没有护栏，一些调皮的孩子喜欢在水渠周围玩耍，非常危险。

校车安全也是儿童上学过程中存在的重大安全隐患。根据前面的分析，我们可以发现，在连片特困地区农村，校车很多由个体经营，其安全性难以得到保证。在利益驱动下，许多由个体经营的校车并没有达到国家的要求，而且超载、超速现象时有发生。虽然现在国家已经出台了规范校车运营的政策，但是在连片特困地区农村很难得到很好的实施。大部分儿童监护人也认为目前的校车不安全。

（四）儿童的社区与社会安全

1. 儿童所在村庄或者学校周围安全事故的发生情况

调查发现，有一半多的受访儿童在上学的路上发生过较严重的交通事故，可见，交通事故仍然是儿童受伤害最主要的原因；其次危害儿童安全的依次为：砍杀儿童等行为（15.1%）、拐卖儿童（14.3%）、虐待儿童（12%）（见表5-9）。虽然受访儿童所在的村庄及周边曾经发生过拐卖儿童、虐待儿童、砍杀儿童等恶性涉童事件在绝对数量上并不多，但必须引起关注，毕竟，儿童作为没有反抗能力的弱者，一旦发生拐卖、虐待和砍杀儿童的事件，后果将十分严重。

表 5-9 儿童所在村庄及周边发生涉童安全事件的情况

选项	统计	经常	偶尔	从不	不知道
是否发生过拐卖儿童事件	频数	4	132	623	192
	百分比（%）	0.4	13.9	65.5	20.2
是否有虐待儿童等事件发生	频数	4	111	589	253
	百分比（%）	0.4	11.6	61.5	26.4
是否有砍杀儿童等恶性事件发生	频数	4	141	565	247
	百分比（%）	0.4	14.7	59.0	25.8
儿童上学路上是否经常发生交通事故	频数	17	479	329	132
	百分比（%）	1.8	50.1	34.4	13.8

2. 儿童所在村庄及周边治安情况

在连片特困地区农村中，一般父母外出打工了，孩子留在老家；或者父母出去干活了，带到城里来的孩子独自留在住处。每个家庭以及农村社会对于物质以及经济利益的追求，也使得留在农村的人们在从事生产的时候，想最高效地利用每一寸土地。比如现在很多农村的鱼塘，都是用挖土机挖的，而且为了生产效益，他们尽可能将每一寸地面都挖成鱼塘，四周堤坝的坡面很陡，几乎是垂直的，堤坝宽度则很窄。这些堤坝有时又是农村儿童上下学的道路，危险是可想而知的。虽然农村的基础设施建设有很大的进展，但真正跟农民日常生活密切相关的小型基础设施建设还不完善。这些都导致了农村留守儿童生活和安全环境改善的乏力。① 传统农村在转型与发展的过程中，儿童的安全隐患增

---

① 叶敬忠：《农村孩子安全之忧折射发展之痛》，《农家顾问》2003 年第 10 期。

加了。

从表 5-10 可知，大部分（59.0%）受访儿童所在的村庄及周边的社会治安情况比较好。也有一部分（36.5%）儿童所在村庄的治安情况不是特别好。极少数儿童所在的村庄及周边的社会治安情况较差或非常差。可见，大部分父母对于自己所在村庄的社会治安还是认可的。

表 5-10 儿童所在村庄的治安情况

选项	非常好	比较好	一般	比较差	非常差
频数	75	490	349	31	12
百分比（%）	7.8	51.2	36.5	3.2	1.2

案例 5-7：溺亡的三个小伙伴

在河北调研的时候，一位老师讲到，有一年暑假的时候，学校初二的三个学生结伴去周围的水库钓鱼，其中有一个学生不小心滑倒掉进了水里，另外两个连忙伸手去救，也被拉进了水里。最后村民发现的时候，三个孩子都已经溺亡了。

村庄周围的鱼塘、水库等地方对儿童而言是比较危险的区域，尤其是暑假的时候，由游泳、钓鱼而引发学生溺亡的情况每年都有，所以在这些危险区域，需要设有明显的安全标志与防护措施。学校与监护人应该对儿童进行相关方面的安全教育。

实际上，在当前较大的城乡差距面前，农村房屋、道路、医疗卫生等社会基础建设的不足往往也会成为引发儿童不安全的重要原因。

案例 5-8：被房梁砸伤的女孩

调查员在甘肃调研时碰到下大雨，大雨下了一个礼拜。一位大叔说他很担心家里年久的土窑会经不起雨水的冲击而倒塌，因为就在前两天，他家上高中的女儿早上起床往屋外走时，在房门口被由雨水浸泡而导致顶棚松动掉下来的横梁砸伤了腿。大叔他们听见横梁掉下的声音以后赶紧跑过去扶起女孩，在接下来的一天里，全家人都没有再进屋。由于四周没有其他农户，他们不知道向谁求助，也不知道女儿的腿伤到什么程度，因为女孩一直忍痛不说出口。到了晚上又下起了雨，全家人不得不再回到土窑里面，只是这一次大家都心惊胆战，不敢轻易入睡。大叔在为女儿治疗腿的事情发愁，他想那么大一根横梁从高处砸下来，女儿的腿估计已经骨折了，可是最近由于下雨山路异常泥泞，从外面雇车或者找其他人帮忙把女儿抬出去也不太现实，他能做的只有先简单地帮助女儿把腿上的伤口处理一下，等到天气好的时候再带女儿出去看腿。

与其他相对发达的地区相比，连片特困地区农村儿童由于自然因素以及农村基础设施不完善而发生的安全事故比较多。像在以上案例中发生的由于房屋失修而被房梁砸伤的事故在发达地区是比较少见的，但是贫困地区由于受经济条件的限制，存在大量年久失修的房屋，甚至有的学校的教室都是危房，严重危胁着儿童的生命安全。在这方面，政府及有关部门需要采取措施，逐步排查这些隐患。

（五）儿童安全保护制度

在儿童保护方面，我国政府已经出台了相应的政策法规。1991年我国政府颁布《中华人民共和国未成年人保护法》（以下简称《未成年人保护法》），旨在保障未成年人的生存权、发展权、受教育权、受保护权、参与权等基本权利，明确国家、社会、家庭和学校等在未成年人保护方面的责任，建立家庭保护、学校保护、社会保护和司法保护等多方位的未成年人保护体系，为未成年人提供一个安全、健康的成长环境。1999年，为了保障未成年人身心健康，培养未成年人良好品行，我国政府颁布《中华人民共和国预防未成年人犯罪法》（以下简称《预防未成年人犯罪法》），政府、社会、学校、家庭等主体在预防未成年人犯罪方面承担相应的义务，共同为未成年人营造健康的成长环境。2006年，教育部等十个部门共同制定了《中小学幼儿园安全管理办法》，从儿童校内安全、日常生活安全、儿童安全教育等方面做出了规定，为学生获得安全的学习和生活环境做出了制度安排。近年来，我国各地校车事故频发，引起了我国政府的高度重视。2012年国务院出台《校车安全管理条例》，对校车设计标准、经营管理、校车乘车安全等方面做出了较为详细的规定，以保障乘坐校车学生的人身安全。由此可见，我国政府在儿童安全保护方面已经做出了较为全面的制度安排，形成了国家、社会、家庭、学校等多位一体的儿童安全保护体系。

但是，通过对连片特困地区农村儿童的安全状况的分析，我们可以发现虽然我国在制度层面已经形成了良好的儿童安全保护体系，但是在现实中连片特困地区农村安全状况依然令人担忧。保护制度并没有为儿童提供一个安全的生活环境。儿童的自我保护意识薄弱，需要社会和家庭的保护。但是随着社会的急剧变化，农村儿童逐渐失去了安全的成长环境。接纳未成年人的网吧、学校周边不健康的文化娱乐场所、农村儿童暴力事件、拐卖儿童等都对农村儿童的健康成长造成不利影响。同时，农村家庭对儿童的保护功能受到了挑战。家庭暴力、弃婴、因家庭原因辍学、留守儿童得不到有效监护、儿童交通事故、儿童溺水等事情在农村贫困地区时有发生。这些现象的产生，一方面是由社会性原因导致，另一方面则是儿童监护人对儿童保护意识薄弱所造成。据本研究的问卷调查，连片特困地区农村儿童监护人对《未成年人保护法》和《预防未成年人犯罪法》等法律的了解程度较低，有多达41.2%的受访监护人"不太了解"或者"没有听说过"《未成年人保护法》，有58.4%的监护人"不太了解"或者"没有听说过"《预防未成年人犯罪法》。农村居民对相关法律制度了解程度如此低，也使得他们难以形成保护未成年人的意识。长期来看，这不利于农村儿童的健康成长。

因此，儿童安全需要有相应的法律法规作为保障，但同时更需要形成儿童安全保护的社会意识，让儿童有一个安全的社会环境。第一，国家应该进一步完善儿童安全保护制度体系。从现有的儿童安全保护制度来看，《未成年人保护法》《预防未成年人犯罪法》等都是从宏观层面做出的法律规定，《中小学幼儿园安全管理办法》则对在校学生的安全做出制度安排，但是儿童日常生活的社区层面却没有相应的安全保障制度，尤其是在农村社区急剧转型的时期，其社区安全更需要加强，因此，国家应该从社区（尤其是农村社区）层面出台相应的制度安排，为儿童营造一个安全的社区生活环境。第二，加强连片特困地区农村儿童安全教育。研究表明，儿童具有自我保护意识能够有效减少儿童意外事故的发生。因此，相关政府部门和学校应该注重对儿童的安全教育，让儿童意识到可能遇到的安全隐患，并帮助儿童学习逃避意外伤害的方法，培育儿童自我保护意识。第三，对连片特困地区农村儿童开展社区关爱行动，尤其注重对留守儿童的关爱与教育，为儿童创造有安全感的社区生活环境。充分整合各种社区资源，建立农村社区儿童关爱与活动中心，为儿童提供安全的社区活动场所。第四，运用媒体、网络等传播手段，培育儿童安全保护的社会氛围。儿童安全保护除了靠法律法规的约束之外，更重要的是要形成儿童安全保护的社会意识，让儿童有一个安全成长的社会环境。

二 连片特困地区农村儿童娱乐和社会交往与参与情况

儿童精神文化与社会参与包括多个方面的内容，在本研究中，对连片特困地区农村儿童娱乐和社会参与情况的研究主要涉及以下四个方面：儿童与朋友的交往情况、儿童的课余和假期安排、监护人带孩子外出旅游的情况以及儿童参与学校活动的情况。本部分研究的对象主要是 7 岁以上的学龄儿童。

（一）儿童与朋友的交往情况

1. 儿童与朋友的交往情况现状

本次调查数据显示，受访学龄儿童平均有 3.5 个非常要好的朋友。据表 5-11 可知，有 1.8% 的儿童每天都会带自己的同学或者朋友回家玩；36.1% 的儿童经常带朋友回家玩；42.3% 的儿童偶尔会带朋友回家玩；同时也有 19.8% 的儿童很少或者从来没有带朋友回家玩。从孩子的天性来讲，他们倾向于和同龄的朋友玩耍，带朋友回家玩是孩子天性的一种体现，同时也凸显了农村地区公共娱乐设施的缺失。极少数儿童很少或者没有带朋友回家玩，往往也与这部分孩子家教严格不能随意交友或者本身性格孤僻不善交友有关。

表 5-11 孩子是否带朋友回家玩

选项	天天	经常	偶尔	很少	从来不
频数	10	199	233	78	31
百分比（%）	1.8	36.1	42.3	14.2	5.6

从表 5-12 看，学龄儿童中有 74.4% 的儿童每天或经常和其他孩子在一起玩耍，但是也有 7.1% 的儿童很少或从来不和其他孩子在一起玩耍。从表 5-12 可以看出，学龄儿童在共同的学习环境中建立起了友谊，习惯了公共生活，倾向于与其他孩子一起玩耍并乐在其中。在这里，孩子们一起玩耍并没有场所限制，可以在家里、在学校、在上学的路上、在任意一个孩子们可以聚集在一起的地方。可以说，在孩子的交往对象中，同龄的小朋友占了很

大的比例，这也成为他们交往的主要对象。只有少部分的孩子很少跟其他孩子玩耍，这其中往往既有他们自身的原因也有家庭和学校等方面的原因。

表5-12 儿童是否经常和其他孩子一起玩

选项	每天	经常	偶尔	很少	从来不
频数	54	356	102	26	13
百分比（%）	9.8	64.6	18.5	4.7	2.4

2. 儿童交往受限原因

相比多数小学生被动的交往意愿和交往方式、较低的交往能力，[①]此次调查中的儿童交往情况在一定程度上趋向好转，农村儿童的朋友数量与城市儿童的朋友数量基本持平，没有差异。但表5-11显示，仍有19.8%的儿童很少或者从来没有带朋友回家玩，这表明我国贫困地区还存在近1/5的儿童相互之间交往受到限制。实地调研发现，儿童和其他孩子交往受限的原因主要有以下四方面。

第一，交通不便。贫困落后的地区往往交通不便。一方面，玩伴之间居住距离远，来往不方便，尤其对于居住在山区的农村儿童而言，山区居民的住所受地形影响，通常比较分散，周围没有其他同龄的孩子一起玩耍。另一方面，出于对儿童外出安全的担忧，监护人不敢让他们长时间在外玩耍，从而限制儿童交往。正如案例5-9中描述，交通的不便和外出的危险使得姐弟三人只能在家里玩。因此，贫困地区的一部分孩子往往只能待在家里独自玩耍或者与兄弟姐妹玩耍，交友状况不甚理想。

案例5-9：在家玩耍的姐弟三人

甘肃华池乔川铁角城村疗山组姐弟三人，他们平时很少

---

① 叶升：《小学生交往现状的调查与思考》，《现代中小学教育》2002年第8期，第46—48页。

找其他孩子玩，因为自己的家距离其他孩子的家太远，山路崎岖，下雨天山路湿滑，而且家家户户都有两条狗（前段时间，他们家的一条大黄狗把一个串门的村民咬伤了，家里支付了1400多元的医疗费用），孩子们自己出去串门非常危险。所以他们一般是姐弟三人在家里自己玩，或者看电视。

第二，玩耍时间有限。在连片特困地区的农村，在经济条件的压力下，孩子往往意味着劳动力，他们通常在很小的年纪就需要分担一些农活和家务。穷人的孩子早当家，很多农村儿童在课余时间都是家庭劳动的重要帮手，在父母干活的时候帮助家里做家务成为孩子的生活常态。因此，这些儿童的课余时间常常被繁重的农活和家务占据，很少有时间或者基本没时间出去玩。

第三，父母对学业过分"重视"。在农村，受到经济、家庭等方面的影响，大部分父母的受教育水平一般。许多父母对自身教育的遗憾使他们寄托了较大的希望在孩子身上，希望他们能接受更高的教育，并通过更好的教育获得未来更好的生活。因此，他们对孩子的学业有着较高的要求，想通过限制孩子的自由活动时间以提高孩子的学习效率。有的监护人甚至只允许孩子和成绩好的孩子交往，通过相互促进的方式提升孩子的学习成绩，同时避免成绩不好的孩子把自家孩子"带坏"。

第四，繁重的学习压力。虽然相对城市的课业压力来讲，农村的课业压力较轻。但是农村教育水平相对落后，孩子们除了在课堂上接受老师的教导之外，下课之后基本无法从父母那里获得额外的辅导，这在一定程度上增加了孩子的课外压力。在这种压力下，孩子们如果想取得良好的成绩，就不得不牺牲与朋友玩耍的时间来学习。另外，由于文化素质不高，父母们普遍认为孩子玩耍会影响学习成绩，因而会对孩子们的玩耍加以限制。总而言之，在农村，一个成绩好的孩子是基本上没有太多的时间自由玩耍的。

3. 儿童交往的益处

对儿童而言，同龄人是其交往的主要对象，儿童之间的交往对儿童成长具有重要意义。儿童的人际交往能力是其社会化程度和社会适应能力的一项重要指标，是儿童交往、学习、生活的基础和保证。儿童交往的益处可以细分为以下三个方面。

其一，交往能力的锻炼。交往能力的锻炼对于人的成功和生存至关重要，孩子们要步入并适应社会，从"自然人"转变成为"社会人"，就必须学会处理好各种人际关系，而与朋友交往这种方式就是对孩子们在这方面最好的锻炼，在交往中孩子们可以逐渐学会以正确的方式表达自己的情绪情感，培养出积极健康的交友态度和适合自身的交往方式，为今后走向独立打下良好基础。

其二，良好性格的培养。交往的过程也是分享的过程，正如在调查中孩子们说的那样，今天你给我一颗糖，明天我给你一块饼干。正是这种建立在平等基础上的分享，会逐渐树立孩子们的自尊、自爱和自信，让孩子们学会爱与被爱，学会彼此理解与尊重，同时也能明白收获与付出，进而促进良好性格的培养。

其三，不良情绪的疏解。在贫困地区，由于父母外出务工现象普遍，部分学龄儿童由爷爷奶奶或者亲戚代为照顾。由于年龄的原因，爷爷奶奶更多只能在生活上照顾孩子们，但对孩子们内心的世界缺少关注，孩子们遇到问题也不愿意跟爷爷奶奶倾诉，这时朋友就成为孩子倾诉的对象。在与朋友交往的过程中，孩子彼此倾诉内心的苦闷和忧愁，并相互安慰，让不良情绪得到较好的排解。

案例 5-10：在朋友关心下成长的李晨

甘肃乔川乡铁角城村初中小女孩李晨的妈妈在很早以前就离家出走了，但她在生活、学习和人际关系方面并不消极。李晨在学校有很多好朋友，她所在的班级集体氛围也十分融洽。尽管朋友间有时会产生矛盾，但是会很快和好。周围的同学都很贴心，在李晨妈妈刚刚出走的那段时间里，他们不仅在平时聊天时避开相应的话题,并且在生活学习中给了她更多的关心,她在集体的关爱下,很快走出了妈妈离开的阴影。

(二) 儿童的课余和假期安排

1. 儿童看电视和上网现状及原因分析

在调查中发现,受访学龄儿童每天看电视的时间平均为 2 小时,这个数据远高于 1999 年 "当代中国少年儿童发展状况" 课题组调查得出的数据,即农村少年儿童平均每天看电视 47.35 分钟[①]和 2001 年《中国妇女报》调查的中小学生平均每天看电视 57.4 分钟[②];同时,此次调研发现贫困地区农村儿童每周上网的时间为 0.8 个小时,同样远高于 2001 年《中国妇女报》得出的每天平均上网 3.8 分钟的数据[③],其中每周上网时间最多的为 48 小时。由此看出,当前连片特困地区农村儿童看电视和上网的时间都有较大幅度增长。

对于儿童来说,电视和电脑属于新鲜事物,对外界的探知欲使得他们对这两种电器充满了好奇心,但是电视和电脑对于儿童而言,具有消极影响。一方面,这个年龄阶段的孩子对外界事物没有判断能力,他们喜欢看动画片,也会在父母的影响下看武打片,进而模仿一些打斗的场面。另一方面,这一阶段的孩子还不具备自控能力,他们对电脑的需求基本上是打游戏。不可否认,电脑和电视确实让农村的孩子认识了外面的世界,但是在他们还不具备辨别能力的前提下,如果不加以规范和引导,电脑和电视可能会给他们造成不可挽回的伤害。

连片特困地区农村儿童看电视和上网时间都有较大幅度增长

[①] 孙云晓等:《你了解今天的中小学生吗?》,《中小学生管理》1999 年第 11 期,第 2—8 页。
[②] 《中国少年儿童素质状况抽样调查情况报告》,《中国妇女报》2001 年 12 月 5 日。
[③] 《中国少年儿童素质状况抽样调查情况报告》,《中国妇女报》2001 年 12 月 5 日。

的原因主要有以下几个方面。

电视和电脑的普及。随着经济收入的提高，现今的农村家庭已经基本能够达到"家家有电视，少量有电脑"的水平，随着电视的普及和电脑进入寻常百姓家，儿童看电视和上网的条件更加方便，娱乐的时间自然也直线上升。

父母约束不足。在农村，父母们受制于文化水平和劳作时间的限制，在电视和网络对儿童的影响方面的认知不足，继而对子女看电视、上网的看管程度不够。此外，父母辈自身的休闲方式也经常是看电视，子女自然而然也会跟着父母一起看，父母们在看电视的问题上并未给儿童树立良好的自我约束形象，儿童容易模仿父母的这种行为，延长看电视的时间。

儿童的心智尚不健全。儿童处于心智发展阶段，自制力相对欠缺，对事物好坏的分辨能力有限，对电脑和电视的负面影响既没有清醒的认识，也缺乏足够的自制力抵制电视和网络的诱惑，这也会造成儿童看电视时间过长。

文化娱乐形式单一。在农村，娱乐基础设施欠缺，群众的文化生活比较单一。在自然条件的限制下，儿童一起玩耍的对象和时间都很少，父母出于担心儿童在外有危险也会经常将其限制在家中，这都使得看电视或者玩电脑成为儿童唯一的娱乐消遣方式，从而造成了儿童看电视和玩电脑时间长的现状。

在肯定电视和电脑对儿童健康成长积极意义的同时，也应该看到学龄期儿童心理、生理发育都未成熟，缺乏分辨是非的能力，互联网和电视上的信息良莠不齐，如果父母不加以正确引导，孩子不仅容易沉迷于电视和电脑中无法自拔，还可能受不良信息的引诱从事不良活动。同时，长时间坐在电视、电脑前会给儿童身心带来诸多不利影响，如近视、肥胖、脊柱问题、不爱与人交往等。因此，对农村儿童长时间沉迷于电视和电脑的现状应该重视。

2. 学龄儿童周末和暑假现状及原因

在工作日，学龄儿童面临较重的课业压力，必须按时上学接受教育。而到了周末，学龄儿童最想做的事情依次是：和伙伴们一起玩（64.1%）、看电视（22.5%）、写作业（8.0%）、做家务（2.9%）等（见表5-13）。其中，和伙伴们一起玩的意愿占了压倒性优势，超过六成的学龄儿童希望能够融入群体的玩耍中。相对于1999年84.1%的少年儿童在课余时间首先选择"做家庭作业"[①]和2000年的调查结果，即中小学生进行得最多的课外活动依次为课外阅读、看影视、进行自己的爱好活动、体育锻炼、听音乐、参加公益活动、逛商店、参加游览、和小伙伴玩耍、聊天等，[②]现在贫困农村地区的儿童更加倾向于和伙伴出去玩。

表5-13 儿童在周末最想干的事情

选项	在家做作业	做家务	和伙伴一起玩	看电视	其他
频数	44	16	353	124	14
百分比（%）	8.0	2.9	64.1	22.5	2.5

学龄儿童在暑假做得最多的三件事依次为：和伙伴们一起玩（38.3%）、写暑假作业（33.6%）、在家里干家务（17.9%），还有少数儿童在暑假期间上辅导班、外出旅游、看电视、打游戏、干农活等（见表5-14）。

表5-14 儿童在暑假干些什么

选项	上辅导班	做家务	和伙伴玩	外出游玩	做暑假作业	其他（干农活、看电视、跳舞、打游戏）
百分比（%）	4.3	17.9	38.3	4.4	33.6	1.4

---

① 孙云晓等：《你了解今天的中小学生吗？》，《中小学生管理》1999年第11期，第2—8页。
② 岳晓春、李永生：《我国城市青少年闲暇生活状况及成因分析》，《青年研究》2000年第12期，第8—13页。

案例 5-11：小剑麒暑假的一天

江西田畈街镇角里村小剑麒只有10岁，他的妈妈说：因为家里比较贫困，孩子从小就没有课外书可以看，现在孩子放暑假了，也只能每天在家里看看电视，或者跟其他小孩儿一起出去玩，或者在家里写写字，到了晚上孩子就跟妈妈一起睡觉，一天的时间就打发了。

通过对比表5-13和表5-14，儿童最想做的事情中"和伙伴玩耍"的比例大大缩小，从周末的64.1%下降到暑假的38.3%；而做暑假作业和做家务的时间则明显增多，分别从8.0%增长到33.6%和从2.9%增长到17.9%。可见，学龄儿童渴望与同伴玩耍的心态受到压制，被迫将大量和伙伴玩耍的时间用来做暑假作业和做家务。据分析，原因如下。

第一，受农村地区落后的教育方式的限制，学生暑期作业繁重，需要大量时间完成。虽然近些年来国家一直在倡导为儿童的学习减负，提倡素质教育，但在贫穷落后的农村地区，不具备素质教育的各项条件，所以仍然是以填鸭式的课本教育为主，其作业形式也是以书本作业为主。为了提高学生的学习能力，老师经常会布置繁重的学习任务。而在农村地区，监护人的文化水平普遍不高，难以为儿童提供及时有效的学习辅导，儿童只能靠自己的努力完成作业。在遇到一些难以理解的题目时，没有老师的帮助，监护人也没有办法解决，只有靠自己独立思考，这在无形中加重了孩子学习的负担，从而使得他们花费大量时间完成书本作业。

第二，暑假是传统的农忙季节。在此期间，父母将属于儿童玩耍的时间安排其做家务是农村地区尤其是贫困地区农村的常态。水稻和小麦都在这个时节收割，在贫困地区的农村，缺少机械化的设备，水稻和小麦的收割大多要依靠人力完成，使得父母难以将更多的时间用于家务劳动，留守在家的儿童则顺理成章地成为做家务的劳动力。如在南方的"两抢"季节，打猪草、给家里人煮饭和照顾老人等工作常交由儿童负责,如果父母忙不过来,儿童还需要跟着父母下地去抢收水稻、抢种水稻。繁重的劳动大大压缩了儿童的娱乐时间。

第三,假期的外出需求。农村儿童中有相当一部分是留守儿童,父母长期在外打工,一年难得见上几面,他们最盼望的事情就是和父母团聚,一到暑假他们就会到外地与父母团聚,顺便见见世面。另外,一些儿童会利用暑假的机会外出串亲戚、陪陪年迈的老人、见见许久没见过的亲人。极少部分家境稍微好的儿童会利用暑假到城市里旅游,见识外面的风土人情。这些情况都在一定程度上割裂了儿童之间的联系,他们很难聚集在一起玩耍。所以在暑假期间,孩子们甚至没有像平时一样有足够的时间聚在一起。

第四,连片特困地区农村经济条件差,教育基础设施和相关教育资源都比较缺乏。2004年对我国儿童休闲状况的调查结果显示,城市儿童喜欢的休闲内容依次为:体育运动、娱乐活动、电子游戏、棋牌类游戏、手工制作、拼装游戏。[1] 显然,贫困地区农村儿童没有城市儿童那么多的可供选择的娱乐方式。这也在客观上导致农村儿童在暑假上补习班的时间比例(4.3%)是所有活动中最少的,实际上这也在一定程度上是造成现今农村儿童教育质量下降的原因。

(三)儿童外出游玩情况

1. 儿童外出游玩现状

在受访学龄儿童中,父母每个月至少带其外出游玩一次的占31.0%,2个月到半年才出去一次的占26.4%,一年一次的占16.3%,从没有外出游玩的占26.3%。由此可见,超过半数的学龄儿童要半年以上才有一次和父母外出游玩的机会(见表5-15)。

---

[1] 王小波:《儿童休闲:被遗忘的角落——我国城市儿童休闲状况调查》,《青年研究》2004年第10期,第35—41页。

表 5-15 父母带孩子外出游玩情况

选项	一周一次	两周一次	三周一次	一个月一次	二个月一次	三个月一次	半年一次	一年一次	从不
频数	45	52	27	47	18	22	105	90	145
百分比（%）	8.2	9.4	4.9	8.5	3.3	4.0	19.1	16.3	26.3

而受访儿童中，曾经去过游乐场、动物园等游乐景点的儿童占35.7%（见表5-16）。而有过出去游玩经历的孩子占73.7%（表5-15）。可见，大部分外出游玩的儿童去的都不是游乐场、动物园等场所，他们大多是陪父母到不远处的县城等地办事顺便见见世面。

表 5-16 儿童是否去过游乐园、动物园等场所

选项	经常	偶尔	从不
频数	3	194	354
百分比（%）	0.5	35.2	64.3

在受访学龄儿童中，出于多种条件限制，有34.6%的儿童所到达的最远的地方是县城，30.1%所到达的最远地方是市里，13.4%的儿童所到达的最远地方是省内的其他城市，12.7%的儿童去过外省，还有9.1%的儿童去过的最远地方是自己所在的乡镇政府驻地，超过半数的儿童没有出过市（表5-17）。

表 5-17 儿童去过的最远地方

选项	乡里	县里	市里	省内其他市	外省
频数	50	191	166	74	70
百分比（%）	9.1	34.6	30.1	13.4	12.7

2. 儿童外出游玩受限的原因

从表5-15、表5-16和表5-17可知，73.7%的儿童有过出游

经历，但仅有 35.7% 的儿童去过游乐场、动物园，73.8% 的学龄儿童从没有出过本市。这说明，绝大部分学龄儿童的出游并不是以游玩为目的，而且以短途出门为主。其游玩受限的原因有以下几点。

第一，家庭原因。主要表现为家庭经济窘困、父母时间有限和父母思想观念方面的限制。

首先，连片特困地区农村家庭的收入多来自农业收入和父母农闲时间的打工。受自然条件限制，农业收入基本上只能解决家庭的温饱问题，而受时间零碎和自身受教育程度不高等因素的影响，农村外出务工人员从事的通常是一些收入不高的苦脏累等活计，收入有限。有限的收入不仅要支付家庭平时的吃穿住行，还要负担孩子的教育费用，家庭成员若出现身体健康问题，则更是一笔巨大的开支。因此农村儿童的父母并没有多余的钱财支撑他们带孩子去条件较好的地方游玩，所以虽然有超过七成的学龄儿童有跟随父母外出游玩的经历，但只有三成左右的儿童去过游乐场或者动物园这些需要花钱的地方。

其次，农忙时的繁重劳作与农闲时的外出务工已经基本占据了父母的所有时间，父母即使内心非常渴望与孩子相处，带孩子外出游玩见见世面，也没有时间付诸实践。因此，农村儿童与父母外出游玩的机会和时间都非常少，超过六成的父母要超过半年才能带儿童出去玩一次，甚至从不带儿童出去玩。

最后，连片特困地区农村孩子的父母受自身教育和视野的限制，缺乏对孩子在童年时期正常玩耍对其健康成长的重要意义的正确认知，通常只是浅显地认为过多的玩耍会占据孩子太多的学习和劳作时间，不利于孩子的学习进步，因此常常粗暴地要求孩子少玩多学。由于缺少对孩子心理和生理成长的正确理解，很多父母认识不到带儿童外出游玩的意义，所以主观上不重视带儿童出去游玩。

第二，教育原因。

当前农村地区教育仍然以书本教育为主，疏于对孩子兴趣爱好的培养。在应试教育的体制下，学校重视升学率而忽视素质教育,以至于沉重的学习负担与考试压力迫使学生将更多的精力和时间投入到学习中,没有业余时间休闲娱乐。其更深层次的负面影响在于压榨学生的自由时间、浇灭学生的求知热情、扼杀学生的创新意识,造成学生只重视智育而忽视综合素质的畸形发展。在大学里我们就可以发现,由于成长环境和教育方式的差异,农村孩子虽然比较淳朴,但是他们思维方式比较单一,缺乏创新和活力,自信心不足,在面对挑战的时候,不能够像城镇孩子一样表现出足够的担当和勇气,知识面也比较有限。调查实践中的数据也反映大量的家庭作业占用了儿童周末和假期过多的时间,同时父母、学校灌输知识的落后教育观念以及客观上落后的经济条件束缚了儿童开阔视野,导致儿童较少获得外出游玩的机会,而父母、学校落后教育观念的灌输也会在一定程度上压制孩子外出游玩的兴趣。

第三,基础设施原因。

一方面,交通设施条件有限。贫困地区的农村交通条件往往比较差,道路崎岖、交通不畅、安全无法保障等因素增加了父母带孩子出外游玩的成本,客观上阻碍了农村父母带儿童外出游玩。农村地区到城市昂贵的路费也增加了父母的经济压力。此外农村孩子在城市通常没有亲戚,或者即使有也不好意思长住,这一系列因素都导致农村孩子不能轻易到城市游玩。

另一方面贫困地区的经济落后,致使部分乡镇或者县城地区公共设施欠缺。农村大多数地方都不具备修建游乐场和动物园等儿童娱乐设施的条件,农村孩子要想游玩必须跑到几十公里甚至几百公里以外的市区去,外出游玩成本较高,农村家庭无法承担这一经济成本,这在一定程度上造就了儿童单一的文化娱乐生活。

3. 儿童外出游玩现状的影响

据相关研究,儿童与父母一起外出游玩不但能够开阔儿童的视野,增长儿童的知识,同时也能够有效增强儿童与父母的亲子关系，对于构建良好的家庭关系有很大益处。特别是在现今社会，父母由于工作的原因与孩子相处的时间日益减少，与孩子的交流也不够深入，对孩子成长过程中遇到的问题、产生的困惑都缺少必要的关怀，孩子在心理和生理发育都不健全的情况下，需要父母更多的关注和陪伴，而与孩子一起娱乐、一起外出旅游是很好的增进双方感情的方式。

连片特困地区农村儿童原本就因现有的条件限制不能很好地享受童年玩耍的乐趣，与朋友间的交往状况也比不上城镇的孩子。孤单、自卑、自闭的童年对一个孩子的成长有很多不良的影响，如果父母能够抽出时间陪同孩子外出，那不仅仅是行动上的关怀，更能够滋润儿童的内心，促使其健康成长。但从目前的抽样调查结果来看，贫困农村地区儿童与父母出去游玩仍然处于较低的水平，这一问题需要得到重视。

（四）儿童参与学校活动的情况

1. 儿童参与学校活动的现状

在受访的学龄儿童中，有29%的学生担任过班干部（见表5-18）。所担任的班干部为：班长、副班长、学习委员、卫生委员、组长、宿舍长、课代表等。

表 5-18 是否在班内担任班干部

选项	是	否
频数	160	391
百分比（%）	29.0	71.0

受访儿童中，有43.4%的儿童参加过学校组织的运动会、学习竞赛等各类活动（见表5-19）。在参赛次数方面，平均为2.2次。儿童参加竞赛所取得的最好成绩情况见表5-20。通过儿童参加体育活动的情况看，超过半数的儿童没有参加过竞赛活动。

表 5-19 儿童参加学校各类竞赛活动情况

选项	是	否
频数	239	312
百分比（%）	43.4	56.6

表 5-20 参加竞赛所取得最好成绩的情况

选项	第一名	第二名	第三名	第四名	第五名	其他
频率	48	57	50	19	16	40
百分比（%）	20.9	24.8	21.7	8.3	7.0	17.4

学校组织学生参观博物馆、少年宫等地方已经成为提高学生学习兴趣和学习水平的有效方法，国家也通过免费为学生开放这些场所等方式鼓励儿童参与实地学习，博物馆、少年宫等有益于儿童成长的地方已成为学龄儿童学习的第二课堂。但是，在此次贫困地区农村儿童的抽样调查中，只有37.9%的学生参与过学校组织的参观博物馆、少年宫等活动，62.1%的学生从来没有参与过学校组织的类似活动（见表5-21）。造成这种现象的原因可能在于：一方面部分学校从来就没有组织过学生参观博物馆、少年宫这些地方；另一方面则是因为部分学校组织规模太小，很多学龄儿童没有机会参与。据2000年的调查，受学生欢迎的课外活动主要为课外阅读、音乐美术活动、参观纪念馆和博物馆、看影视、做实验、手工制作、兴趣小组活动、玩电脑、做家务、体育活动。[1] 结合案例5-12可见，学龄期儿童对校外参观活动的兴趣极高，主观上欢迎更多的课外参观学习机会。由此可见，从儿童的角度出发，他们还是非常愿意参观博物馆或者少年宫等地方，因为受客观条件限制而不能参与进去。

---

[1] 李晋华：《关于当前中小学生参加课外活动情况的调查》，www.xz5z.com。

表 5-21 学校组织的参观博物馆、少年宫等活动情况

选项	经常	一般	偶尔	很少	从来没有
频数	6	34	63	102	336
百分比（%）	1.1	6.3	11.6	18.9	62.1

案例 5-12：希望多参加科技展的小丽丽

甘肃铁角城村小姑娘丽丽在谈到学校曾经组织她们到县人民广场参观的一次科技展时说，同学们对科技展上展出的大型器械具有强烈的好奇心，这些科技成果激发了同学们的学习热情，也开阔了大家的视野，希望以后能够有更多机会参加这些活动。

2. 儿童参与学校活动现状的原因

表 5-19 中显示仅有 43.4% 的儿童参加过校内竞赛活动，而超过一半的儿童没有参加过任何校内竞赛活动；表 5-21 显示，62.1% 的儿童没有参加过学校组织的参观博物馆、少年宫等活动，仅有部分学龄儿童有过参与这些活动的经历。究其原因，主要有以下三个方面。

第一，教育水平落后。受经济发展的制约，部分贫困地区的农村学校连基本的办学条件都无法满足，校舍简陋，师资匮乏。学校没有多余的资金购置音乐、体育、美术等课程所需的器材设备。在师资不济的前提下，有的老师一人负责了好几门课程的教学，尤其是音体美等课程往往由主课老师兼任，这些老师在音体美方面的专业水平有限，较难提供较高质量的教育。在这样的情况下，有的学校不得不取消音体美等课程，有的学校即使设有音体美的课程，教学内容也较为简单。如案例 5-13 中的小农权，到了初中以后才能够使用到简单的体育器材，可想而知，贫困地区落后农村的落后教育设施已经阻碍了这些地区儿童的全面发展。

第二，教育观念落后。在连片特困地区，落后的经济在导致这些地方教育基础设施落后的同时，也使得这些地方人才流失，缺少足够的和现代的师资力量，这进一步使很多农村地区的教育观念比较落后。这些地区的学校大多仍然采用传统教育方式，不重视学龄儿童素质的全面发展，因此也就不重视对儿童参与意识的培养和多方面知识的拓展。目前农村地区师资力量缺乏，特别是贫困地区教师不配套、跨年级上课的现象非常普遍，农村的基础教育岗位受条件限制难以留住人才，教师流动频繁，而且存在学历低、职称低、素质低的现象，这些教师本身的教育观念和综合素质在一定程度上落后于城镇的教师，因而在现代学生教育和综合发展的认知方面无法达到标准。如案例5-12中，小丽丽参观科技展上的很多先进科技成果时个人视野得到开阔，这样的学习效果是很多农村传统老师所意识不到的。

第三，地方相关硬件基础设施不足。在中西部贫困地区，由于经济、政策等多方面原因，一些地方缺少修建文娱设施的条件，而随着社会变迁，很多原有的博物馆、少年宫等已经不复存在，这也使得学龄儿童失去了开阔视野的第二课堂。但这些第二课堂对孩子的全面发展有着深远意义，图书馆可以使孩子徜徉书海，开阔视野；博物馆可以传播历史文化知识，提高学生的历史文化水平和对祖国文明的认知水平；美术馆可以熏陶学生的审美情趣，陶冶学生的情操；科技馆可以开阔学生视野，增长学生的科技文化知识。这些硬件基础设施的欠缺不仅局限了孩子的视界，也会限制其综合发展。

案例5-13：能够用上体育器材的小农权

广西龙州县水口镇埂宜村的小农权说，他喜欢上学，特别是现在来到县城的初中后，教学环境和教学设备条件都比原来的小学要好。原来的小学里，一个老师会上好几门课，比如他的语文老师还兼上美术和音乐的课程。而在初中，每个老师只教一门课。同时在现在的初中，他可以打篮球、乒乓球，这里有比原来的小学更多的体育器材，有更宽敞的操场。

三　结语

（一）连片特困地区农村儿童安全状况令人担忧

在当前农村人口大量外流，空心村和留守儿童比较普遍的情况下，连片特困地区农村父母对儿童的监护还存在很多不足，超过半数的监护人有将年幼的孩子单独留在家中玩耍或者在孩子玩玩具的时候不在身边照顾的情况，在孩子还不能自己辨别周围危险和农村多水塘、多汽车、多动物等情况下，这种对孩子照顾不够全面的行为有可能给孩子带来危险。

同时，当前学校的教育也不容乐观，虽然大部分学校都开展了安全教育，但仍然有接近一半的学校没有进行过相关教育；另外，在农村复杂的环境下，儿童是否真的能够灵活应用所学知识还是一个值得进一步考察的事情。

一方面，在学校、村庄及孩子上学路上等地方，仍然充满危险因素，在对儿童多加教育、提高儿童辨别能力的同时，还应该进一步稳定农村治安环境，为儿童健康成长保驾护航；另一方面，目前农村交通、住房、医疗等基础设施条件落后的情况还需要国家和社会的进一步重视，通过建设更加富裕和现代化的新农村，为贫困地区农村儿童创造更好的生活学习环境。

因此我们提出以下几点建议：第一，学龄前儿童的监护人要高度重视其安全保障问题，在监护人不在身边的时候要及时找到临时监护人；第二，学校要加强对儿童的安全教育培训，增强其安全意识，掌握必要的安全技能和知识；第三，政府及相关部门要排除儿童所在社区的安全隐患，加强社会治安，切实保障儿童的安全;第四,建立家庭—社区—学校三位一体的儿童安全保障体系,为贫困儿童建立安全的成长环境。将儿童保护纳入社区管理和服务职能,动员社区、学校、幼儿园及其他社会组织参与儿童保护工作。建立儿童社会保护工作机制和服务网络,将救助保护机构扩展为社会保护转介平台,面向社会开展儿童权益保护服务,最大限度地改善儿童生存环境。

(二)连片特困地区农村儿童娱乐、交往和社会参与受到诸多限制

从儿童交往看,现在农村儿童交往虽然较以前有了很大进步,但仍然受到一定限制,比如,接近1/5的儿童不能带其他孩子到自己家里玩。连片特困地区的部分农村儿童不能经常带朋友到家里玩,而和朋友玩耍又是儿童在假期和周末最期待的事情,这也就形成了一定的冲突,也在一定程度上迫使儿童只能在家里看电视或者玩电脑,带来了一些潜在的不良后果。造成儿童不能带朋友回家玩的原因是多方面的,如农村交通不便、农村家庭住房面积小、父母工作忙、父母观念的约束等。儿童在外玩耍的安全问题需要引起重视。在农村地区,没有安全防护设施的池塘、道路,无人看管的动物等都可能成为伤害儿童安全的危险因素,存在极大的安全风险。从儿童天性出发,他们需要共同玩耍的空间,这对他们的健康成长意义重大,一方面我们需要给予儿童足够的自由交往的空间,另一方面我们也需要保障儿童在外玩耍的安全,为儿童交往创造更好的条件。

从儿童与父母交往和家庭给予儿童的精神文化关心看,连片特困地区农村还存在不足,连片特困地区农村儿童监护人多数仅关注儿童的生存需要,没有足够的能力满足儿童的精神需求。虽然大部分受调查的父母表示有过带孩子外出游玩的经历,但仅有35.7%的孩子去过动物园、游乐园等娱乐场所。除了部分地区没有动物园、游乐园等娱乐场所外,父母不具备带孩子外出游玩的

经济基础的客观原因和部分父母不重视儿童精神文化需要的主观原因起了较大的作用。父母没有带孩子出去玩的经济条件和时间，将带儿童出去办事也当成带儿童游玩，这对于贫困落后的农村地区的孩子全面发展的影响是值得关注的，这种行为虽然在一定程度上可以起到开阔儿童眼界的作用，但在无形中可能减少了很多原本属于孩子的乐趣，不利于儿童的发展。

学校在培养儿童精神文化成长方面做得不足。从儿童参加体育活动和参观博物馆、少年宫等情况来看，大部分儿童没有参加体育活动的经历，也没有到过博物馆、少年宫等场所参观学习。这自然可以归咎于农村道路不便、经济落后、教学方法落后等客观原因，但也与农村学校不重视儿童的综合素质培养，仍然采用传统填鸭式书本教学方式有关。在传统的农村，学校的师资软件条件和办学设施等硬件条件都存在不足，一方面在客观上影响了孩子的学习成绩，另一方面，单调的课余生活也影响到孩子的身心发育。

因此，在关注连片特困地区农村儿童基本生存需求的同时，不能忽视儿童的安全、精神、爱和被尊重的需求。第一，应该加大连片特困地区儿童发展的支持力度，完善儿童服务体系，为连片特困地区农村儿童提供基本的服务设施，如社区儿童活动中心、游乐场等。第二，为连片特困地区农村儿童提供生活托管、心理辅导和社会工作服务。针对连片特困地区农村儿童，尤其是留守儿童，社区和社会组织可以为其提供生活照料或者托管服务，注重儿童的心理疏导，运用专业的社会工作方法，为贫困儿童服务，在保障儿童安全的情况下，引导儿童形成良好的习惯。第三，连片特困地区农村学校应该注重儿童的全面发展。学校在注重儿童学习成绩的同时，更应该关注儿童身心的健康成长，注重儿童的综合发展。

第六章
中国农村儿童发展和政策促进

自20世纪80年代实施改革开放以来，伴随着经济的快速增长，中国贫困发生率显著下降，减贫成效获得全球高度评价。在贫困人口大幅减少的同时，中国政府亦高度重视贫困地区的儿童保护与发展事业，陆续出台了一系列旨在保障儿童生存权、发展权、受保护权和参与权等基本权利的政策法规，逐步建立和完善了国家儿童保护和发展的政策、法律保障体系。在中国政府和社会各界共同努力下，全体儿童特别是农村儿童在基本生活、教育、医疗卫生等各方面保障水平大幅提高，为其他国家尤其是广大发展中国家儿童发展和权利保障事业提供了可供借鉴的经验。

然而，成绩斐然的同时，中国弱势儿童群体数量依然庞大也是不争的事实。尤其是受到长期存在的城乡二元结构、近年来地区间经济社会发展不平衡等结构性因素的影响，中国农村儿童的发展和权利保障依然面临诸多挑战。农村贫困儿童生活保障、留守儿童安全、流动儿童公平教育、残障及五保儿童基本保障、贫困家庭代际传递对儿童的不利影响等问题的存在，不仅影响中国现阶段减贫目标的实现，而且很可能制约国家长期减贫目标的实现。

当前，中国的减贫事业正在进入一个新的历史时期。2013年年底，中央政府颁布了扶贫领域最新纲领性文件——《关于创新机制扎实推进农村扶贫开发工作的意见》，将"建立精准扶贫工作机制"作为中国扶贫工作"六大改革"①的核心内容之一。如何清晰辨识包括儿童在内的不同类型贫困群体及其致贫特点，如何建立更具有针对性和瞄准性的减贫政策和运行机制，将是中国政府在新的减贫阶段重点回应的挑战。2014年3月，李克强总理所做的政府工作报告中庄严承诺：2014年将继续减少贫困人口1000万以上，要继续向贫困宣战，绝不让贫困代代相传。

作为最易陷入贫困而无力自拔的弱势群体，贫困农村儿童权利保障和公平发展应继续得到政府和社会各界的高度关注和切实投入。与国际社会交流、分享儿童保障政策及具体实施方法，也应成为促进中国儿童发展事业的应有之义。

一 中国儿童关怀政策概况

儿童是全人类的未来与希望，也是最易受到贫困冲击的脆弱群体。国际社会一直将促进儿童保护和发展作为可持续发展的重要内容，尤其是第二次世界大战后，国际社会针对儿童权益保护的政策和实施机制逐步建立并完善。1946年，联合国儿童基金会成立，最初宗旨是向第二次世界大战中的受害儿童提供救济，之后其工作领域拓展到儿童生存、保护和发展等各个领域。1959年，联合国大会通过了一份内容较为全面的《儿童权利宣言》，明确了各国儿童应享有的基本权利，但宣言不具有法律效力。1979年被确定为"国际儿童年"。1989年，联合国大会通过了对缔约国具有法律约束力的《儿童权利公约》，明确规定了儿童的生存权、受保护权、参与权和发展权四大权利。2000年，联合国千年发展目标

---

① 六大改革是：改进贫困县考核机制、建立精准扶贫工作机制、健全干部驻村帮扶机制、改革财政专项扶贫资金管理机制、完善金融服务机制、创新社会参与机制。

将儿童的营养、健康和教育作为国际发展的框架性目标。2002年，联合国儿童问题特别会议一致通过"适合儿童生长的世界行动计划"，明确了在保健、教育、保护和艾滋病防治四个主要领域保护儿童权益、改善儿童生存条件的原则和目标。2003年，东亚及太平洋地区各国就区域儿童发展和权利保障问题达成《巴厘共识》。2007年，联合国儿童问题特别会议审议了"适合儿童成长的世界行动计划"实施情况，敦促各国政府和国际社会履行承诺，实现战略目标。

在致力于宏观经济社会发展的同时，中国政府也高度关注为3亿多儿童的生存与发展创造良好的宏观环境。1986年，《中华人民共和国义务教育法》的颁布旨在保障适龄儿童获得基本受教育权。联合国《儿童权利公约》正式生效后的第二年（1990年），中国就签署了该公约，并在之后数年内密集出台《未成年人保护法》《母婴保健法》《预防未成年人犯罪法》等一系列政策法规和指导性文件，逐步建立起中国儿童保护和发展的政策、法律保障体系。针对不同类型的儿童群体，中国政府不同部门出台了具有针对性的政策文件和行动计划（见附表1），如教育部门的"免费义务教育"和"儿童营养餐计划"，民政部门针对困难儿童、孤儿以及其他弱势儿童的社会救助政策，卫生部门的"免费疫苗接种计划"等，均从不同角度共同促进儿童的生存权、发展权、受保护权和参与权这四大权利。完善的政策和法律保障体系极大地提高了儿童总体发展水平。相关数据显示，2000年以来，中国儿童各阶段入学率显著提高，2012年小学学龄儿童净入学率达到99.7%；婴幼儿死亡率、孕产妇死亡率明显下降，5岁以下儿童死亡率从39.7%（2000年）下降至16.4%（2012年），孕产妇死亡率从53.0/10万（2000年）下降至30.0/10万（2012年），纳入国家免疫规划的疫苗接种率已经达到90%以上。

国家经济和财政收入的快速增长，为中国儿童福利和保护制度的完善提供了坚实基础。但是，中国社会中弱势儿童群体数量依然庞大；同时，由于受到经济、社会、文化等结构性因素影响，中国儿童发展及权利保护仍然面临诸多挑战。农村贫困儿童生活保障、留守儿童安全、流动儿童公平教育、残障及五保儿童基本保障、贫困家庭代际传递对儿童冲击等方面都存在不同程度不足，社会上依然存在为数不少的拐卖儿童、弃婴等危害儿童安全的恶行。此外，由于近年来中国城乡发展差距、区域发展差距和贫富差距的不断扩大，教育、卫生等资源向城市和发达地区倾斜，导致城乡间儿童福利差距也随之扩大。中国儿童，尤其是贫困农村儿童发展依然面临严峻挑战。中国政府对此也有清晰判断，《中国儿童发展纲要（2011—2020）》明确提出"解决儿童发展面临的突出问题，促进儿童的全面发展和权利保护，仍然是今后一个时期儿童工作的重大任务"。

2011年年底，中国政府颁布了《中国农村扶贫开发纲要（2011—2020）》，明确中国农村减贫重点将集中于14个连片特困地区，涉及贫困人口约1.2亿。2013年，中国政府提出将提高减贫工作的针对性和精准度，识别不同群体并出台更具"瞄准性"的减贫政策。为了辨识重点贫困地区中儿童生存现状，分析新减贫阶段中农村儿童发展的政策需求，促进中国农村儿童福利增长，研究团队在连片特困地区开展了贫困农村儿童生存及发展状况调研。

本章试图系统梳理中国儿童保护的政策体系，全景式描绘中国农村儿童的生存与发展现状，结合本研究的成果，力求从政策支持视角总结分析现存不足及其原因，并提出促进中国农村贫困儿童福利增长的政策建议。同时，也期待以此报告与国际社会分享中国促进儿童福祉保障与发展的成功经验，共同促进全球儿童保护事业的更好发展。

二 中国农村儿童发展成效

在中国政府与社会各界的共同努力下，中国农村儿童在基本生活、教育、医疗等各方面的发展均取得了显著成绩。受到保障的农村弱势儿童数量不断增加，保障范围逐渐扩大，保障水平也持续提高。政府与社会力量在弱势儿童救助方面发挥了各具优势的推动作用。

（一）基本生活保障

政府投入力度加大，受保障贫困儿童规模增加，儿童基本生活得到保障。

农村居民最低生活保障制度是保障贫困儿童基本生活的基础性制度安排。除了面向低保家庭儿童实施救助之外，该项制度还将符合条件的孤儿、受艾滋病影响儿童等纳入保障范围。农村五保供养制度与孤儿基本生活保障制度则专门规定了孤儿生活保障。政府也出台了针对受艾滋病影响儿童的生活保障规定。此外，中国政府针对农村义务教育阶段学生推行营养改善计划，为贫困儿童提供了一定的营养保障。

享受低保儿童数量增加，受保障水平逐年提升。农村最低生活保障制度是贫困人群维持基本生活的"兜底网"。自2007年以来，中国政府对这项制度的投入逐年增加，受保障对象规模不断扩大，农村贫困儿童享受低保救助的数量也随之增加。民政部公布的数据显示，低保财政投入从228.7亿元（2008年）增加到了713.6亿元（2013年）；获得农村低保救助的儿童数量从26.3万（2007年）增加到了61.4万（2013年）；同时低保补助标准也从全国人均每月82.3元（2008年）增加到人均每月202.8元（2013年）。虽然贫困地区农村低保救助的标准依然相对较低，但是直接发放到户的低保救助金是贫困家庭现金收入的重要来源之一，对缓解家庭经济压力起到了重要作用。

向孤儿发放基本生活费，确保孤儿基本生活保障。2010年，中国民政部、财政部发布《关于发放孤儿基本生活费的通知》，启动孤儿基本生活费发放。2011年，中央财政提高了孤儿补助标准，补助资金总额达 25 亿元,全国共有 65.5 万名孤儿从中受益。① 到 2012 年年底,中国各省区市内孤儿基本生活费标准均达到每人每月 600 元以上。此项政策虽然实施仅 4 年时间,但将基本生活费直接发放到孤儿家庭的方式极大地缓解了其家庭的生计压力。

受艾滋病影响儿童获得基本生活费。国际社会通过的"适合儿童生长的世界行动计划"中,将艾滋病防治列为应确保儿童权益、改善儿童生存状况的四个重点领域之一。2004 年,民政部发布《民政部关于加强对生活困难的艾滋病患者、患者家属和患者遗孤救助工作的通知》;2012 年,民政部和财政部联合下发《民政部财政部关于发放艾滋病病毒感染儿童基本生活费的通知》,这两项政策旨在向受到艾滋病影响的人群,特别是儿童实施救助,以保障其过上适当水平的生活。以中部地区河南省为例,2010 年,全省共有艾滋病致孤儿童 2891 人,艾滋病导致的单亲家庭未成年子女 5878 人,儿童感染者 2153 人,全省受艾滋病影响的儿童约 4 万人。② 目前,河南省艾滋病致孤儿童已全部纳入国家孤儿保障范围,其中家庭养育孤儿保障标准为最低每月 600 元/人、机构养育孤儿保障标准为最低每月 1000 元/人;因艾滋病导致的单亲家庭未成年子女每人每月享受 200 元的生活救助;艾滋病感染儿童每月可以得到 200 元的生活补贴。③

实施贫困地区儿童营养改善计划,不仅促进了儿童膳食营养,还在一定程度上改变了山区儿童的不良饮食行为和习惯。针对贫困地区生活条件差、儿童营养不良现象严重等问题,2011 年 11 月,中央政府发布了《国务院办公厅关于实施农村义务教育学生营养改善

---

① 陈鲁南:《坚持"儿童优先"原则,着力加强孤儿保障工作》,《社会福利》2011 年第 12 期。
② 《河南:4 万名受艾滋病影响的儿童得到救助》,浙江在线健康网,http://health.zjol.com.cn/05zjhealth/system/2010/01/30/016281503.shtml。
③ 《河南省艾滋病患者生活补助每月由 20 元提高到 200 元》,中国红丝带网,http://www.chain.net.cn/zhxw/xwbd/36302.htm。

计划的意见》，从当年秋季学期起，由中央财政拨款，在全国集中连片特困地区启动"农村义务教育学生营养改善计划"试点工作。中央财政每年提供160多亿元专项资金，为680个贫困县所有接受义务教育阶段的农村学生提供每人每天3元的营养膳食补助，受益学生总计达到2600多万，占中西部农村学生总数的近30%。2012年，政府提高了针对贫困家庭寄宿生的补助标准，达到小学每生每天4元，全年1000元；初中每生每天5元，全年1250元。政策试点地区（680个贫困县）原本就已享受补助寄宿生活费的学生，依然同时享受每天3元的营养膳食补助，两项相加，贫困地区每生每天能享受7—8元国家补助，基本可以解决在校膳食问题。实施营养餐计划有效地改变了山区孩子普遍不吃早饭、不按时吃饭、饮食营养摄入不足等不利于健康的饮食行为。不久之后，儿童营养改善计划将学龄前儿童也纳入政策范围。2012年10月起，中国政府优先选择10个省的100个贫困县作为试点，组织实施"贫困地区儿童营养改善项目"，由中央财政提供项目经费1亿元，为6个月至2岁婴幼儿每天提供一个富含蛋白质、维生素和矿物质的营养包，同时开展儿童营养知识的宣传和健康教育，努力改善贫困地区儿童营养健康状况。2013年，该项目范围已经扩大至21个省份的300个县，中央财政专项补助经费也增加到3亿元。截至2013年12月底，该项目受益儿童数量已经达到40万。①

（二）儿童教育

"两免一补"政策与教育救助政策互相配合，减轻了贫困家庭的教育负担，农村儿童义务教育入学率得到较大提高；义务教育注重保障性别均衡；留守儿童日益受到政府和社会的关注。

2001年，中国农村全面实施"两免一补"政策——免除农村

---

① 《农村儿童低体重率和生长迟缓率约为城市的3至4倍》，网易，http://money.163.com/14/0210/18/9KOAFEUD00253B0H.html。

义务教育阶段学生的学费与教科书费（两免），并向农村义务教育阶段贫困家庭寄宿学生提供生活补贴（一补）。2004年，中国政府对农村特殊困难未成年人的教育救助做出了正式的制度安排，以加强保障农村贫困儿童的受教育权益。2006年，中国政府开始免除西部地区农村义务教育阶段学生学杂费计划；2007年，该计划扩大到中部和东部地区；2008年，全国城乡中小学生实现免费义务教育。上述政策极大地减轻了农村贫困家庭的教育负担，全国贫困地区农村儿童入学率得到显著提升（见图6-1）。

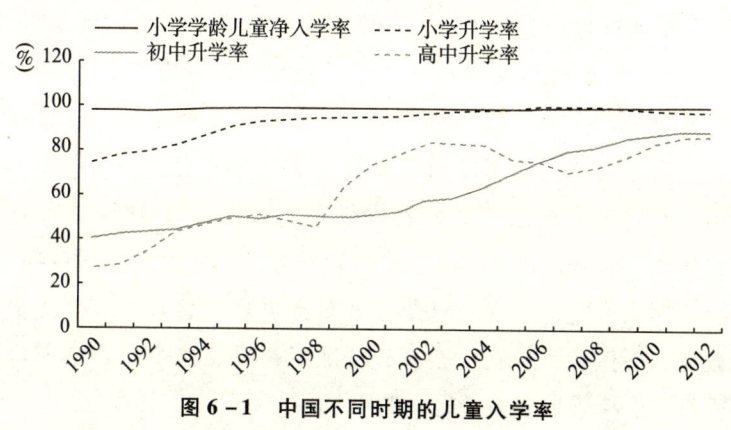

图6-1 中国不同时期的儿童入学率

资料来源：《中国统计年鉴2013》，中国统计出版社，2013。

农村女童教育得到政策关注，义务教育实现了性别均衡和公平发展。 中国政府通过鼓励开设女子学校、女童班、设立女童教育基金等多种方式确保女童受教育权。目前全国小学适龄女童净入学率达到99.58%，高于男童0.08个百分点；初中女童毛入学率也达到了95%左右，与男童无明显差异。[①] 2010年，中国义务教育阶段（7—15岁）女童在校率为97.6%，仅比男童低了0.2个百分点。其中，小学阶段（7—12岁）女童在校率为98.2%，初中阶段（13—

[①] 《我国小学适龄女童净入学率已高于男童》，中青在线，http://zqb.cyol.com/content/2010-11/06/content_3439176.htm，2010年11月6日。

15岁）女童在校率为96.7%。① 由中华全国妇女联合会和中国儿童少年基金会共同发起的、旨在救助贫困地区女童的公益项目——"春蕾计划"为贫困地区女童返校做出了重要贡献。自1989年项目启动到2013年年底，"春蕾计划"已捐建1200多所春蕾学校，资助240多万贫困女童的学费和生活费，为40余万女童提供了实用技术培训。②

留守儿童问题日益受到政府与社会各界关注。随着中国社会经济快速发展、城镇化转型以及农村家庭结构的变化，中国农村留守儿童问题日益凸显。目前，中国农村留守儿童已达到6000多万，③ 留守儿童的生活照料、安全、心理、教育等问题也日益突出。自2002年以来，在媒体和学界的持续呼吁和推动下，农村留守儿童问题逐渐引起了政府以及社会各界的广泛关注。2006年，中国妇女联合会提出"关爱农村留守儿童行动"，得到了政府部门、学校、媒体、社会组织、志愿者群体等各界力量的积极响应。社会各界从不同角度为农村留守儿童提供家庭教育、学校文化知识教育、心理教育、安全教育、社区照料以及夏令营、冬令营等关爱行动，探索出了多样化的支持方法。

（三）儿童医疗

新型农村合作医疗制度保障了贫困地区儿童获得基本医疗卫生服务的权利，患大病、特殊病种、艾滋病等特殊儿童群体均得到相应的救助与保障，既保障了儿童健康，又减轻了家庭在儿童医疗方面的负担。

---

① 国家统计局住户调查办公室：《2011年中国农村贫困监测报告》，中国统计出版社，2011，第37页。
② 《春蕾计划简介》，中国妇女网，http://www.women.org.cn/zdzl/gyxm/cljg/cljg-gc/index.shtml。
③ 全国妇联课题组：《我国农村留守儿童、城乡流动儿童状况研究报告》，http://acwf.people.com.cn/n/2013/0510/c99013-21437965.html。

目前，中国已将贫困儿童（包括贫困家庭儿童、孤儿、患大病儿童、受艾滋病影响儿童）纳入农村医疗救助制度的保障范围。中国政府不仅出台政策确保上述各类儿童能够参加新型农村合作医疗制度，以获得基本的医疗服务。同时，还出台专门针对儿童的大病救助制度，2012 年，农村儿童大病医疗保障将保障病种扩大到 20 种。截至 2012 年上半年，有 343641 名患者被纳入大病医疗保障制度，4100 多个白血病患儿和 1.4 万多个先天性心脏病患儿获得了补助，儿童白血病的实际报销比达到了 74.1%，先心病实际报销比达到了 77%。[①] 这些补助措施有效地减轻了患儿家庭的医疗负担。

向受艾滋病影响儿童提供分类救助的医疗保障制度。对感染艾滋病的儿童，提供免费的抗病毒治疗和抗机会性感染治疗；艾滋病致孤儿童可享受孤儿的基本医疗保障；对于其他受艾滋病影响的贫困家庭儿童，资助其参加新型农村合作医疗，提供基本的医疗保障，并纳入农村医疗救助体系。

针对患有特殊病种的儿童，政府提供政策平台推动社会力量资助他们得到医疗救助和多类康复服务，并合作开展儿童医疗救助行动。民政部门推动的针对残疾孤儿的医疗救助行动——"明天计划"、民政部与李嘉诚基金会合作针对全国贫困家庭唇腭裂儿童手术康复的"重生行动"、中国残疾人联合会推动的"贫困聋儿人工耳蜗抢救性康复"等大大提高了特殊病种贫困儿童获得医疗救助和康复的机会。

（四）特别脆弱儿童群体生存和发展得到全面保障，保障规模逐年提升

孤儿、五保儿童、受艾滋病影响儿童是弱势群体中的弱势群体，中国政府通过出台相应的救助保障政策，为这些特别脆弱儿

[①]《卫生部农卫司司长杨青谈新农合制度实施 10 周年》，中国政府网，http://www.gov.cn/zxft/ft232/wz.htm。

童提供覆盖基本生活、教育、医疗、住房和就业等的全方位制度保障。以农村五保供养制度为例，2007年该项制度供养的未成年人为20.8万，到2013年提高至23.9万。农村五保供养儿童有分散供养和集中供养两种方式，以分散供养为主。这两种供养方式的标准近年来均不断提高，从2009年到2012年短短三年间，中国农村五保集中供养和分散供养补贴标准分别提高了57%和63.2%（见图6-2）。2010年，民政部、财政部发布《关于发放孤儿基本生活费的通知》以来，全国各地陆续建立起适合当地情况的孤儿基本生活保障制度。为保证全国各地针对孤儿的补助相对公平，中央政府专门向经济落后的中西部地区提供一定补贴，且补助标准不断提高，对东部、中部和西部地区孤儿补助标准分别从2010年的月人均180元、270元、360元提高到2012年的200元、300元和400元，提高幅度超过10%（见图6-3）。[①]

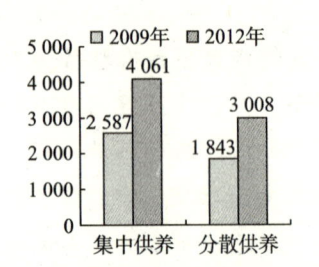

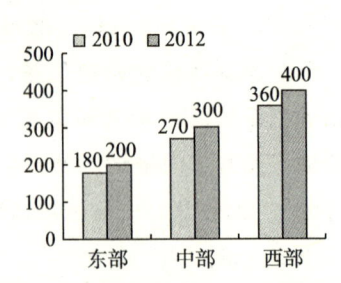

图6-2 农村五保供养年人均标准增长对比图（2009与2012年）

图6-3 中央政府对东、中、西部孤儿补贴标准增长对比图（2010年与2012年）

（五）中国民间力量在儿童教育、营养和健康以及弱势儿童关爱等领域做出了重要贡献，有效促进了对儿童福利的政策性保护

在中国几乎家喻户晓的"希望工程"由民间机构——中国青

---

① 《2011年孤儿基本生活补助提高 65.5万名孤儿受益》，中华人民共和国中央人民政府网，http://www.gov.cn/jrzg/2011-07/26/content_1913736.htm。

少年发展基金会发起。自 1989 年启动至 2013 年，25 年来，全国希望工程累计接受捐款 107.25 亿元，累计资助支出 99.19 亿元，资助学生 519 万名，援建希望小学 1.86 万所，援建希望工程图书室 2.18 万套、希望厨房 4111 个、快乐体育 7106 套、快乐音乐 1083 套、快乐电影 610 套、电脑教室 1103 套。① 近年来随着进城务工农民子女问题凸显，城市地区逐渐活跃起大量为流动儿童提供服务的多个非政府机构。在贫困地区儿童营养、基础教育质量改善等领域，不同类型民间机构也在积极行动，成为促进中国儿童健康、公平发展的重要力量。

案例 6-1："免费午餐计划"——本土民间力量在儿童保护和发展中的作用

2011 年 2 月，中国发展研究基金会一项关于中国贫困地区学生营养状况的调查报告显示：受调查学生中 12% 发育迟缓，72% 上课期间有饥饿感；学校男女寄宿生体重分别比全国农村学生平均水平低 10 公斤和 7 公斤，身高低 11 厘米和 9 厘米。报告指出，中国中西部贫困地区儿童营养摄入严重不足，儿童贫困将导致未来人力资本的巨大损失，加剧贫困的代际传递。

同年 4 月，由邓飞等 500 名记者、国内数十家主流媒体，联合中国社会福利基金会发起"免费午餐基金公募计划"，倡议每天捐赠 3 元为贫困学童提供免费午餐。自 2011 年 4 月正式启动至 2013 年 11 月底，募款超过 7000 万元，累计开餐学校超过 350 所，帮助孩子们免于饥饿，享有热腾腾的免费午餐。更富成效的是，这项计划直接影响国务院于 2011 年秋季启动实施"农村义务教育学生营养改善计划"，首批试点选择在全国 680 个贫困县，覆盖 2600 万在校生，大规模改变了中

---

① 《简介》，中国青少年发展基金会官网，http://www.cydf.org.cn/。

国乡村儿童营养状况。

（资料来源："免费午餐"官网，http://www.mianfeiwucan.org/home/help/help1/。）

案例 6-2：乐施会在西部农村基础教育领域的行动

乐施会是中国较早关注贫困儿童教育的国际非政府组织之一。自 20 世纪 80 年代在中国大陆开展扶贫工作以来，乐施会与各级政府部门、大学研究机构、社会团体积极合作，采取直接服务、调查研究、政策倡导等多种工作方法，开展促进教育公平和推动提高偏远农村及城市农民工子女基础教育质量的工作。

除持续性援建偏远地区校舍等基础设施投入外，乐施会注重支持农村学校师资建设，开发适合本地民族文化与生态环境发展的乡土课程，并会根据边远校点的不同需求，探索为教学点教师提供复式教学方法①培训，提升复式点教学质量。随着中国近年来出现的农村空心化现象越发严重，乐施会亦积极回应需求，与各界伙伴共同探索西部农村留守儿童基于学校、家庭和社区三位一体的教育模式及关爱体系。此外，乐施会注重通过支持调查研究、政策建议和媒体宣传等多种工作方法，推动政府及社会资源更多地投放到偏远贫困地区，以推动中国农村教育政策完善，保障弱势儿童平等享受教育的权利。

（资料来源：香港乐施会）

民间力量在儿童福利领域的参与更为积极活跃。根据服务对象不同，可以大致将非政府儿童福利机构工作分为以下几类：①服务所有弱势儿童类，例如项目覆盖中国 20 多个省市的英国救助儿童

---

① 复式教学（combined instruction）是把两个或两个以上年级的学生编成一班，由一位教师使用不同教材，在同一节课里对不同年级的学生进行教学的组织形式。

会，关注对象从流浪儿童、残疾儿童到被拐卖儿童；②专门服务孤儿、流浪儿童等无人抚养的儿童类，如中国孤儿救助协会；③服务服刑人员子女类，如太阳村，主要致力于救助服刑人员无法抚养的子女；④服务有生理缺陷的儿童类，如慧灵智障儿童服务机构、星星雨教育研究所等，主要为儿童家长提供咨询和家庭训练指导服务，为教育人员养护缺陷儿童提供行为技巧培训；⑤服务受艾滋病影响儿童类，这类组织主要是随着目前中国艾滋病人数量逐年上升而出现的一类组织，如东珍艾滋孤儿学校、儿童心理研究所等；⑥服务权益被侵害儿童类，如青少年法律援助中心，注重为所有权利受到侵害的青少年提供法律帮助等。①

三 中国农村儿童发展需要特别关注的问题

虽然中国已形成较全面的儿童救助制度框架，并在儿童发展方面取得了较好成效，但是中国农村地区仍然生活着为数众多的弱势儿童及各类特别脆弱儿童群体，如孤儿、五保儿童、残疾儿童、贫困儿童、留守儿童以及受艾滋病影响儿童等，数量还较为庞大。同时，贫困地区农村儿童的基本生活、教育、医疗、安全与社会参与等方面也依然面临不少问题，需要政府及社会各界在儿童福利与发展领域给予更多政策支持和行动援助。

表6-1 中国各类弱势儿童群

孤儿	民政部门登记在册的孤儿人数从57.4万（2005年）上升至71.2万（2010年）。
农村五保儿童	到2012年年底，中国农村五保供养孤儿总计约26.93万人，其中集中供养约6.35万人，分散供养约20.58万人。

---

① 王振耀等：《中国儿童福利政策报告（2011）》，北京师范大学壹基金公益研究院，2011年6月。

续表

残疾儿童	0—17岁的各类残疾儿童共计504.3万,大约占残疾人总数的6.08%,其中0—14岁残疾儿童有386.78万,占到0—14岁儿童总数的4.66%。
贫困儿童	2011年,中国贫困儿童1500万,其中西部贫困儿童760万。贫困地区儿童生长速度较慢,与世界卫生组织标准相比:低体重率达到12%—36%,生长迟缓率是城市儿童的6倍,维生素A缺乏率是城市儿童的4倍。
农村留守儿童	中国农村留守儿童6102.55万,占农村儿童37.7%,占全国儿童21.88%。①
受艾滋病影响儿童	2010年年底,中国受艾滋病影响儿童有49.6万—89.4万,其中有2万—2.7万艾滋病遗孤。

资料来源:北京师范大学、联合国儿童基金会:《中国儿童福利政策报告(2011)》,2011年6月。

(一) 农村贫困家庭儿童缺乏基本生活照料的状况相当严重

现代化和城镇化迅速推进、城乡二元结构等因素导致的农村家庭结构变化使得贫困地区农村儿童生活照料模式正在发生较大变化,单亲照料、隔代照料、儿童自我照料和逆向照料等现象日渐增多,对儿童安全与健康造成相当大的潜在威胁。

贫困地区农村儿童生长发育状况令人担忧,0—3岁婴幼儿营养和生长发育状况亟须进行干预。由于自然环境恶劣、家庭经济困难、地方特有的生活习惯、家长缺乏儿童抚养知识、父母忽视儿童饮食营养搭配等,贫困农村儿童在饮食和营养健康方面存在不按时吃饭、饮食结构单一等诸多问题。2013年乐施会支持的中国农业大学在中国62个贫困县、108个乡镇调查发现,多达43.9%的0—3岁儿童家长或监护人不了解或者不清楚儿童饮食和营养搭配知识;53.0%的

---

① 全国妇联课题组:《我国农村留守儿童、城乡流动儿童状况研究报告》,人民网,http://acwf.people.com.cn/n/2013/0510/c99013-21437965.html,2013年5月。

4岁以上儿童家长不考虑儿童饮食的营养搭配。全国妇联的一项研究也发现中国儿童营养状况存在明显的城乡差异和地区差异，贫困农村儿童营养问题更为突出。2010年中国贫困地区5岁以下儿童中尚有20%存在生长迟缓；6—12月龄农村幼儿贫血患病率高达28.2%，13—24月龄幼儿贫血患病率也高达20.5%。[1]

贫困农村儿童日常卫生习惯较差，部分儿童过早承担家庭生计重担，不利于儿童健康发展。日常生活中良好的卫生习惯可以极大地减少儿童患肠道疾病、寄生虫病以及口腔疾病的可能。家长或监护人自身不卫生的生活习惯会影响儿童良好卫生行为的养成，由于生计压力和卫生知识缺乏，贫困农村地区很多家长并不在意培养孩子的卫生习惯。北方农村缺水等自然条件也是儿童卫生习惯的不利影响因素。2013年我们在贫困村近千份问卷的分析中发现，4岁以上儿童中仅有59.4%养成了饭前洗手的习惯，32.6%的儿童经常直接饮用生水。在农村贫困家庭中，"儿童"不是一个单纯需要被照顾和被保护的对象，他们普遍要在家庭生活中承担一定家务活、农活，以帮助家庭减少生活压力。一些地区甚至出现家庭贫困导致儿童提前进入劳动力市场成为"童工"，承担起成年人的生活负担的现象，虽然中国政府严格禁止用人单位雇用未成年人，但这种现象在一些地区仍然时有发生。

（二）学龄教育取得良好进展的同时，家庭教育普遍被忽视或方式不当、学前教育可获得性较低以及非义务教育成本过高等问题均需要加大政策关注

家长是孩子的第一位老师，良好的家庭教育是优化儿童心灵、促进儿童健康成长的催化剂。但是我们在123个贫困村的调研显示，很多家长没有认真考虑孩子的早教需求，大多数家庭只能在

---

[1] 《农村儿童低体重率和生长迟缓率约为城市的3至4倍》，网易，http://money.163.com/14/0210/18/9KOAFEUD00253B0H.html。

自己有限的经济能力内尽量多给儿童一些陪伴和物质补偿。很多家长将"看电视"作为"让儿童安定下来"的好方法，或者是让孩子开心的方法。由于贫困农村中相对单一的生活环境和艰苦的生活条件与电视中纷繁多样的世界形成了鲜明对比，儿童更易于被电视中的景致和人物吸引，父母与儿童之间缺乏直接而充分的交流。在孩子犯错误或者任性时，家长的教育方式会对孩子心理成长产生较大影响，然而"打骂"等暴力教育方式依然受到了贫困地区农村家长的"青睐"，有将近一半（44.5%）的家长仍然坚持"好孩子是打出来的"的传统教育观念。

学前教育覆盖面严重不足，贫困家庭难以负担其开支。在偏远山区，农村儿童入园率仅为66%，主要原因在于"没有幼儿园"，或者当地幼儿园难以保证饮食健康、路途安全等。中国虽然已经全面普及免费义务教育，但是学前教育费用并没有被纳入义务教育范畴，该项开支依然需要家庭自行承担。我们的调查发现，贫困农村家庭需要为孩子学前教育平均每月支出304元/人，这笔开支对于贫困农村家庭而言无疑是非常沉重的负担，经济上的重负导致部分孩子被排斥于学前教育大门之外。

非义务教育成本偏高阻碍了青少年能力的进一步提高。受益于"两免一补"和免费义务教育政策，农村贫困儿童义务教育已基本全覆盖，但进入高中及以上非义务教育阶段，由于所需的经济投入大幅提高，有时甚至造成部分贫困学生辍学。此外，学生厌学、家庭原因、打工挣钱及社会因素也是青少年难以继续升学的影响因素。我们2013年的调查发现，大多数贫困农村儿童（74.5%）喜欢读书，但是种种因素（如缺少辅导与补习、课外书比较少、监护人缺乏引导、逃课上网等）影响了他们的学习成绩。

（三）儿童医疗服务可获得性与及时性依然亟须提高

贫困农村家长普遍缺乏儿童健康保健常识及儿童疾病预防知识，常认为"孩子只要能吃能睡，没什么大病就是健康"。除学校、医疗站等组织免费接种疫苗外,贫困农村家长很少知道该给孩子接种哪些疫苗,绝大多数家长不会主动带孩子体检。实地调查发现受访贫困农村仅有4.7%的家长定期带孩子去医院做身体检查,高达56.9%的家长在孩子出生后从没有专门带孩子做过体检。

部分贫困地区儿童生病后不能得到及时救治,虽然比例仅为受访总量的3.3%,但其后果对儿童身心健康影响甚大。究其原因,一是家长因各种原因未能及时发现孩子患病;二是家住偏远山区,交通不便耽误送治;三是家庭贫困,难以迅速筹集到看病所需钱款耽误治疗。虽然儿童可以参加新型农村合作医疗,但是尚有13.0%的受访贫困农村儿童没有参加新农合,8.2%接受调查儿童虽然参加了新农合,但是由于所看病种不在新农合保障范围内、距离指定医疗机构较远、报销要求较多、程序较为烦琐、报销内容有限制等,家长最终不得不放弃报销。

(四)在农村空心化、老龄化背景下,疏于被照顾的儿童面临的安全问题不容忽视

在当前农村人口大量外流,农村空心化、老龄化十分普遍的情况下,监护人对乡村儿童的监护还存在很多不足,超过半数(59.3%)的受访监护人有将年幼儿童单独留在家中玩耍或者任由孩子独自玩玩具的经历。众所周知,由于儿童尚无能力辨识周边危险情境,上述监护人缺乏儿童安全意识的不当照顾行为会给孩子身心安全带来隐患。

学校中的安全教育也不容乐观,虽然部分学校已经开设了安全教育课程,但仍然有接近半数的受访学校没有开展过相关教育。另外,在农村复杂多样的环境下,儿童是否能够灵活应用所学安全知识也需要进一步考察。近年来,儿童交通意外事故、女童遭性侵等事件常见诸报端,应引起各方高度关注。目前,意外伤害已成为中国0—14岁儿童死亡的首位原因,每年总计约超过20万0—14岁儿童因意外伤害而死亡(死亡率为67.13/10万),每三位死亡儿童中就有一位是由意外伤害造成的。据报道,过去三年中,广东省有2506名女童被性侵,其中近半数受害者为14岁周岁以下女童,在校学生居多,性侵女童者65.74%是熟人,包括儿童的邻居、朋友、亲属、父母同事以及老师等。[1]

(五) 乡村地区缺乏娱乐设施,儿童精神生活单一

相对于过去,贫困农村儿童上网和看电视的时间都迅速增加。2013年调研发现,贫困农村学龄儿童每天看电视时间平均为2小时,远高于1999年"当代中国少年儿童发展状况"课题组得出的平均每天看电视47.35分钟。[2] 同时,本次调研还发现,贫困农村儿童每周上网时间为0.8个小时,也远高于2001年《中国妇女报》得出的每天平均上网3.8分钟。[3] 本次调研中上网时间最多的儿童每周上网时间高达48小时。

随着现代化的扩张和城镇化的推进,农村传统文化生活和氛围正在逐渐消失,乡村儿童正在远离其父辈幼时的种种娱乐活动。遗憾的是,现代文化娱乐设施、儿童教育实践基地等基础设施在农村社区建设步伐缓慢,当地缺乏可供儿童娱乐和课外学习的场所。加上家庭经济条件限制、"考分至上"等教育观念的影响,农村儿童家长和学校往往更强调儿童的学习成绩,而不注重儿童的全面发展。相对于城市儿童,贫困农村儿童在与其他儿童交往、与父母外出游玩和参加学校组织活动方面仍有较大欠缺。2013年我们的调查中,64.1%的受访儿童表示自己假期最想做的事情是和小伙伴玩耍,但实际上只有38.3%的儿童能够有充足时间和其同伴玩耍,有33.6%的儿童要在家做作业,17.9%的儿童要帮助父母做家务。虽然75.5%的受访儿童有跟随父母

---

[1] 《广东省发布女童遭受性侵害报告》,搜狐网,http://news.sohu.com/20120424/n341427923.shtml。

[2] 孙云晓等:《你了解今天的中小学生吗?》,《中小学生管理》1999年第11期,第2—8页。

[3] 《中国少年儿童素质状况抽样调查情况报告》,《中国妇女报》2001年12月5日。

出游的经历，但仅有35.7%的儿童去过游乐场、动物园等游乐场所，有72.2%的受访学龄儿童表示从没有出过本市。受访学龄儿童中，超过50%的学龄儿童没有参加过校内任何课外竞赛活动；同时，高达62.1%的学龄儿童从来没有参与过学校组织的参观博物馆、少年宫等城市儿童习以为常的课外活动。

（六）儿童救助领域的政策设计与执行机制需要进一步系统化和综合化

中国儿童救助机制与政策在20世纪90年代后逐渐健全，但针对农村贫困儿童的社会救助政策迄今依然分散在各个相关部门，没有形成体系化的制度安排。目前，国务院妇女儿童工作委员会主要负责协调政府各部门发展妇女儿童事业，尚缺乏一个专门负责贫困儿童救助和保护、具有行政权力的工作机构，各地在儿童保障标准方面的差异也较大，这些因素可能会进一步加大不同地区儿童福利待遇的差距。

中国政府已经从基本生活、教育、医疗健康等各方面促进农村贫困儿童保障事业的发展，现有救助政策在贫困儿童基本生活保障方面成效显著。相比之下，日益高涨的农村学龄前教育成本令贫困家庭难以负担，对此问题尚缺乏针对性的政策回应。目前政府提供的医疗救助水平较低、申请程序烦琐，间接减少了受益儿童数量。在制度设计中，社会力量应是农村贫困儿童社会救助的重要力量，但是从目前政策的实施情况来看，社会力量在农村贫困儿童救助方面的政策空间有限，其作用尚未得到充分发挥。

在政策实施方面，家长、监护人对保障儿童基本权益的法律法规和各项贫困儿童救助制度的了解程度都比较低。2013年接受调研的农户家长超过半数"不太了解""没听说过"相关法律和政策（见图6-4、图6-5）。政策实施过程中存在的"应保未保""报销过程不顺""政策需求大，但保障规模小，很多贫困儿童被排除在救助范围之外""保障水平低"等问题，也使得享受到儿童政策保障的家长或监护人对政策实施满意度不高。因此,进一步完善农村贫困儿童救助制度,创新救助机制,同时提高儿童家长对于相关政策的了解和理解,将是下阶段促进儿童救助领域工作应关注的重要方面。

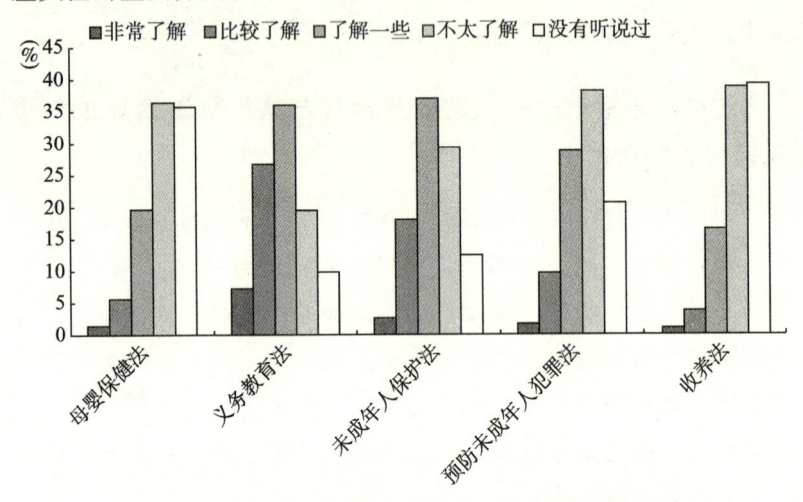

图 6-4　农村地区儿童家长对儿童支持性法律了解程度

数据来源:2013 年中国连片特困地区开展贫困儿童生存及发展状况调研

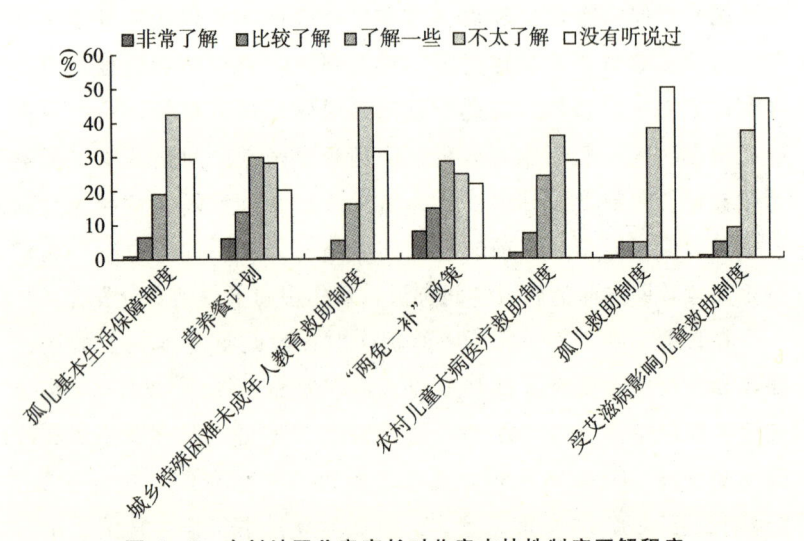

图 6-5　农村地区儿童家长对儿童支持性制度了解程度

数据来源:2013 年中国连片特困地区开展贫困儿童生存及发展状况调研

四 中国促进儿童发展的经验和挑战

伴随着多年持续性的经济高速增长，中国的绝对贫困现象已被基本消除，针对各类贫困群体的扶贫开发政策和普惠性社会保障制度也在逐步健全与完善。与此同时，中国政府高度重视儿童权益保障及促进儿童发展的工作，先后出台了一系列政策法规，并采取了设立专项资金、鼓励社会力量多方投入等行动和措施。在多方努力的综合作用下，中国儿童的整体发展水平得到了很大的提高。但我们同时也应看到，受城乡二元结构、东西部发展不平衡、城乡居民收入差距不断扩大以及社会阶层固化等多重因素的影响，中国社会中弱势儿童群体数量依然庞大，儿童公平发展仍然面临重大挑战。

（一）中国保障儿童权益、促进儿童发展的经验

经济保持长期快速发展和大规模减贫目标的实现，是中国儿童发展的前提和保障。中国改革初期的经济增长，是利于减贫的增长，直接带动了中国贫困人口大幅减少。经济的快速发展带来了财政收入的大幅增长，国家有能力将更多的财政资源用于保障儿童权益，促进儿童发展。更为重要的是，过去30年绝对贫困人口的大幅度减少，意味着大规模的贫困家庭摆脱了赤贫状态，由此保证了儿童家庭可以有更多资源投入儿童的健康、教育和医疗等方面，从而促进了儿童个体的发展和人力资本的积累。

逐步建立和完善的社会保障体系，降低了贫困儿童的脆弱性，是儿童发展的制度保障。近20年来，特别是进入21世纪以来，中国逐步建立了覆盖城乡的社会保障体系，保障儿童权益、促进儿童发展的制度安排也逐步建立，并不断完善。迄今为止，中国各级政府已经建立了涉及儿童基本生活保障、教育、医疗以及特别脆弱群体救助的社会保障体系，而且覆盖范围不断扩大，保障水

平逐步提高。尽管这些制度安排还存在城乡保障标准不一致、保障水平偏低、救助程序较烦琐等诸多不足，但是社会保障体系的建立和完善，正使得越来越多的贫困儿童及其家庭受益，能够有效降低弱势儿童及其家庭的脆弱性，防止其因自然、社会等各种冲击而再度陷入贫困。

儿童权益保障及发展事业得到社会各界的共同努力和推动。除了政府在制度建设、资金支持等方面做出的努力，中国社会各界，尤其是民间组织，在儿童教育、营养和健康以及弱势儿童关爱等领域做出了突出贡献。民间机构发挥其服务群体瞄准度高、与国际通行方法对接灵活通畅、便于在基层社区开展前沿试点并总结经验等种种优势，既满足了一些国家政策有所疏漏的社区服务需求，又基于行动经验向政府部门提交政策调整建议。在民间组织的推动下，一些有利于儿童福利和权益保障的政策陆续出台，政府和民间组织在儿童权益保障和发展领域形成了一定的良性互动，共同促进了中国儿童的发展。

（二）中国儿童发展和权益保障面临的挑战

近年来，中国在保障儿童权益、促进儿童发展方面取得了显著成效，积累的经验对其他国家的儿童发展事业不无借鉴，但是中国儿童权益保障和发展依然面临一些挑战。若不直面挑战，并做出相应调整，中国儿童的公平发展，甚至国家长期减贫和发展目标的实现都会受到负面影响。

城乡二元结构、地区间经济社会发展不平衡、居民收入差距扩大以及社会阶层固化等结构性因素的存在，是造成中国诸如留守儿童照看及安全、流动儿童教育公平、贫困家庭代际传递等诸多问题的根源。打破城乡二元结构、实现区域经济均衡发展、促进社会阶层的流动，为儿童营造公平成长的社会环境，不仅有利于中国现阶段儿童的减贫和发展，而且是促进中国儿童长远发展和实现中国长期减贫目标的必要条件。

中国农村地区仍然生活着为数众多的弱势儿童人群,但是相应的社会保障制度在一定程度上缺乏系统性和综合性。基于国际经验和中国国情,收入、健康、营养、水和卫生、教育、住所、社会保护七项儿童贫困维度中,中国现有儿童政策对于收入、教育、健康、水和卫生比较重视,儿童早期教育、营养不良、特别脆弱儿童问题(包括留守儿童、失依儿童、流动儿童等)则是儿童减贫与发展中的相对薄弱环节。此外,现有政策基本上都是针对单一维度的干预措施,往往只能保障农村儿童基本的生存需求,但是难以保证他们得到平等的发展机会。因此,需要政府及社会各界继续努力,提高政策支持的系统性及综合性,并在具体行动中对于特别脆弱儿童群体给予更具针对性的帮助,以保障他们获得与其他儿童同等的发展机会。

应扩大儿童保障及救助范围,促进试点性或局部性的儿童福利政策成为普惠性政策,以使更大范围儿童受益,打破贫困的代际传递。目前,中国部分儿童福利保障政策例如"儿童营养改善计划""两免一补"政策等主要针对区域内农村贫困儿童,这种政策安排很可能忽视区域内其他儿童的权益,造成新的不公平。覆盖全国或者地区的政策,应覆盖政策区域内的所有儿童,针对儿童的普惠性政策可以使更多的儿童受益,并促进儿童公平发展。要从政策设置中加强对贫困儿童家庭、贫困儿童母亲等与儿童成长最亲密人群的能力提升和发展支持,打破贫困的代际传递路径。

参考文献

［1］龚婷婷：《法国、美国和日本儿童福利的发展及其启示》，《教育导刊》（下半月）2010年第3期。

［2］董云、费丽娜、张永升、董孝斌、金燕：《教育扶贫的国际经验及国内实践创新研究》，《世界农业》2013第3期。

［3］林华：《拉美儿童和青少年的贫困问题》，《拉丁美洲研究》2004年第4期。

［4］薛在兴：《美国儿童福利政策的最新变革与评价》，《中国青年研究》2009年第2期。

［5］邹明明：《英国的儿童福利制度》，《社会福利》2009年第11期。

［6］董小苹、王丛彦：《中美儿童福利制度比较研究》，《当代青年研究》2011年第7期。

［7］邓元媛：《日本儿童福利法律制度及其对我国的启示》，《青年探索》2012年第3期。

［8］向美丽：《美国贫困儿童问题浅析》，《外国教育研究》2008年第10期。

［9］刘继同：《国家责任与儿童福利》，北京：中国社会出版社，2010。

［10］Laura Camfield, Natalia Streuli and Martin Woodhead, What's the Use of "Well-Being", in *Contexts of Child Poverty? —Ap-*

proaches to Research, Monitoring and Children's Participation, International Journal of Children's Rights, 2009 (17).

[11] Woodhead, M. and Faulkner. D. M. , "Subjects, Objects or Participants: Dilemmas of Psychological Research with Children," in A. James and P. Christensen (eds.), *Research with Children*, London: Routledge, 2008.

[12] National Center for Children in Poverty, Low-income Children in the United States: National and States data [EB/OL], 2007, http://www. nccp. org.

[13] UNICEF, Child Poverty in Perspective: An Overview of Child Well-Being in Rich Countries, Innocenti Report Card 7, Florence: UNICEF Innocenti Research Centre, 2007.

附 录

中国农村贫困儿童社会救助政策汇总表

救助领域	政策名称	颁布部门	主要职能部门	颁布时间
基本生活保障	《国务院关于在全国建立农村最低生活保障制度的通知》	国务院办公厅	民政部门	2007-7-11
基本生活保障	《民政部财政部关于进一步提高城乡低保补助水平妥善安排当前困难群众基本生活的通知》	民政部、财政部	民政部门、财政部门	2008-2-3
基本生活保障	《民政部财政部关于发放孤儿基本生活费的通知》	民政部、财政部	民政部门、财政部门	2010-11-26
基本生活保障	《关于进一步规范城乡居民最低生活保障标准制定和调整工作的指导意见》	民政部、国家发展改革委、财政部、国家统计局	民政部门、财政部门	2011-5-11
基本生活保障	《国务院办公厅关于实施农村义务教育学生营养改善计划的意见》	国务院办公厅	教育部门等	2011-11-23
基本生活保障	《关于印发〈农村义务教育学生营养改善计划实施细则〉等五个配套文件的通知》	教育部等15部门	教育部门等	2012-5-23

续表

救助领域	政策名称	颁布部门	主要职能部门	颁布时间
基本生活保障	《国务院关于进一步加强和改进最低生活保障工作的意见》	国务院	民政部门	2012-9-1
基本生活保障	《民政部财政部关于发放艾滋病病毒感染儿童基本生活费的通知》	民政部、财政部	民政部门、财政部门	2012-10-23
基本生活保障	《教育部、财政部关于进一步加强和规范农村义务教育学生营养改善计划学校食堂建设工作的通知》	教育部、财政部	教育部门、财政部门	2012-12-12
教育	《国务院关于基础教育改革与发展的决定》	国务院	教育部门等	2001-5-29
教育救助	《关于进一步做好城乡特殊困难未成年人教育救助工作的通知》	民政部	民政部门、教育部门	2004-8-27
教育救助	《关于加快国家扶贫开发工作重点县"两免一补"实施步伐有关工作的意见》	财政部、教育部	财政部门、教育部门	2005-2-2
教育	《国务院关于深化农村义务教育经费保障机制改革的通知》	国务院	教育部门等	2005-12-24
家庭教育	《关于大力开展关爱农村留守儿童行动的意见》	全国妇联	妇联	2006-7-17
教育救助	《教育部办公厅关于义务教育阶段农村地区中小学校不得收取2008年春季教科书费的紧急通知》	教育部办公厅	教育部门	2008-11-12
学前教育	《国务院关于当前发展学前教育的若干意见》	国务院	教育部门	2010-11-21

续表

救助领域	政策名称	颁布部门	主要职能部门	颁布时间
学前教育	《关于加大财政投入支持学前教育发展的通知》	财政部、教育部	财政部门、教育部门	2011-9-5
学前教育	《财政部、教育部关于建立学前教育资助制度的意见》	财政部、教育部	财政部门、教育部门	2011-9-5
教育救助	《教育部等5部门关于加强义务教育阶段农村留守儿童关爱和教育工作的意见》	教育部、中华全国妇女联合会、中央社会管理综合治理委员会办公室、共青团中央、中国关心下一代工作委员会	教育部门、中华全国妇女联合会、中央社会管理综合治理委员会办公室、共青团中央、中国关心下一代工作委员会	2013-1-4
医疗救助	《关于实施农村医疗救助的意见》	民政部、卫生部、财政部	民政部门、卫生部门、财政部门	2003-11-18
医疗救助	关于印发《"残疾孤儿手术康明天计划"实施方案》的通知	民政部	民政部"明天计划"办公室	2004-5-9
医疗救助	《民政部、卫生部关于做好"残疾孤儿手术康复明天计划"实施工作的通知》	民政部、卫生部	民政部门、卫生部门	2004-12-22
医疗救助	《关于加快推进农村医疗救助工作的通知》	民政部、卫生部、财政部	民政部门、卫生部门、财政部门	2005-8-15
医疗救助	《民政部关于建立"残疾孤儿手术康复明天计划"长效机制的通知》	民政部	民政部"明天计划"办公室	2007-12-13

续表

救助领域	政策名称	颁布部门	主要职能部门	颁布时间
医疗救助	《"重生行动"项目办公室下发"重生行动—全国贫困家庭唇腭裂儿童手术康复计划"实施方案的通知》	民政部"重生行动"项目办公室	民政部门	2008-4-14
医疗救助	《关于进一步完善城乡医疗救助制度的意见》	民政部、财政部、卫生部、人力资源和社会保障部	民政部门、财政部、卫生部、人力资源和社会保障部	2009-6-15
医疗救助	《关于开展提高农村儿童重大疾病医疗保障水平试点工作的意见》	卫生部	卫生部门、民政部门	2010-6-7
综合发展	《民政部关于加强对生活困难的艾滋病患者、患者家属和患者遗孤救助工作的通知》	民政部	民政部门	2004-5-15
综合发展	《农村五保供养工作条例》	国务院	民政部	2006-1-11
综合发展	《民政部等15部门关于加强孤儿救助工作的意见》	民政部等15部门	民政部门	2006-3-29
综合发展	《关于贯彻落实〈农村五保供养工作条例〉的通知》	民政部、国家发展和改革委员会、财政部	民政部门	2006-9-6
综合发展	《民政部关于进一步加强受艾滋病影响儿童福利保障工作的意见》	民政部	民政部门	2009-3-6
综合发展	《国务院办公厅关于加强孤儿保障工作的意见》	国务院办公厅	民政部门	2010-11-16

图书在版编目(CIP)数据

关爱春蕾:农村贫困儿童救助政策评估及建议/唐丽霞,杨亮承著.—北京:社会科学文献出版社,2015.10
(中国贫困片区精准脱贫研究丛书)
ISBN 978-7-5097-8107-4

Ⅰ.①关… Ⅱ.①唐…②杨… Ⅲ.①农村-儿童-扶贫-研究-中国 Ⅳ.①D432.7

中国版本图书馆 CIP 数据核字(2015)第 225589 号

中国贫困片区精准脱贫研究丛书
关爱春蕾:农村贫困儿童救助政策评估及建议

著　者 / 唐丽霞　杨亮承

出 版 人 / 谢寿光
项目统筹 / 谢蕊芬
责任编辑 / 任晓霞

出　　版 / 社会科学文献出版社·社会政法分社(010)59367156
　　　　　地址:北京市北三环中路甲 29 号院华龙大厦　邮编:100029
　　　　　网址:www.ssap.com.cn

发　　行 / 市场营销中心(010)59367081　59367090
　　　　　读者服务中心(010)59367028

印　　装 / 三河市尚艺印装有限公司

规　　格 / 开本:787mm×1092mm　1/16
　　　　　印张:20.75　字数:278千字

版　　次 / 2015 年 10 月第 1 版　2015 年 10 月第 1 次印刷

书　　号 / ISBN 978-7-5097-8107-4
定　　价 / 89.00 元

本书如有破损、缺页、装订错误,请与本社读者服务中心联系更换

▲ 版权所有 翻印必究